CLOVIS TRAMONTINA

CIP-BRASIL. CATALOGAÇÃO NA PUBLICAÇÃO
SINDICATO NACIONAL DOS EDITORES DE LIVROS, RJ

T692c   Tramontina, Clovis, 1955-
           Clovis Tramontina : paixão, força e coragem / Clovis Tramontina. – 3. ed. – Porto Alegre [RS] : AGE, 2024.
           347 p. ; 16x23 cm

           ISBN 978-65-5863-074-6
           ISBN E-BOOK 978-65-5863-075-3

           1. Tramontina, Clovis, 1955–. 2. Empresários – Brasil – Biografia. I. Título.

21-73137   CDD: 650.092
                   CDU: 929:658

Meri Gleice Rodrigues de Souza – Bibliotecária – CRB-7/6439

CLOVIS TRAMONTINA
PAIXÃO, FORÇA E CORAGEM

3.ª edição

Porto Alegre, 2024

© Clovis Tramontina, 2021

Coordenação geral do projeto: Rosane Mesturini Fantinelli
Coordenação de produção: Fátima Torri
Pesquisa e apoio: Vania Rommel e Marketing Corporativo da Tramontina
Textos: Itamar Melo
Colaboração com textos: Paulo Flávio Ledur
Capa, projeto gráfico e diagramação: Paola Manica (Brand&Book)
Imagem da capa: Letícia Remião
Supervisão editorial: Editora AGE

Reservados todos os direitos de publicação à
LEDUR SERVIÇOS EDITORIAIS Ltda.
editoraage@editoraage.com.br
Rua Valparaíso, 285 – Bairro Jardim Botânico
90690-300 – Porto Alegre, RS, Brasil
Fone: (51) 3061-9385 | Whats: (51) 99151-0311
vendas@editoraage.com.br
www.editoraage.com.br

Impresso no Brasil / Printed in Brazil

*Dedico à Nice, mulher da minha vida,
aos meus amados filhos, Elisa, Marcos e Ricardo,
e aos queridos netos, Rafaela, Lucas, Leonardo,
Isabella, Valentina e Laura.*

Clovis Tramontina

AGRADECIMENTOS

A trajetória de vida que realizei até aqui só foi possível graças à colaboração de milhares de pessoas que realizaram o trajeto ao meu lado, apoiando-me sempre, amparando-me nos momentos de dificuldade e festejando comigo as conquistas alcançadas. A todas elas, meu mais profundo agradecimento, em especial:

— À minha família: esposa, filhos e netos, estímulo permanente nas alegrias e tristezas.

— À minha mãe, Laura, o norte da minha vida.

— Ao meu pai, Ivo, meu chefe, amigo, exemplo de sábia humildade.

— Aos meus avós, irmãos, cunhados, tios, primos e sobrinhos, meus apoiadores constantes em todos os momentos vividos até aqui.

— A toda a família Scomazzon, em especial ao meu padrinho e mentor, Ruy, e ao meu parceiro de toda a vida, Eduardo, que estiveram ao meu lado na busca de objetivos pessoais e da empresa.

— Aos milhares de colaboradores da Tramontina, alicerce da grande construção realizada.

— Aos clientes lojistas, que me fizeram descobrir a paixão pelas vendas.

— Aos fornecedores, indispensáveis aliados.

— Aos consumidores, que abraçaram os produtos da Tramontina e tornaram nosso sonho possível.

— Aos amigos, sem os quais minha existência seria incompleta.

— Aos profissionais que cuidaram da minha saúde nessa trajetória.

— À jornalista Fátima Torri, à diretora de marketing Rosane Fantinelli e à minha assessora Vania Rommel, pelo apoio constante na elaboração desta obra.

A todos, minha emocionada gratidão.

Clovis Tramontina

— SUMÁRIO

Forjando a vida — *Luiza Helena Trajano* 10
Uma pessoa humilde e ousada — *José Galló* 14
Um furacão chamado Clovis — *Fátima Torri* 18

1. Os primeiros anos 22

2. Antes de Clovis 40

3. Picardias juvenis 60

4. Uma virada chamada São Paulo 82

5. De volta a Carlos Barbosa 104

6. A presidência 132

7. O número 1 no futsal 148

8. O descobrimento do Brasil 172

9. Convívio com a doença 208

10. Muito além da árvore 226

11. Cidadão e amigo 254

12. Clovis e a construção de uma marca 282

Epílogo — Olhando para trás e para a frente 312

Lições para a vida e para os negócios 324
Visões sobre Clovis Tramontina 326
Clovis segundo a astrologia — *Amanda Costa* 334
Prêmios e títulos 336
Conquistas da ACBF 340
A Tramontina no mundo 342

— FORJANDO A VIDA

Luiza Helena Trajano
Presidente do Conselho de Administração
Magazine Luiza

É incrível imaginar que um empreendedor, Valentin Tramontina, que abriu sua pequena ferraria familiar há mais de 100 anos em uma pequena cidade no interior do Rio Grande do Sul, provavelmente com o objetivo de se manter e gerar empregos para a família, viesse a transformar a vida de tantas famílias, crescer e conquistar o mundo.

O sonho de todo empreendedor, quando inicia seus negócios com dificuldade, é sempre prosperar, gerar empregos e envolver a família no trabalho.

Comemorar o centenário de uma empresa familiar é motivo de grande orgulho, e Clovis Tramontina pôde comemorar não só este feito, mas também festejar, em 2021, os 110 anos da empresa.

A trajetória profissional de Clovis confunde-se com o sucesso da Tramontina, não apenas pelos laços familiares, mas, especialmente, pela dedicação, pelo amor e pela seriedade na administração.

Clovis não assumiu a Tramontina apoiado pelo sobrenome. Ele se preparou tecnicamente, tanto passando, desde muito cedo, por todas as áreas da empresa, quanto estudando nas melhores instituições de ensino e se capacitando ao máximo.

Tenho muita admiração e gratidão pelo Clovis. Quando comecei a trabalhar, ainda na juventude, no Magazine Luiza, fundado pela minha tia Luiza, também passei por todos os departamentos da empresa, inclusive o de compras, acompanhando e negociando no setor de utensílios e presentes. Daí meu encontro com a Tramontina e, mais tarde, com o Clovis.

Aprendi muito com ele, e sempre tivemos uma relação de transparência e respeito que acabou nos levando a criar laços familiares. Nunca me esqueço das visitas que fiz à fábrica da Tramontina. É de uma organização e de uma energia que impressionam.

Neste livro, podemos conhecer a vida de Clovis desde seu nascimento e também a história familiar, o surgimento da pequena ferraria iniciada por seus avós, os dramas vividos em decorrência da morte do fundador, a coragem e a força de sua avó Elisa, viúva que assumiu os negócios até a entrada de Ivo Tramontina, pai de Clovis, e de Ruy Scomazzon. Uma saga que ilustra as dificuldades enfrentadas e também a determinação de todos, a ponto de, mesmo após tantos anos, Clovis considerar as famílias acionistas como uma só.

Poder acompanhar os detalhes da trajetória de Clovis, desde sua entrada na empresa, seu crescimento, sua experiência, seu modelo de gestão e o enfrentamento de situações adversas, inclusive na saúde, é uma generosidade de aprendizado, ainda mais contados de uma forma leve e didática que nos prende a atenção.

Um capítulo que não poderia faltar no livro é a sua paixão pelo esporte e o futsal. Ao colocar toda a sua competência administrativa e unir as pessoas em torno de sua paixão, Clovis fez história com a Associação Carlos Barbosa de Futsal (ACBF), com dezenas de conquistas que ninguém imaginaria, tornando até mesmo sua cidade, Carlos Barbosa, reconhecida como a Capital Nacional do Futsal.

Clovis é parecido comigo. Eu adoro mudar de ciclo, experimentar coisas novas, e este livro marca um novo ciclo em sua vida, de revisitar, compartilhar, agradecer por todas essas conquistas e partir para novas jornadas e propósitos, certamente com muitas contribuições para a sociedade, o que é uma das marcas de sua vida.

— UMA PESSOA HUMILDE E OUSADA

José Galló
Presidente do Conselho de Administração
Lojas Renner

Este livro vai proporcionar aos seus leitores duplo prazer: conhecer a pessoa incrível que é Clovis Tramontina e, também, como consequência, saber mais sobre uma empresa que é muito maior e mais relevante do que se pensa — a Tramontina, que Clovis ajudou a desenvolver.

Veremos Clovis ainda muito jovem, pegando peças na pequena fábrica que havia no porão de sua casa para fazer as suas facas. Despertava ali o instinto da criatividade e da inovação.

Passa o tempo e ele deixa a pequena Carlos Barbosa da época para liderar as vendas da Tramontina em São Paulo. Surge ali a paixão pelo mercado e a percepção da importância do cliente.

Retorna para Carlos Barbosa e já começa a visualizar o mundo. Em 1986, passa a fornecer para o Walmart, a partir de um centro de distribuição nos Estados Unidos. Naquele ano, nós, aqui no Brasil, pouco sabíamos o que era o Walmart, hoje o maior varejista global. Ali nasce a visão de conquistar o mundo.

Lembro de visitar uma fábrica de panelas da Tramontina, 25 anos atrás, já robotizada, com um centro de estocagem totalmente automatizado, quando pouco disso se conhecia ou fazia no Brasil. Novas tecnologias são fundamentais para ser competitivo.

É muita coisa acontecendo em uma empresa situada numa pequena cidade do interior do Rio Grande do Sul.

Por isso é fascinante conhecer a trajetória de Clovis, uma pessoa que é apaixonada pelo que faz, que gosta de correr riscos. Alguém que adora gente: "Onde tem gente está quente", diz ele.

E é a gente de Carlos Barbosa que faz a Tramontina, porque é lá que estão a cultura e a razão de ser da empresa. Noventa por cento dos líderes, seja nas operações do Brasil ou do exterior, são formados na Tramontina, são pratas da casa. "Minha maior felicidade é ver o sorriso estampado no rosto dos colaboradores", costuma dizer Clovis. São 10 mil pessoas que levam a Tramontina a 120 países, produzem 22 mil itens e criam, diariamente, novos produtos, que conquistam milhares de clientes no Brasil e no mundo.

Clovis também é um articulador, algo fundamental para manter unidas as duas famílias que conduzem a empresa, os Tramontina e os Scomazzon, compartilhando valores e construindo uma cultura vencedora desde 1911.

É impossível não destacar a paixão de Clovis pelo consumidor: em cada viagem, visita dezenas de clientes, apesar das limitações de sua doença.

Ele é também alguém que respeita a concorrência, mas diz: "Se os chineses vendem aqui, por que não podemos vender lá?"

Apaixonado pelo futebol, conseguiu fazer sua equipe de futsal de Carlos Barbosa ser campeã mundial! E, desde 1978, não deixou de comparecer a nenhuma Copa do Mundo.

Esse é o personagem que vamos conhecer neste livro, uma pessoa humilde, mas ousada, que corre riscos. Uma pessoa que adora a simplicidade, mas também a inovação e o crescimento da empresa e dos resultados.

Clovis é aquela pessoa que, quando entra em um ambiente, não passa despercebida: sorriso amplo, simpatia, sempre atencioso para falar e ouvir.

Uma pessoa do bem, sincera, verdadeira, realizadora. Um amigo.

Boa leitura!

— UM FURACÃO CHAMADO CLOVIS

Fátima Torri
*Jornalista, coordenadora
de produção deste livro*

Nas mais de duas décadas em que atuo como assessora de imprensa pela FTcom, tenho sido testemunha do quanto Clovis Tramontina promove as pessoas e as faz crescer. Espelhou-se nos seus gurus, que lhe deram os primeiros passos: seu pai, Ivo, e o sócio, Ruy Scomazzon. Duas pessoas muito diferentes entre si, mas com qualidades incorporadas à mente de Clovis, que uniu a emoção de Ivo e a razão de Ruy. Essa cultura construída por gente integra a história da marca. Mas Clovis foi além.

Antes, ele seguiu o caminho palmilhado por duas mulheres, a começar pela força da avó Elisa, que trazia no sangue a fé empreendedora que forjaria o futuro de Clovis. Elisa era uma comerciante incansável. Ia de trem a Porto Alegre para vender facas e canivetes. Na década de 1950! A outra mulher foi sua mãe, Laura, que não lhe deu apenas a luz ao nascimento, mas o acompanhou até os últimos dias da vida dela e foi a cartilha viva dos ensinamentos que sempre o guiaram: a crença em si mesmo, a perseverança, a força, a aposta nas pessoas e em um futuro sempre próspero. O otimismo de Clovis é como um membro de seu próprio corpo.

Clovis é simples, direto, objetivo. Impulsivo, intempestivo, impaciente. Tem pressa. Mas ele também é frágil, sentimental, humano, como são todos os grandes líderes, essa soma complexa que faz os homens se destacarem por onde passam. E não tem medo de ousar, errar, expor-se e ir em frente. Quando ele me fez o pedido para coordenar a publicação de sua história, além de ficar muito orgulhosa, eu sabia que teria pela frente um trabalho que mexeria profundamente com o jeito como vejo a empresa. E como enxergo o Clovis. Tanto ele como a Tramontina não cabem em nenhuma escola, em nenhuma definição que não seja múltipla. Sim, Clovis é um homem simples. Mas não se enganem. Ao final da leitura, vocês verão um líder do avesso. Generoso por mostrar-se. Nem sempre perfeito. Demasiadamente humano.

Este livro foi um belíssimo desafio. Em todos os sentidos. E sou extremamente grata ao Clovis pela confiança em me permitir contar as particularidades de tantos momentos de sua vida. Foram dois anos de convivência ainda mais próxima, que me proporcionaram conhecer a fundo sua trajetória e levantar em detalhes o caminho que trouxe a Tramontina aos 110 anos de existência. Obrigada!

A todos, uma ótima leitura!

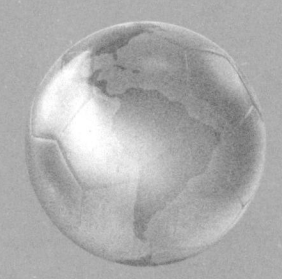

OS PRIMEIROS ANOS

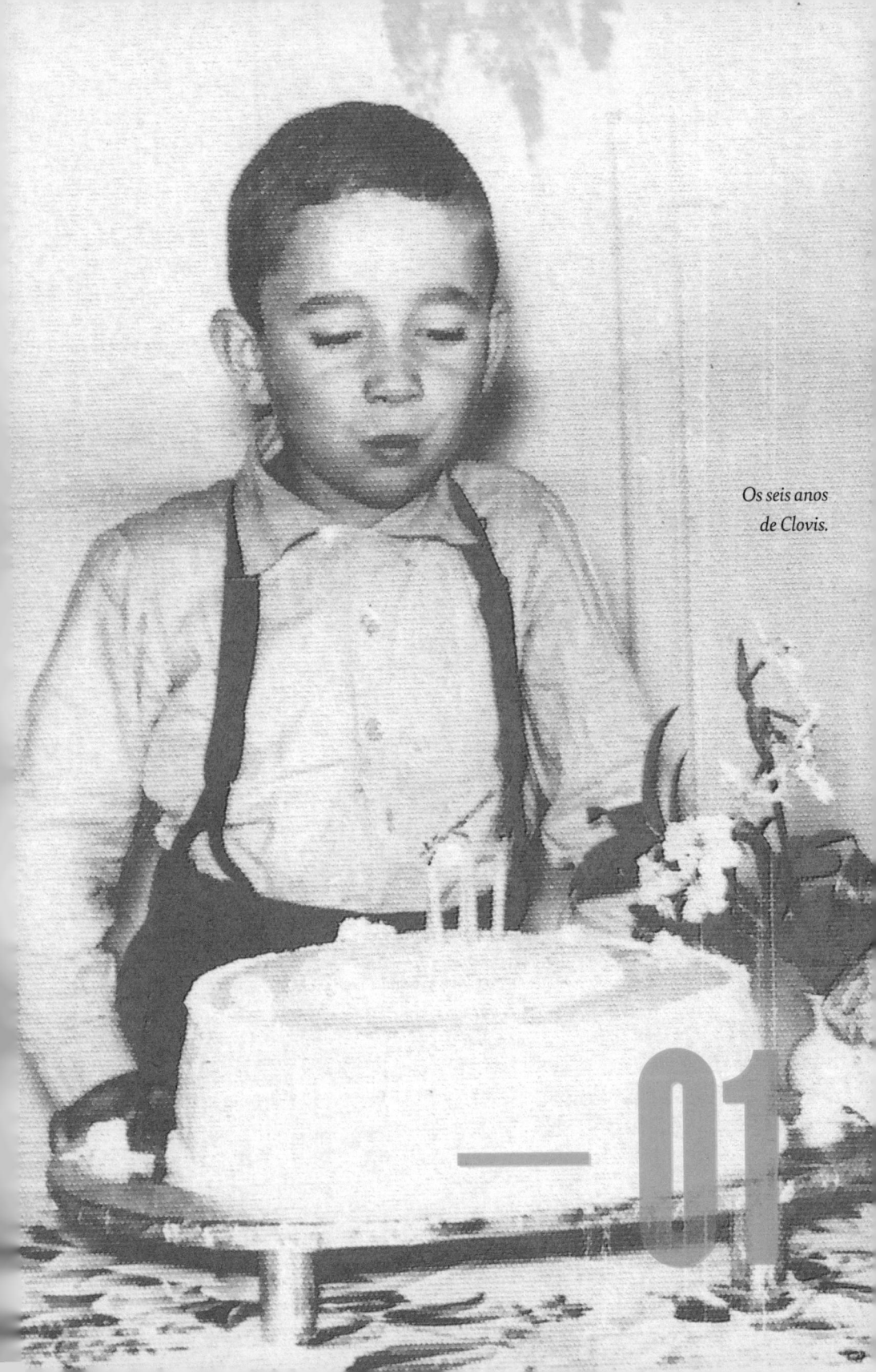

Os seis anos de Clovis.

— 01

O pequeno Clovis posando para uma das suas primeiras fotos de infância.

Ivo Tramontina e Laura Giacomoni estavam casados por seis anos e já tinham perdido quatro filhos. Um deles morreu nas últimas semanas de gestação. Depois, houve uma menina que desceu na posição errada. Quando veio à luz, já não estava viva. Das outras duas crianças, uma viveu um dia, a segunda viveu um mês.

Por isso, quando Laura descobriu que estava grávida pela quinta vez, no final do inverno de 1954, poucos dias depois de o suicídio do presidente Getúlio Vargas convulsionar o Brasil, a reação dela e de Ivo não foi apenas de alegria, mas também de medo e preocupação. Nem compraram o enxoval da criança. Eles temiam que a história se repetisse e que o sonho de ter um filho se transformasse em dor mais uma vez.

Ivo tinha 29 anos e era sócio de uma modesta ferraria, a Tramontina, especializada na fabricação de facas e canivetes. A empresa ficava em Carlos Barbosa, uma localidade de menos de 10 mil habitantes, pertencente ao município de Garibaldi, na Serra Gaúcha.

O negócio tinha duas dezenas de empregados, que se dividiam entre um prédio de dois pavimentos, onde funcionava o estoque, e um galpão com chão de terra, sede da fábrica. Nas proximidades, em uma casa de madeira com dois andares, moravam Laura e o marido.

Ali o casal decidiu que cuidados especiais deveriam ser tomados durante a gestação e que todo tipo de ajuda valia a pena, inclusive sobrenatural, para garantir o nascimento de uma criança saudável. Nesse particular, foram ecumênicos. Laura buscou o conselho do sábio Nego Olavo, representante da única família negra da localidade, e também percorreu os 30 quilômetros que separam Carlos Barbosa de Monte Belo (mais tarde elevado a município, com o nome de Monte Belo do Sul) para pedir proteção ao padre José Ferlin, que tinha fama de santo e milagreiro em toda a região.

Olavo recebeu a jovem Laura, de 24 anos, examinou-a e comunicou sua visão:

—Teu filho vai ter um futuro maravilhoso na vida. E tu vais ser uma mulher vitoriosa.

Padre Ferlin, por sua vez, ofereceu uma bênção à gestante. Durante o procedimento do religioso, Laura se espantou com o que viu. De repente, e apesar de não ter feito qualquer esforço físico, o padre ficou empapado de suor.

Parecia algum presságio.

Enquanto Ivo e Laura se cercavam desses cuidados, também ocorria a gestação do primeiro hospital de Carlos Barbosa. O pároco local, padre Arlindo Marcon, reuniu a comunidade no Clube Cruzeiro e pediu ajuda para transformar o antigo Hotel Boa Vista, um prédio de madeira com dois andares, em estabelecimento de saúde administrado pela Igreja. A população se mobilizou e garantiu a criação do Hospital São Roque.

Na época, o normal era que as crianças nascessem em casa, mas, por causa do histórico de partos complicados, foi para o São Roque que Laura correu em 23 de junho de 1955, na noite mais fria daquele inverno, ao perceber que a hora do parto havia chegado. Às 23h, enquanto lá fora as pessoas pulavam fogueiras de São João sem se preocupar com a neve que caía, deu à luz um menino. O pequeno Clovis foi a primeira criança a nascer no novo hospital.

A partir dali, Laura sempre insistia com o filho que ele tinha de ser o número 1 em tudo.

> *Minha mãe teve muita dificuldade até que o primeiro filho vingasse. Perdeu quatro antes de eu nascer. Sofreu dois abortos, e dois bebês faleceram com pouco tempo de vida. Fui muito esperado. Quando eu cheguei e vinguei, foi uma festa. E vieram mais quatro festas depois. Eu abri a porteira.*

No centro das atenções

Clovis chorou por 40 dias e 40 noites, ninguém sabe explicar por quê. Nesse meio tempo, houve o batismo. Para os Tramontina, família e negócios andavam juntos. Assim, o sócio de Ivo na empresa, Ruy Scomazzon, e sua mulher, Wanda Demartini, foram escolhidos como padrinhos do menino. E o nome de batismo foi homenagem a um cliente de São Leopoldo, chamado Clovis, para quem a avó paterna do recém-nascido, Elisa De Cecco, costumava vender canivetes no tempo em que comandava sozinha a pequena cutelaria e batalhava para fechar as contas.

Clovis Tramontina se acostumou a ouvir falar muito dessa avó, mas conviveu pouco com ela. Elisa morreu em junho de 1961, dois dias antes de ele completar seis anos. O funeral ficou gravado na memória do menino: o velório dentro de casa, o caixão levado em procissão por entre o maquinário da fábrica, o toque fúnebre de uma sirene.

Elisa sofria de tuberculose e, para não transmitir a doença ao neto, morava sozinha em uma casa de madeira construída nos fundos do lar de Ivo e Laura. Em vez de dar a mão, ela usava uma vara de pau, que estendia para Clovis. Assim, cada um segurando uma ponta do sarrafo, o mais próximo possível de andar de mãos dadas, avó e neto faziam pequenos passeios, que tinham como destino principal uma venda onde a idosa comprava broas de polvilho para o pequeno.

Os cuidados para manter o distanciamento entre os dois eram resultado direto do trauma dos quatro bebês perdidos por Laura. O menino crescia bem e com saúde, mas a mãe seguia intranquila, adivinhando perigos em cada canto. Adotou uma atitude superprotetora em relação a Clovis, mesmo depois que os outros filhos vieram — Rejane em 1958, Carlos em 1959, Raquel em 1962 e Renato em 1964.

Laura e Ivo morriam de medo que Clovis adoecesse e estabeleceram como principal regra a precaução nos contatos com a avó tuberculosa. Uma das lembranças mais marcantes da infância de Clovis é do desespero e da fúria da mãe quando ele corria até o quarto de Elisa e se atirava na cama dela, rolando entre os lençóis.

Dessa forma, nos primeiros anos, fundamentais para a formação do indivíduo, Clovis vivenciou um ambiente em que era o centro de todos os cuidados e atenções, onde o risco de que adoecesse ou morresse dirigia as ações e no qual estava sempre sob o olhar amoroso e vigilante de uma mãe superprotetora, que projetava sobre o primeiro filho as maiores aspirações.

Rejane e Carlos, os irmãos menores, ficavam enciumados e reclamavam. Diziam que Clovis era o preferido da mãe. Queixavam-se que ela era severa com os outros filhos, mas permitia tudo ao Cói, como chamavam o irmão mais velho.

— Não é verdade. Tenho o mesmo amor por todos, mas o Clovis precisa mais de mim do que vocês — justificava Laura.

Os mimos ao guri incluíam um bife na chapa com ovos, preparado pela mãe todas as manhãs, às 10h, apenas três horas depois da primeira mamadeira. A fumaça levantava-se, espalhando um cheiro que fazia o menino salivar.

Rejane acredita que a superproteção materna, motivada pelos quatro bebês perdidos antes da vinda de Clovis, influenciaram a personalidade dele. Em criança, ele era saudável e queria ser sempre o líder das brincadeiras, mas costumava ficar um pouco de lado, para não correr riscos. "Qualquer coisa que ele fosse fazer, a mãe gritava: 'Cuidado, tu vais te machucar'. Então isso gerava nele medo de brincar, de se arriscar", afirma a irmã. Quando a mãe não estava por perto, no entanto, ele se soltava.

Ao mesmo tempo, ele não aceitava ouvir um "não" e estourava quando tentavam contrariá-lo, levando a própria Laura a recriminar seu pavio curto.

Resultou dessa superproteção materna, que colocava Clovis sempre no centro dos cuidados, uma infância com características singulares. Em cada atividade a que se dedicava, o menino se esforçava para ser ou fazer diferente. Para ser o número 1.

> *A mãe e eu não tínhamos uma relação normal de mãe e filho, feita do amor convencional. Era muito mais do que isso. Nós nos amávamos muito e, como tínhamos gênios iguais, de vez em quando brigávamos, para, em seguida, nos amarmos de maneira ainda mais intensa.*

O menino guardou na memória a ocasião em que a mãe foi a um show de Ronnie Von, cantor da Jovem Guarda que fazia enorme sucesso na época, realizado na praia de Atlântida, no litoral gaúcho. Ela teve de ficar de pé, porque as finanças da família, na época, não permitiam um lugar sentado. Ele se sentiu machucado por dentro. Fez um juramento a si próprio:

"Nunca mais minha mãe vai ver um show de pé. Vai sempre sentar no melhor lugar."

Empreendedor mirim

Uma das primeiras vezes em que Clovis vivenciaria essa necessidade de se destacar foi quando se tornou coroinha da paróquia de Carlos Barbosa. Ele botou na cabeça que tinha de ser o melhor ajudante das missas do padre, de forma a ser o escolhido para atuar na celebração mais importante do ano, a tradicional Missa do Galo. Vendo os outros meninos como concorrentes, traçou a estratégia de madrugar para ajudar já na missa das 6h e, assim, conquistar a confiança do padre.

Ano após ano, alcançava o objetivo. Era o coroinha escolhido para ajudar na missa da noite de Natal. A recompensa era deliciosa: com a cidade inteira diante de si, espremida na igreja, ele ocupava um lugar de destaque no altar, visto por todos, bem no centro dos acontecimentos.

Esse fervor religioso redundou em tratativas entre a família e a Igreja para que Clovis ingressasse no Seminário Menor, em São Leopoldo (RS), primeiro passo na formação de futuros sacerdotes. Ficou tudo acertado. Com 10 anos, o filho predileto preparou-se para ir embora de casa. No dia combinado, um padre veio buscá-lo.

Clovis o acompanhou, com a mala em punho, até o portão de casa. Sentia na nuca o olhar aflito da mãe, parada junto à porta. Virou-se repentinamente e olhou para ela.

— Mãe! — berrou, segurando as lágrimas.

— Tu não queres ir, né?

Clovis assentiu.

— Então fica, filho.

Clovis desfez a mala com alívio. A mãe o protegera mais uma vez.

Nessa época, o menino já era, por assim dizer, um veterano da indústria. Desde os seis anos de idade, frequentava os corredores da Tramontina, que ficava ao pé de casa. Observando o trabalho do pai, do padrinho e dos operários, teve uma ideia divertida e lucrativa: fazer concorrência à empresa da família. Surrupiou algumas ferramentas e sobras de material e levou-as para o porão de casa, onde fundou sua própria ferraria, voltada à produção de facas.

No pátio ao lado, o pai mantinha um viveiro de pássaros, e a mãe cuidava de um galinheiro com cerca de 50 aves. O rei entre as galinhas era um galo vistoso, de cauda empinada e peito rubro emergindo das penas pretas e brancas. Enquanto os outros meninos tinham cães, gatos ou periquitos, Clovis decidiu que esse seria o seu animal de estimação.

Passou a andar com ele por toda Carlos Barbosa, muitas vezes com o galináceo empoleirado em seu ombro. Em outras ocasiões, levava o já famoso Galo Chico para passear de bicicleta, tendo como destino a Lancheria Original, no centro da cidade, onde sua turma costumava se reunir. Um dos melhores amigos de infância, Rui Mantovani, conhecido por todos como Bolívia, ficava espantado com a obediência do galo aos comandos do dono.

O bicho parecia amestrado. E isso acabou despertando em Clovis mais uma ideia lucrativa. No amplo porão que já servia de ferraria (e que apesar de ser chamado assim era na verdade o primeiro pavimento de uma residência de dois andares), ele resolveu instalar um circo, que tinha Chico como uma das principais atrações. Para completar o plantel de artistas, convocou irmãos, primos e amigos, tudo criança, como ele.

A cada final de semana, Clovis realizava proezas com seu galo de estimação, que levantava, sentava e pulava conforme os comandos do dono, para receber aplausos e assobios da plateia. "Ele andava com o galo no guidão do triciclo. Daí o galo ia para a parte de trás, depois subia no ombro, na cabeça do Clovis. Tudo isso com meu irmão dando voltas de triciclo. Valia a pena ver", relata Rejane.

Na sequência da apresentação, o primo Celso Luiz Guerra, o Quito, fazia de trapezista usando um balanço. Outro garoto, chamado Hermínio Camilo, sentava-se em uma cadeira equilibrada sobre quatro garrafas e executava contorcionismos. Havia até uma menina que servia de voluntária diante de um atirador de facas. Em dado momento, a guria mais bonita da vizinhança, Theomista Spadari Vieira Flores, a Mita, aparecia vestida de Branca de Neve, um cesto de flores pendurado no braço, a cantar:

"Eu sou a florista
Flor estou vendendo
Queres uma flor?
Dá-me um tostão
Que eu te darei meu coração"

Nesse momento, Clovis irrompia no picadeiro, no papel de galã. Comprava a flor e ficava com a mocinha.

O *gran finale* exigia a participação de um adulto. Clovis recrutou o próprio pai, Ivo Tramontina, para um número pirotécnico que envolvia colocar fogo em um prato cheio de pólvora.

> *O pessoal da vizinhança vinha e sentava no chão. A gente escurecia a sala, e todo mundo aplaudia. Era uma loucura. Meu sonho era atingir lotação máxima.*

O empreendimento era lucrativo porque Clovis havia elaborado um bem azeitado plano de negócios. Além de cobrar pelo ingresso, vendia guloseimas aos espectadores. Entre os vendedores estavam Rejane, sua irmã, e Quito, o primo quatro anos mais velho, que quase transformou em realidade o receio de Ivo e Laura de perder também o quinto filho (quando Clovis tinha meses de vida e ninguém estava vendo, Quito tirou o bebê do berço e o arrastou pelas pernas, fazendo a cabeça quicar nos degraus de uma escada).

"O Clovis era o empresário, o dono do circo", descreve Quito. "Comprávamos balas no armazém e revendíamos um pouquinho mais caro. Eram umas balas de castanha, aquelas duras, muito boas, e também a conhecida 7 Belo. A gente comprava, por exemplo, três balas por um conto e revendia duas por um conto, sobrando uma, que era nosso lucro. A minha mãe fazia pipoca, e a gente vendia ali. Íamos nas figueiras, pegávamos figos e vendíamos também. Isso tudo era coisa do Clovis, tirado da imaginação dele."

Um dia, Valdir Zanatta, um dos amigos que vendiam doces durante as apresentações, procurou Clovis, chorando.

— Ninguém compra minhas balas — queixou-se.

O dono do circo quis saber qual era o preço.

— São dez balas por um cruzeiro — respondeu Valdir.

Clovis aconselhou o amigo a fazer promoções:

— Vende 20 por um cruzeiro, que todo mundo vai comprar — ensinou.

O futebol e as mamadeiras

Clovis foi um menino que levava os estudos a sério, o que causava alguma incompreensão nos irmãos e amigos, que o chamavam de chato por causa do empenho.

Ele completou o primário e o ginásio (que corresponde ao atual Ensino Fundamental) no Colégio Santa Rosa, administrado por uma irmandade de freiras, e não causou maiores incômodos à diretora, irmã Atanásia, exceto por liderar movimentos estudantis com reivindicações que jamais foram atendidas: recreios de maior duração, mais aulas de Educação Física, menos aulas de Religião.

Adorava Matemática, normalmente a mais odiada das matérias, mas a sua preferida. Quem lecionava a disciplina era Ezelindo Migotto, um professor marcante, a quem Clovis era grato pela facilidade que adquiriu para fazer cálculos mentais, sem necessidade de calculadoras.

Da rotina de estudos fazia parte o curso de inglês, que tinha de ser realizado em Caxias do Sul. Clovis e as irmãs, Rejane e Raquel, embarcavam em um táxi com os filhos de Ruy Scomazzon, Eduardo e Beatris, para percorrerem mais de 40 quilômetros até a cidade vizinha, onde tinham aulas com o professor Geronil Tesch Dias. Depois, subiam de novo no táxi para mais 40 quilômetros de viagem até Carlos Barbosa.

Além dos estudos básicos, o Colégio Santa Rosa deu a Clovis uma de suas grandes paixões, o futebol de salão. Com uma infância marcada pelos três primeiros títulos mundiais do Brasil — em 1958, 1962 e 1970 — e pelo surgimento de um ídolo de dimensões épicas como Pelé, era natural que ele fosse louco por futebol, mas na condição de torcedor.

Vibrava com a Seleção e, para tristeza dos pais gremistas, com o Sport Club Internacional, de quem se tornou torcedor por influência dos tios Raul e Lorena, irmãos de Laura. Costumava viajar a Porto Alegre para ver jogos do Colorado e esteve presente na inauguração do Estádio Beira-Rio, em 1969, quando o Inter derrotou por 2 a 1 um dos melhores times do mundo na época, o Benfica, de Portugal, liderado pelo craque Eusébio, o Pantera Negra.

Mas no Santa Rosa ele encontrou oportunidade de sair da arquibancada e ser mais do que um torcedor. A passagem de Clovis pela escola coincidiu com a construção de uma quadra de esportes coberta, com piso de parquê, o que despertou nele sonhos ambiciosos. Em 1963, com apenas oito anos de idade, resolveu fundar um time de futsal, mas não só para se divertir. Queria participar do campeonato municipal da modalidade, acumulando as posições de dirigente e centroavante.

Reunindo os amigos das brincadeiras no porão de sua casa, criou o Real. Só faltava uma coisa: o equipamento esportivo. Os guris não tinham dinheiro para encomendar um fardamento apropriado. Coube a Clovis a solução do impasse. Ele delineou o plano de rifar um quadro do Sagrado Coração de Jesus, que pertencia à sua mãe, aproveitando a devoção dos italianos que abundavam na cidade, para ajudar a financiar o time.

Acontece que o sorteado, Valdemar Fabrin, devolveu o quadro com a instrução de que uma nova rifa fosse feita, para reforçar o minguado cofre do Real.

— Já que vocês foram honestos e me entregaram o prêmio, então podem ficar com ele — disse.

A situação deu um estalo na cabeça de Clovis Tramontina. Ele planejou rifar várias vezes os mesmos prêmios, a cada ocasião convencendo o ganhador a devolvê-los para propiciar novo sorteio. Só o quadro do Sagrado Coração foi rifado três vezes. Ainda assim, o dinheiro arrecadado foi suficiente apenas para comprar um jogo de quatro camisetas vermelhas. Como o uniforme do goleiro era mais caro, improvisaram com uma blusa de pelúcia.

Para financiar as demais despesas do Real, outros itens foram rifados, inclusive uma garrafa de Fanta, que amigos da época dizem que jamais foi entregue. Luiz Renato Sganderlla, nomeado tesoureiro do time por Clovis, lembra que uma vez o amigo conseguiu uma faca da Tramontina para o sorteio, cedida por Ivo. "Ele estava procurando gente para auxiliar na venda da rifa e me nomeou como tesoureiro. Fiquei encarregado do dinheiro. Era muito pouco na época, mas a gente saía na rua, na lanchonete e depois da missa, vendendo a rifa de uma faca Damasco. Era uma faca bonita, toda desenhada. Clovis tinha 11, 12 anos e já era um empreendedor", afirma Luiz Renato.

As sucessivas rifas permitiam, por exemplo, alugar uma Kombi ou uma caminhonete para que os 10 ou 12 integrantes do elenco do Real viajassem até o litoral no finalzinho de cada ano. O pretexto era treinar e se concentrar para o campeonato, que começava em janeiro. Mas a realidade acabava sendo um pouco diferente. "Nós íamos à praia para treinar, mas, chegando lá, acabávamos fazendo festa", admite Bolívia. "Na volta, tomávamos goleada."

Clovis definiu Xangri-lá (RS), a 210 quilômetros de Carlos Barbosa, como destino para a concentração, por razões sentimentais. Era uma das praias que costumava frequentar com os pais. No começo da década de 1960, o costume de Ivo e Laura era chamar mais dois casais de amigos e viajar com a filharada, 10 ou 12 crianças, até uma casa de três quartos alugada à beira-mar. A viagem era de caminhão, com os pequenos na carroceria, alguns enjoados por causa do sacolejar na estrada, mas todos fazendo farra.

Uma figura estratégica para o Real era Naides Kreische, que começou a trabalhar na casa dos Tramontina aos 14 anos, quando Clovis tinha metade dessa idade, e acabou se tornando praticamente uma integrante da família. Além das outras funções no lar, ela foi a babá de Cói. Sobrava para ela a responsabilidade, imposta pelo menino, de preparar copiosas refeições depois dos treinamentos, que mantinham o time sempre bem nutrido — bolinhos de batata recheados com carne moída ou panelas de batata com molho eram os pratos clássicos.

Naides cumpria uma outra missão essencial: preparar mamadeiras para Clovis. E essa função era indispensável porque o garoto tinha uma relação muito singular com a mamadeira. Ele tomava várias por dia, um hábito que manteve por um período bem mais prolongado do que o usual. Talvez fosse um sinal da ligação única com a mãe, na medida em que uma mamadeira é uma espécie de prolongamento artificial do peito materno. Laura tinha tanto leite que, durante mais de um ano, amamentou simultaneamente o filho e um outro menino nascido no mesmo dia, porque a mãe dele não lactava.

O certo é que Naides preparou milhares de mamadeiras para Clovis. Com o passar dos anos, encabulado, ele passou a tomar seu leite escondido, acobertado pela babá. Usava uma garrafa de Pepsi-Cola com um bico adaptado ao bocal.

Apesar da tentativa de ser discreto, toda a família sabia do hábito e troçava dele. "Para disfarçar, a Naides escondia a mamadeira com um pano de prato. Mas, quando ele passava com aquele pano, já sabíamos o que era. Ele tinha vergonha, não tomava a mamadeira na frente de ninguém. Ia para o quarto. Tirávamos sarro, mas depois acabou perdendo a graça", conta Rejane Tramontina.

Uma ocasião, durante uma temporada na praia, Clovis andava todo animado com uma namoradinha que havia conhecido na areia. Ele a levou para visitar sua casa, uma noite. Lorena, tia pelo lado materno, resolveu provocá-lo. Na hora de costume, aqueceu o leite, colocou-o na mamadeira e chamou, diante da menina:

— Cói, vem tomar tua chucha!

A menina arregalou os olhos. Clovis se encolheu de vergonha, sentindo o sangue subir para as faces. Ele tinha 15 anos. Decidiu aposentar para sempre as chuchas. Terminava ali sua infância.

O PAI E O PADRINHO

Clovis teve duas figuras masculinas marcantes em sua infância: o pai, Ivo Tramontina, e o padrinho, Ruy Scomazzon.

Ivo era um homem emotivo, do tipo que não é apenas um pai, mas um amigo. Fazia um contraponto perfeito com Laura, severa e mandona. Parecia incapaz de dizer um "não". Quando era para contrariar Clovis, pedia que a mulher o fizesse.

Em uma ocasião, Clovis jogava bolinhas de gude numa praça, quando foi repreendido por um policial militar.

— Vai à merda! — ofendeu.

Ivo presenciou a cena, aproximou-se do guri e puxou-o pela orelha. Obrigou Clovis a pedir desculpas ao brigadiano.

Essa foi a única vez em que recorreu à violência com o filho.

O padrinho Ruy Scomazzon, sócio de Ivo na Tramontina, funcionava mais como um mentor. Ainda pequeno, Clovis recebeu dele o conselho para criar uma assinatura:

— Tu vais ter de assinar muito papel na vida — explicou.

No dia do batismo de Clovis, 10 de julho de 1955, Seu Ruy escreveu um texto emotivo nas páginas de abertura do álbum de fotografias do afilhado. Em caligrafia caprichada e português solene, dirigiu-se diretamente ao recém-nascido:

"Clovis! Quando vieste ao mundo era inverno. Fazia uma das noites mais frias do ano. Véspera de São João. Na rua crepitavam as fogueiras. As crianças, ao derredor, saltitavam. Os velhos, quiçá com saudades de seu tempo, observavam. Foi nesse cenário que nasceste; talvez para te ensinar que deves espargir uma alegria incandescente na família, ser frio para os vícios e buscar com calor e entusiasmo as virtudes.

Eras esperado, Clovis... E com ansiedade. A mamãe Laura preparava o teu enxovalzinho; o papai Ivo sonhava com esse dia; a vovó Rosália se desvelava em cuidados com tua mamãe; o vovô Heitor, os tios Raul e Lorena, todos queriam que chegasses; a vovó Elisa, confinada no seu quarto de enferma, orava; orava ela e oravam todos...

Chegaste... E quando chegaste, Clovis, havia guerras e perseguições em muitos países, desinteligências políticas, crises econômicas, etc., etc. Chegaste alheio a tudo isso; os teus vagidos inocentes vieram acrescentar paz e alegria ao lar que te acolheu.

Essas circunstâncias todas, Clovis, devem ensinar-te a fazer a violência aos maus costumes e amar a paz e as virtudes."

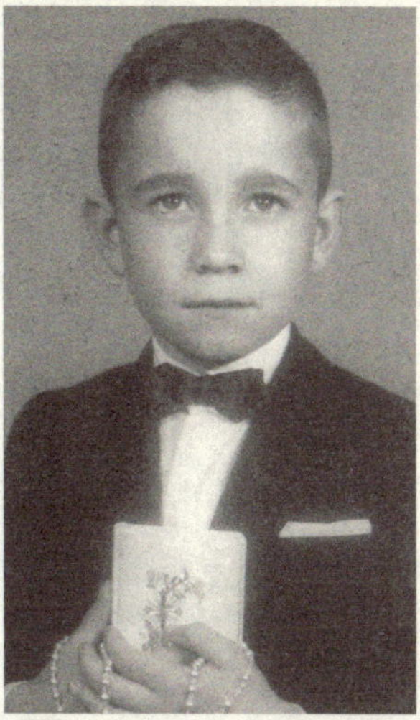

1. Apresentação teatral com colegas na escola.
2. Visita ao porto de Buenos Aires, na Argentina.
3. A Primeira Eucaristia.
4. Ruy J. Scomazzon.
5. A mãe, Laura, e os filhos, no verão, aproveitando o litoral gaúcho.
6. Ivo Tramontina.

ANTES DE CLOVIS

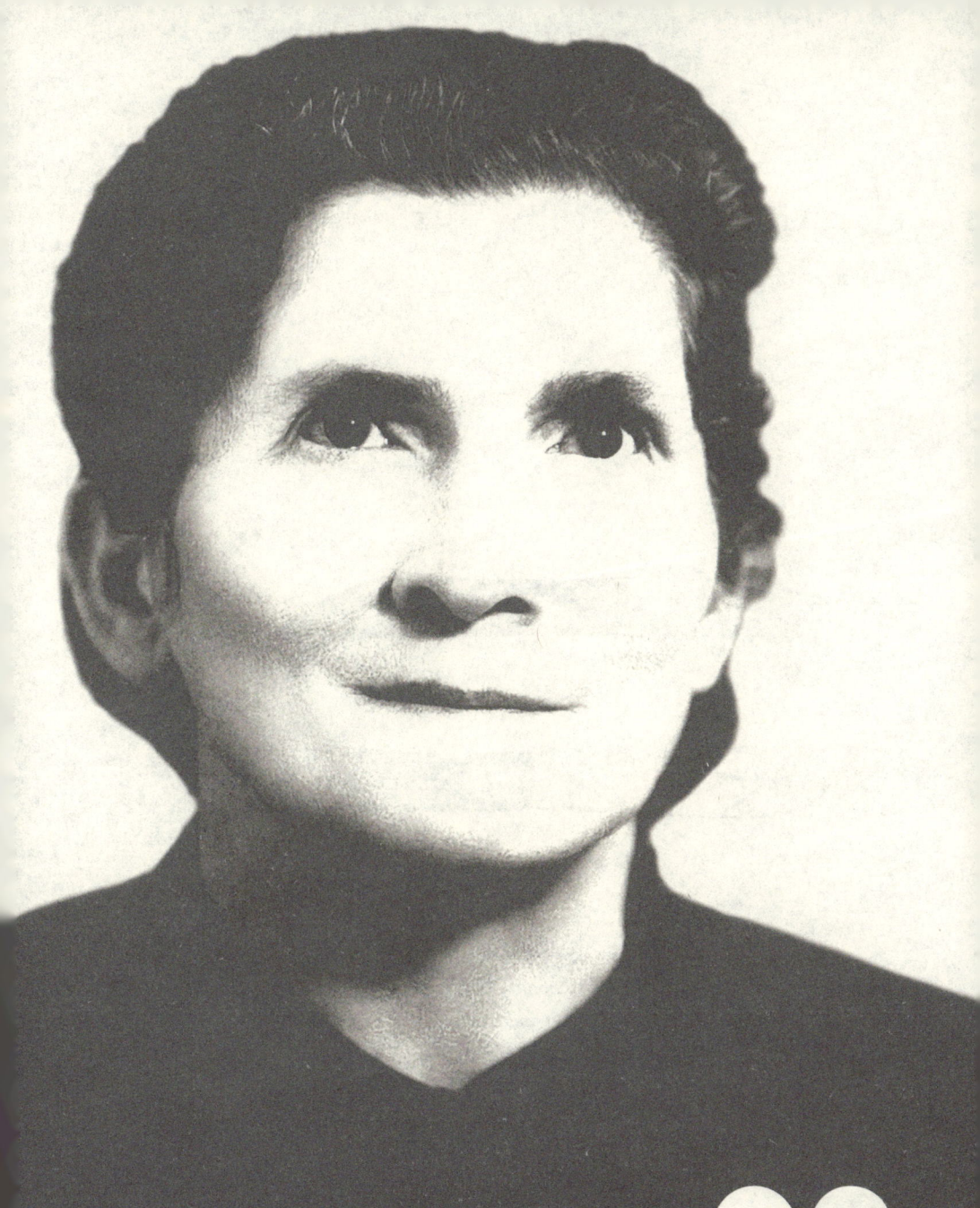

Elisa De Cecco Tramontina.

—02

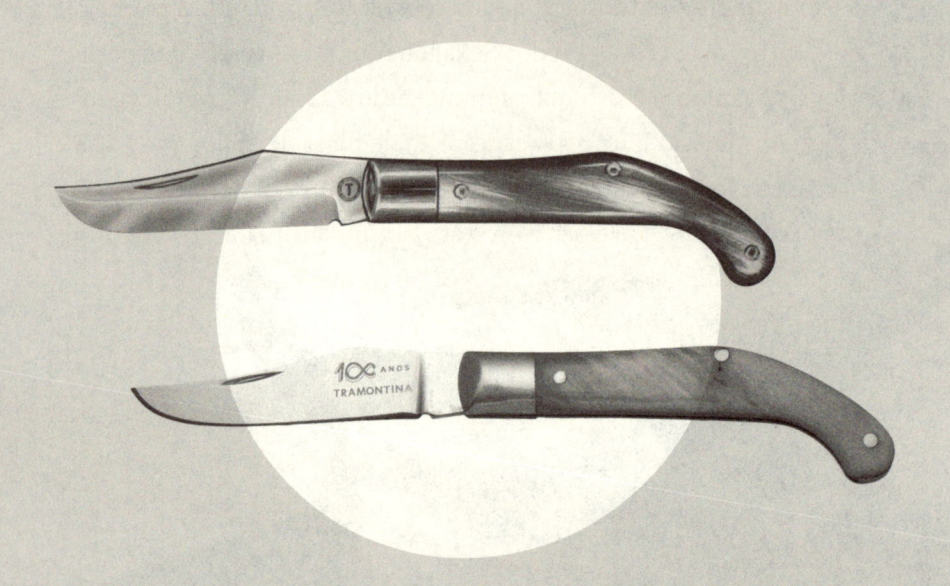

*O canivete Santa Bárbara:
o projeto original e a edição
comemorativa do centenário.*

Nos últimos anos do Império, fechou-se o cerco contra a escravidão. O tráfico humano estava proibido desde 1850, o que estancou o fornecimento externo de novos cativos ao Brasil, e leis como a do Ventre Livre (1871) e a dos Sexagenários (1885) estrangularam progressivamente o sistema, prenunciando a abolição completa do regime escravista, que ocorreria em 13 de maio de 1888.

Em resposta a essas transformações, as autoridades brasileiras traçaram planos e elaboraram leis para incentivar a entrada no país de trabalhadores assalariados brancos, que viriam substituir os braços negros nas lavouras e colonizar áreas do território nacional ainda sem exploração econômica.

Ao mesmo tempo, do outro lado do Oceano Atlântico, a Itália recém-unificada atravessava um momento de extrema dificuldade. O país era essencialmente rural, mas milhões de trabalhadores não tinham terra onde plantar. Viviam na miséria e morriam de fome.

Para se desvencilhar desse fardo, as autoridades italianas traçaram planos de exportar os braços e as bocas excedentes, o que resultou no maior movimento migratório não forçado da História. Em menos de quatro décadas, 14 milhões de italianos deixaram seu país.

A combinação dessas duas realidades complementares, lá e cá, fez com que grande parte da chamada diáspora italiana tivesse como destino final o Brasil.

Entre os que foram engolfados por esse movimento estavam os Tramontina, uma família de Frisanco, localidade remota do nordeste da Itália, situada a 53 quilômetros de Udine e a

108 quilômetros de Veneza, no que hoje é a região de Friuli-Veneza Júlia. Os patriarcas Valentino e Angela deixaram a terra natal em março de 1885, acompanhados dos filhos, entre eles Enrico Tramontina, 28 anos, que viajou com a mulher, Domenica.

A viagem transatlântica até Santos, no vapor Sirio, durou cerca de um mês. A cidade paulista serviu de baldeação para os Tramontina apanharem outro navio, que seguiu até Rio Grande, subiu a Lagoa dos Patos e desembarcou a carga de imigrantes no cais de Porto Alegre, bem no centro da cidade. Dali, a empresa colonizadora fez o grupo subir a Serra, na época um formigueiro de pequenas comunidades nascentes onde quase só se falava italiano.

Coube aos Tramontina o lote de terras número sete da primeira seção, na Linha Santa Bárbara, atual município de Monte Belo do Sul. Lá chegados, depararam com uma espessa mata. O primeiro trabalho foi árduo: derrubar as árvores para abrir espaço à lavoura de subsistência. A madeira rústica dos troncos foi usada para construir o primeiro lar dos Tramontina na América.

A natureza, o clima e os costumes do Brasil eram muito diferentes dos de Friuli, mas de certa forma era possível sentir-se em casa, graças aos vizinhos, também friulanos, que compartilhavam a mesma religiosidade, o mesmo dialeto, as mesmas tradições e a mesma forma de vestir — e também compartilhavam o fato de serem esnobados e vistos como um tanto grosseiros por outro grande grupo de imigrantes italianos, os originários do Vêneto.

Entre os conterrâneos, os Tramontina tinham uma ligação próxima com os De Cecco, que chegaram com eles a Santa Bárbara em 1885 e com quem enfrentaram juntos as dificuldades de domar a nova terra e de se adaptar ao novo país. Um dos De Cecco, Davide, casado com Lucia Filippi, desempenhava papel importante na comunidade: em paralelo ao trabalho como ferreiro e funileiro, exercia também as funções essenciais, naquele fim de mundo, de médico e dentista prático, o que o transformou em uma pessoa conhecida e valorizada na região.

Valentin, o fundador

Enquanto o Brasil passava de Império para República, Enrico e Domenica geraram oito filhos, os primeiros Tramontina 100% brasileiros. Valentino Tramontina nasceu em 1893, ano em que o Rio Grande do Sul mergulhou na sangrenta Revolução Federalista, em que maragatos (que queriam remover do cargo o presidente do Estado, Júlio de Castilhos) e pica-paus (defensores do governante) notabilizaram-se pela prática de se degolarem uns aos outros, em um dos conflitos mais violentos da história do Brasil, finalizado em 1895 com a manutenção de Castilhos no governo.

O nome de Valentino era uma homenagem ao avô, mas ninguém o chamava assim. Ele era, para todos, Valentin. Ainda adolescente, tratou de aprender um ofício. Com um irmão, durante um ano de trabalho, descobriu os segredos da funilaria. Depois, deslocou-se até Nova Bréscia, 60 quilômetros a oeste, com a ideia de desenvolver a arte de fabricar e soldar facas. O plano era tornar-se ferreiro, profissão que se beneficiava de uma farta demanda. Havia muita ferradura a produzir para os cavalos, fundamentais naquele período para o transporte e as lides do campo.

Numa colônia italiana vizinha, que por aquela época mudou o nome de Santa Luiza para Carlos Barbosa, em homenagem ao então governador do Rio Grande do Sul, Valentin tinha um primo que também era ferreiro e administrava uma oficina bem fornida. Esse primo, fabricante de canivetes, adoeceu e precisou parar de trabalhar. Ele chamou Valentin e lhe propôs que comprasse suas ferramentas.

O rapaz fechou negócio. Em 1910, com 17 anos, mudou-se para Carlos Barbosa, onde alugou uma casa de madeira. Em 1911 abriu sua sonhada ferraria, a Ferraria Tramontina.

O momento era perfeito. Naquele ano, havia sido inaugurada a linha de trem entre Porto Alegre e Caxias do Sul, e coube a Carlos Barbosa o privilégio de ganhar uma estação e transformar-se, assim, em polo ferroviário. Quase da noite para o dia, a localidade modorrenta entrou em ebulição. Com a ferrovia à porta, conectou-se ao mundo. Os produtos das colônias mais afastadas eram enviados em grande quantidade para lá, de onde eram escoados pelos trilhos até Porto Alegre e, da Capital, para onde houvesse demanda.

As facilidades logísticas trazidas pela ferrovia atraíram ou fizeram florescer em Carlos Barbosa uma boa quantidade de pequenas indústrias. Surgiram uma refinaria de banha, uma fábrica de vassouras e cadeiras, uma usina elétrica e vários outros negócios. Valentin confeccionava ferraduras para os cavalos e prestava outros serviços para essas empresas, tirando proveito da prosperidade geral.

> *A história da Tramontina é a história desse meu avô, Valentin, um artesão de Santa Bárbara que, como todo jovem, inconformado em morar em um lugar afastado, ouve falar de uma cidade onde o trem está chegando e vai para lá. No trem, ele vê a possibilidade de progresso. Ele monta uma pequena ferraria, mas faz coisas bem diferentes, inovadoras. Ele foi o primeiro ferreiro que não tinha moinho com roda de água. Ele terceirizava a batida do aço para pessoas que tinham moinho.*

Em 14 de fevereiro de 1920, dia do santo com quem compartilhava o nome, Valentin voltou à Linha Santa Bárbara, onde nascera, para se casar com Elisa De Cecco — filha do respeitado médico prático Davide De Cecco, vizinho dos Tramontina. Um banquete em comemoração ao matrimônio foi realizado na casa de Enrico e Domenica, os pais do noivo. Um ano mais nova do que Valentin, Elisa tinha 25 anos. Três filhos se sucederam rapidamente: Henrique em 1921, Nilo em 1923 e Ivo em 1925.

Em 1956, já debilitada pela tuberculose, com uma caligrafia que denunciava a mão trêmula e que ela atribuía ao "reumatismo no braço", Elisa deixou registradas em algumas páginas as suas memórias daqueles tempos. Conforme esse relato, a ferraria ocupava a metade da frente da casa de madeira onde o casal morava.

Ali, Valentin trabalhava com um irmão, Luiz, e com um outro rapaz, sem família, que ela identifica como Doro Ciapinot. O trabalho consistia basicamente em realizar consertos, fabricar ferraduras e produzir facas. "Valentin tinha muita ligeireza e capricho na têmpera da ferramenta e do fio", registrou Elisa. "Fazia as facas muito bem feitas e com qualidade. Algumas com o cabo em formato de uma cabeça de pomba."

Em 1925, no entanto, surgiu um revés importante para a pequena oficina. O principal cliente, a empresa Arthur Renner & Cia., transferiu-se para Porto Alegre, dispensando os serviços da Tramontina.

Foi um golpe duro, que deixou a família em apuros. Em seus escritos, Elisa evoca um daqueles dias difíceis: estavam ela e o marido diante da oficina, olhando o descampado em que se destacava uma árvore solitária, tentando animar um ao outro.

— Vai vir o dia em que a minha ferraria vai ser a mais grande do Rio Grande — disse Valentin.

— Nossa fábrica vai crescer além da árvore — concordou Elisa.

Ganhos e perdas

A solução para as dificuldades da ferraria veio dos canivetes.

Os imigrantes italianos, como resultado de uma tradição passada de pai para filho desde a Idade Média, eram artesãos hábeis. Conheciam a marcenaria, a carpintaria, a mecânica, a olaria e a forja. Em meio a todas essas habilidades, haviam trazido para a Serra Gaúcha a técnica e a tradição da cutelaria, com especial talento para a produção de canivetes.

Os caniveteiros, como os chamava Elisa, eram numerosos na região. Mas nenhum dos três ferreiros da Tramontina sabia como produzir o utensílio. Trataram de aprender. Procuraram um primo de Elisa, que forneceu alguns moldes para a fabricação e recebeu Valentin e Luiz durante oito dias, em Santa Bárbara do Sul, para ensinar-lhes como se fazia um canivete.

A partir daí, esse passou a ser o carro-chefe da ferraria de Carlos Barbosa. "Eles se botaram a fazer canivetes", conta Elisa. No princípio, o trabalho era realizado com um martelo e um esmeril movido a pedal. Com uma morsa e uma lima, a mulher ajudava no acabamento dos cabos de chifre de boi. Só mais tarde viriam as máquinas motorizadas. "Valentin começou a viajar e vender os canivetes e as facas, e aproveitava para comprar os materiais. Os canivetes não eram tão bem acabados. Assim, ele vendia barato."

Por volta de 1930, um outro acontecimento ajudou a impulsionar a Ferraria Tramontina. Em Porto Alegre, houve um incêndio nas instalações de uma importante empresa do ramo de cutelaria, que trabalhava com produtos importados de alta qualidade. Uma grande quantidade de peças, principalmente facas, foi atingida. Valentin soube da situação e teve uma ideia. Ofereceu-se para recuperar o material. Debruçado sobre as facas queimadas, estudou-as e tirou dali um aprendizado sobre novos modelos que poderia lançar.

A ferraria voltou a prosperar, agora com quatro ou cinco operários, que se alimentavam e dormiam na própria casa dos Tramontina, para onde também se haviam mudado, vindos de Santa Bárbara, os já idosos Enrico e Domenica.

Em meio às boas notícias, porém, sobreveio a tragédia. Henrique, o filho mais velho de Valentin e Elisa, morreu aos nove anos, vítima de uma septicemia. Depois dessa perda, o pai nunca mais foi o mesmo. "Até 10 anos de casamento, foi às mil maravilhas", escreveu Elisa. "Mas quando morreu o Henrique, Valentin não pôde aguentar a dor, começou a ter ataques, que aconteciam a cada três, quatro meses. Ele, para ter coragem, começou a beber, e daí ficou doente durante oito anos. Eu comecei a viajar com ele. Comecei a lutar, sempre com coragem, sempre pensando que tinha os filhos para criar."

A situação culminou com a morte de Valentin, aos 46 anos de idade, em 1939. Logo depois, veio o terceiro golpe cruel. Acometido por uma paralisia progressiva, morreu também o segundo filho do casal, Nilo, em 1940. Ele tinha apenas 17 anos.

Uma mulher de fibra

Em um mundo conturbado, que entrava naquele momento na Segunda Guerra Mundial, Elisa Tramontina virava a chefe de uma família dilacerada, que se reduzira a ela e a Ivo, o caçula de 14 anos. A mulher transformou-se também na responsável por uma empresa que até pensou em fechar, mas que resolveu aprender a tocar sozinha, para não retornar à pobreza dos antepassados.

A partir daí, os operários começaram a encontrar Elisa já na oficina quando chegavam para trabalhar, pela manhã. Quando encerravam o expediente e se despediam, no fim da tarde, ela continuava por lá, sempre labutando.

Na época, ela contava com 13 colaboradores. Dona de um terreno amplo em uma das principais ruas de Carlos Barbosa, repartiu o imóvel em 13 lotes e entregou um para cada trabalhador, uma forma de mantê-los ligados à empresa.

> *Ela fidelizou os colaboradores no período difícil da Segunda Guerra. Foi uma espécie de Reforma Agrária antecipada. Foi uma grande disrupção, como se diz hoje em dia.*

De tempos em tempos, Elisa enchia uma mala com a produção de facas e de canivetes, arrastava-a até a estação ferroviária e embarcava sozinha no primeiro trem para Porto Alegre. Na Capital, batia de porta em porta para oferecer sua mercadoria. Voltava a Carlos Barbosa no fim do dia, com a mala vazia e o dinheiro necessário para pagar os funcionários. "Ela pegava os canivetes e a mala. Essas malas de cavalo, mala de garupa. Colocava uma atrás e outra na frente, para calibrar. E ia vender em Porto Alegre. Caminhava até o bairro Teresópolis, para não pagar 47 réis, que era o preço do bonde. Subia edifício por edifício, apartamento por apartamento, e ia vender as facas", relatou em 2010 o filho, Ivo Tramontina, que acompanhou a mãe em algumas dessas jornadas.

Durante muitas das viagens da mãe, Ivo, que começara a trabalhar ainda na infância, vendendo pastéis na estação de trem, assumia o comando da ferraria. Com o passar do tempo, ficou claro que os dois formavam uma dupla afinada.

Ivo adorava o dia a dia da fábrica e era entusiasmado por maquinário, enquanto Elisa descobria em si, durante as viagens, a vocação para as vendas. Isso levou a uma natural divisão das tarefas. O filho cuidava da produção — em 1944 ele convenceu Elisa a investir na compra de uma prensa que transformava o aço bruto em lâminas, acelerando um processo que antes era manual —, a mãe comercializava.

Por alguns anos, funcionou muito bem. Mas uma das viagens de Elisa a Porto Alegre demonstrou, de maneira desagradável, que a empresa tinha um flanco descoberto. Um fiscal de impostos abordou a vendedora, pediu para ver a mala cheia de mercadoria e solicitou os documentos tributários correspondentes. A mulher sequer sabia do que ele estava falando. Apesar de a ferraria Tramontina já ter 13 trabalhadores, era uma operação desestruturada do ponto de vista administrativo. Ninguém na oficina conhecia as normas tributárias que deviam ser seguidas.

O episódio convenceu Elisa de que era preciso organizar a parte financeira da Tramontina e seguir à risca todas as regras fiscais. Mas nem ela nem o filho, com poucos anos de escola, dispunham dos conhecimentos e dos estudos necessários para colocar o plano em prática. A empresa não podia mais ser gerenciada apenas pela dupla. Para não desabar, precisavam armar um tripé.

Depois da tradicional missa de domingo, a que ninguém ousava faltar na pequena cidade, Elisa abordou entre os bancos da igreja uma de suas amigas mais próximas, Anna Dal'Bó Scomazzon.

— Preciso te pedir uma coisa — disse.

Os Scomazzon eram uma família próspera. Tinham uma fábrica de móveis de vime com mais de 40 funcionários, um dos maiores negócios da cidade — e um portento em comparação com a Tramontina, que naquele fim da década de 1940 se resumia a um galpão de chão batido repleto de máquinas e uma construção de madeira de dois pisos.

A prosperidade havia permitido que a família Scomazzon enviasse um dos filhos, Ruy Scomazzon, para cursar a faculdade de Economia em Porto Alegre. Na conversa depois da missa, Elisa perguntou a Anna se o jovem, então com 20 anos, não poderia ajudar na parte burocrática e financeira da Tramontina.

Anna não rejeitou a ideia, mas disse que o plano era que Ruy assumisse a administração da fábrica de móveis, em substituição ao pai, Agostinho Scomazzon. Mesmo assim, levou o convite ao rapaz. Ruy, que costumava lançar um olhar curioso para a fábrica de facas e canivetes sempre que passava diante do galpão, gostou da proposta. A partir de 1949, além de fazer a contabilidade da empresa da família, passou a realizar também a da Tramontina em suas horas livres.

Normalmente, ele comparecia para mexer na papelada no fim da tarde, trabalhando das 17h30 às 19h30. Em uma sala no térreo da casa que ficava diante da fábrica, equipada com calculadora e máquina de escrever, ele e Ivo começaram a planejar o que Ruy Scomazzon chama de "reorganização e expansão da Ferraria".

Como não podia se dedicar em tempo integral, Ruy recomendou a contratação de alguém que pudesse cuidar da parte administrativa durante o dia. Elisa procurou uma amiga, Ernesta Dolzan, e acertou a contratação da filha dela, Lea Dolzan, a primeira funcionária em tempo integral do escritório.

Ruy formou-se em Economia em 1952 e foi trabalhar na Serrana, a empresa do pai. No ano seguinte, o mesmo em que se casou com Wanda Demartini, tomou uma decisão inusitada e ousada: deixar o cargo na empresa da família para trabalhar em um negócio bem menor, a Ferraria Tramontina. Passou a Serrana para o irmão, Raul, que estava se formando em Contabilidade em Caxias do Sul.

Em registros por escrito feitos em 2020, Ruy Scomazzon afirmou que o motivo da troca não foi a crença de que a ferraria tivesse um futuro mais promissor. Ele resolveu se dedicar à Tramontina por causa das afinidades: "O Ivo e eu não tínhamos relações muito estreitas antes de eu começar a trabalhar na pequena ferraria que ele mantinha a duras penas com Dona Elisa. Eu ia gostando de trabalhar na firma porque estava conhecendo melhor aquilo que pensavam, mãe e filho, a respeito de uma fábrica. Era diferente do pensamento dos sócios de meu pai. Fiquei porque vi que poderia me entender melhor com Ivo e Dona Elisa. Tudo o que eu dizia era prontamente aceito. Isso fez com que eu tivesse uma vontade muito grande de fazer aquela fábrica crescer. Elisa era totalmente ligada ao negócio. O que mais queria era sempre saber se a Tramontina estava crescendo. E estávamos, Ivo e eu, consolidando uma parceria e uma sólida amizade. Víamos possibilidade de crescimento no negócio que estávamos administrando e a possibilidade de nos realizar profissionalmente."

A parceria entre Scomazzon e os Tramontina nos negócios foi sacramentada em 1954, quando a empresa fez seu primeiro contrato social, sob a razão social de Viúva Valentin Tramontina & Cia. Ltda. A ferraria passou a ser chamada de Tramontina Cutelaria, e Ruy foi elevado à categoria de sócio.

A amizade teve sua consagração com a transformação dos sócios em compadres. Depois de batizarem Clovis Tramontina em 1955, Wanda e Ruy retribuíram o gesto convidando Ivo e sua mulher, Laura, para serem padrinhos de seu primeiro filho homem, Eduardo Scomazzon, nascido em 1959.

Uma nova geração assume as rédeas

Quando Elisa Tramontina morreu, em 1961, a empresa passou em definitivo para as mãos da nova geração, representada pelos dois jovens sócios, Ivo com 36 anos, Ruy com 33. O primeiro tinha poucos estudos, mas sentia-se à vontade no chão de fábrica.

> *Meu pai era semianalfabeto. Ele sempre dizia que uma freira o ensinou a escrever o nome, para ele poder namorar minha mãe.*

Ruy, por sua vez, com formação acadêmica, brilhava no escritório, entre planilhas e gráficos. Valdir Baú, um funcionário que entrou nessa época e fez uma carreira de seis décadas na empresa, descreve a dinâmica entre a dupla: "Eles eram muito diferentes. Seu Ivo cuidava mais da parte técnica, da produção, de equipamentos, máquinas que precisavam ser compradas. E Seu Ruy mais da área administrativa, financeira, organizacional, dividindo a fábrica em setores. Seu Ruy mantinha mais o respeito, não dava muita intimidade, era mais reservado, ia do trabalho para casa. Já Seu Ivo vivia na fábrica, gostava do chão de fábrica, de conviver com o pessoal, de comunicar-se, igual ao Clovis. Saía para pescar e caçar com os funcionários, porque era festeiro."

No entanto, todas as manhãs, pontualmente às 11h, Ivo caminhava da linha de produção até o setor administrativo e entrava na sala de Ruy. Os dois conversavam durante uma hora. Era o momento em que trocavam ideias, Ivo falando da fábrica, Ruy esmiuçando os temas administrativos e financeiros. "Pareciam dois irmãos que se davam bem", diz Eduardo Scomazzon, filho de Ruy.

Mesmo com essas características complementares, não faltaram dificuldades para os dois sócios. Em uma ocasião, eles se viram sem dinheiro para comprar um torno que era fundamental para a fábrica continuar operando com competitividade.

Ivo não conseguia dormir, pensando no problema.

Foi quando entrou em ação sua esposa, Laura, a mãe de Clovis, uma mulher que, a exemplo da sogra, destacava-se por fugir às convenções e aos papéis secundários reservados ao gênero feminino. Por muito tempo, ela foi a única mulher da cidade que fumava, dizia palavrões e dirigia automóveis, cruzando riachos com uma caminhonete para levar a família à missa.

Quando ainda era noiva de Ivo, por exemplo, Laura um dia comunicou-lhe que viajaria sozinha a Montenegro, cidade a 60 quilômetros de distância, aproveitando um convite que havia recebido.

Em sintonia com a mentalidade da época e com ciúmes, ele reagiu escandalizado:

— Se tu fizeres isso, acabou o namoro — ameaçou.

— Pois eu vou. Namorado eu arranjo outro, mas ir a Montenegro pode ser que eu nunca mais consiga.

Laura viajou, e Ivo teve de engolir as próprias palavras, porque estava louco para se casar com ela.

Foi essa mulher de personalidade forte que percebeu, anos depois, o amuo e o nervosismo do marido insone.

— O que tu tens? — quis saber.

Ivo explicou o apuro financeiro.

— Acontece que eu tenho o dinheiro — respondeu Laura, deixando o marido boquiaberto.

E, de fato, ela trouxe as cédulas, talvez escondidas debaixo do colchão, que garantiram a compra do torno — e, consequentemente, o futuro da empresa.

> *Minha mãe não gastava. De vez em quando, o pai dava um dinheirinho para ela, e ela guardava, porque naquela época não se depositava dinheiro em banco.*

UMA VISITA À TRAMONTINA DE 1950

No verão de 2020, aos 92 anos de idade, Ruy Scomazzon registrou por escrito uma detalhada descrição sobre como era a Tramontina quando ele começou a trabalhar na empresa, primeiro em tempo parcial, apenas duas horas por dia, depois em tempo integral e por fim como sócio, tudo isso no intervalo entre 1949 e 1954. O relato de Ruy Scomazzon oferece um vislumbre singular da empresa, então uma pequena ferraria, na época em que Clovis Tramontina nasceu.

Naquele período, a Europa buscava se reconstruir, depois de ser arrasada pela Segunda Guerra Mundial, e o Brasil vivia um salto de industrialização, estimulado pela fundação da Companhia Siderúrgica Nacional. No âmbito esportivo, o país estava mergulhado no chamado "complexo de vira-lata", depois do trauma de perder a final da Copa do Mundo de 1950 para o Uruguai, em um Maracanã lotado com 200 mil espectadores de pé. Também eram tempos agitados no campo político, anunciados pela marchinha de Carnaval que foi o maior sucesso daquele ano, *Retrato do Velho:* "Bota o retrato do velho outra vez / Bota no mesmo lugar/ O sorriso do velhinho faz a gente trabalhar." A letra era uma referência a Getúlio Vargas, que havia sido deposto da presidência cinco anos antes, depois de comandar uma ditadura de década e meia, e naquele momento, já idoso, fazia uma inesperada volta ao cenário, na condição de candidato nas eleições presidenciais de 1950. Ele foi eleito, dessa vez como líder democrático, e o retrato dele voltou às repartições públicas de todo o país.

A descrição de Ruy Scomazzon mostra o que acontecia, enquanto isso, na pequena Carlos Barbosa, em uma empresa com duas ou três dezenas de trabalhadores e alguns representantes comissionados espalhados pelo Rio Grande do Sul, que tirava 90% de seu faturamento da produção de canivetes:

"*Havia uma construção de alvenaria de dois andares, com dois metros de frente por oito de fundos. O prédio tinha uma escada interna. Nesse prédio ficava a mercadoria pronta, os materiais como lixa e rebolo e um birô com duas máquinas, uma de escrever e uma de somar.*

No piso superior, um compartimento guardava mercadorias que sobraram do bazar Tramontina & Demartini Ltda., que funcionou em 1948. Havia ainda um quarto onde dormiam Ildo Patel e Ermelindo Malvessi, que trabalhavam na Tramontina e eram amigos de Ivo.

O piso superior, depois que os funcionários deixaram de usá-lo como moradia, transformou-se em um setor especializado em bainhas de couro. Usavam-se muito as bainhas de couro em facões, facas para cintura e, mais tarde, facas escoteiras. Surgiu ali um setor de gravações que servia para imprimir bainhas e, mais tarde, cabos plásticos. Chamava-se de Setor de Bainhas e Brindes.

Nos fundos daquele pequeno prédio ficava um galpão de alvenaria, de construção recente, que media de 25 a 30 metros de comprimento; as paredes eram de tijolo sem reboco, e o piso era de chão batido. Era nesse galpão que estavam instalados vários eixos, alguns com rebolos e outros com lixadeiras simples. Dois ou três motores elétricos acionavam as transmissões. Não se podia instalar absolutamente mais nada, porque a disponibilidade de energia elétrica era limitadíssima e o motor a combustão que existia funcionava precariamente e era de capacidade limitada.

Havia duas prensas, uma excêntrica, comprada em 1944, operada por Osvino Deitos, e outra menor, operada por Hilário Misturini. Tinha também um balancim manual que, segundo Ivo, fora comprado por Nilo um pouco antes de ele falecer. O balancim era usado para achatar chifres depois de aquecidos e também para estampar cabos de latão amarelos usados em canivetes especiais.

No lado norte, um corredor estreito e também um valo aberto. Confinando com os terrenos de Marcos Carlotto, estava o prédio de madeira onde Elisa e Ivo tinham morado antes de Ivo casar.

Em 1949, a antiga residência tinha se transformado em lugar para fazer acabamento de facas e canivetes. Havia alguns empregados que trabalhavam em suas próprias casas. Era na antiga residência de Dona Elisa que eles vinham entregar a produção e receber materiais."

Valentin, o fundador.

PICARDIAS JUVENIS

— 03

Clovis em sua juventude.

Foi nos anos de chumbo que Clovis Tramontina viveu um dos períodos em que mais se anseia por liberdade na vida. Enquanto o Brasil atravessava a etapa mais fechada do regime militar, com a decretação do Ato Institucional número 5 (AI-5), o jovem Clovis abria-se para o mundo, exprimia-se, experimentava, rebelava-se. Era o tempo dos namoros, das noitadas, das transgressões, das farras com amigos — em suma, dos hormônios em ebulição.

Houve até momentos de subversão, por assim dizer. Com um grupo de colegas, Clovis fez explodir uma bomba de fabricação caseira, com um cigarro aceso como temporizador, durante uma aula, no Colégio Marista Aparecida, de Bento Gonçalves. A escola iniciou uma investigação para apurar responsabilidades, mas ninguém delatou os culpados, nem mesmo o professor de Física, que foi colocado a par dos detalhes, mas acobertou o pequeno ato terrorista.

Em outra ocasião, Clovis e o amigo Luiz Renato Sganderlla foram surpreendidos por uma batida policial enquanto se dedicavam ao carteado em uma casa clandestina de jogos de azar. Passaram um dia presos na Delegacia, incomunicáveis, sem direito sequer a avisar os pais.

Outra transgressão, inocente mas perigosa, eram as viagens de carro a Caxias do Sul. Clovis embarcava os amigos Rui Mantovani (Bolívia), Ademar Gedoz (Bidu), João Zani e Lauro Cignachi, apanhava uma estrada com 40 quilômetros de chão batido e pisava fundo no acelerador do Ford Galaxy emprestado pelo pai. O objetivo era bater o recorde de velocidade da viagem anterior, tudo isso para estacionar o carro diante do BaitaKão, ingerir alguns cachorros-quentes com Coca-Cola e pegar a estrada de novo — em velocidade ainda maior.

Clovis era mão-fechada. Uma noite, convidou os amigos para comemorar o aniversário com ele em Caxias do Sul. Lauro Cignachi acredita que foi quando o amigo completou 18 anos e pegou o Galaxy do pai pela primeira vez. Clovis estacionou o carro no centro da cidade e pediu seu cachorro-quente.

— O meu eu só quero com queijo e ervilha, não quero esses molhos vermelhos e amarelos — explicou ao atendente.

No final da refeição, uma surpresa: Clovis determinou que o aniversariante não pagava.

— O Cignachi paga a Coca-Cola e vocês pagam meu cachorro-quente — disse aos amigos.

Cignachi, que passava por um momento financeiro difícil e mal tinha dinheiro para bancar o próprio lanche, teve de arcar com a despesa do parceiro. Por causa do desfalque nas suas finanças, nem conseguiu dormir naquela noite. "Ele era pão-duro. Acho que isso é da personalidade do Clovis", interpreta. "Ele era o que tinha mais dinheiro, mas não usava isso para se sobrepor aos amigos. Queria que déssemos valor e batalhássemos para ter as coisas."

Um amigo ainda mais pelado, porque não trabalhava, era Bidu. A turma se cotizava para pagar os cachorros-quentes dele. Clovis acabou com essa regalia:

— Ninguém mais vai pagar para ti enquanto tu não arranjares um trabalho — determinou, sempre mandão.

Depois de quatro ou cinco ocasiões, nas quais se sentou à mesa do BaitaKão com o estômago a roncar, salivando enquanto via os amigos enfardarem os apetitosos cachorros-quentes, Bidu deu um jeito de arranjar emprego. "Tínhamos uma turma maravilhosa", resume um dos integrantes do grupo, João Zani.

"Passávamos madrugadas batendo papo e resolvendo os problemas do mundo.

Dos namoricos ao amor

A adolescência foi uma época em que Clovis acumulou considerável quantidade de capital — mas capital amoroso. Até na missa o grande interesse dele era paquerar. As moças o achavam atraente. "Ele era um menino lindo", conta Elisabete Odibert, amiga seis anos mais velha, que trabalhava na Cutelaria.

Nos finais de semana, Clovis costumava levar a namorada para a casa da família, mas não era sempre que aparecia duas vezes seguidas com a mesma moça. A situação enfurecia Laura, sua mãe.

Na época, era costume na região as meninas presentearem seu pretendente com uma foto em grande formato, em que apareciam no melhor ângulo e com o penteado mais caprichado, para ficar dependurada como um quadro em alguma parede, de maneira a marcar presença e território no lar do rapaz.

Clovis dava um jeito de driblar esse estratagema feminino. Conforme a menina que fosse levar para casa, pedia à mãe que colocasse o pôster correspondente na parede do quarto, o que ela fazia em meio a impropérios.

> *Minha mãe ficava furiosa com meu comportamento inconstante com as namoradas, porque tinha que trocar os pôsteres com as fotos delas, conforme a que eu iria receber na minha casa. Ela achava aquilo um horror.*

A partir de 1971, a rotina de Clovis havia se tornado pesada. Encerrado o Ensino Fundamental, ele havia sido matriculado no

Colégio Aparecida, de Bento Gonçalves, que a família entendeu oferecer um ensino mais qualificado do que aquele disponível em Carlos Barbosa.

Para o adolescente, isso significava madrugar todos os dias para apanhar o ônibus das 7h até a cidade vizinha, distante 20 quilômetros. Depois da manhã de aulas no Científico, uma das modalidades do Ensino Médio na época, Clovis tomava o ônibus das 13h para retornar a Carlos Barbosa. À noite, frequentava um curso de Contabilidade na cidade natal.

Clovis não demorou para encontrar um estímulo para saltar da cama bem cedo e viajar a Bento Gonçalves. Esse incentivo veio na forma de uma linda jovem de 15 anos, esguia e de olhos azuis, que sentava a algumas classes de distância e que ele viu pela primeira vez numa aula de Biologia. Tímida e observadora, seu nome era Eunice Milan, mas o pessoal a chamava de Nice.

— Vou namorar essa guria — confidenciou Clovis, confiante, ao primo Celso Luiz Guerra, o Quito, também aluno do Aparecida.

Não foi tão simples assim. Para Clovis, era amor à primeira vista. Mas Nice viu-o uma, duas, três, 20 vezes, e mesmo assim não se entusiasmou. Na verdade, ela não estava interessada em namorar. Foi, digamos assim, amor à milionésima vista, depois de muita insistência do colega de aula. Nice só cedeu e consentiu com o namoro no final do Ensino Médio. "Ele não chamava minha atenção", conta ela. "Ele é que se apaixonou. E ele tentou e tentou..."

Com o fim do curso se aproximando, Clovis havia começado a passar as tardes no apartamento de Nice, em Bento Gonçalves. Os dois e mais uma prima de Nice, Elzira Milan Guerra, estudavam juntos para o vestibular. Foi entre os livros, a partir dessa convivência pré-universitária, que Clovis foi vencendo as resistências da guria. "Ele é envolvente, né? Ele agradava, sabe? Levava para passear. Nunca dançava, mas levava nos bailes, nas boates. Daí começamos a namorar", conta Nice.

Finalmente, Dona Laura pôde colocar em definitivo um mesmo quadro na parede.

Mas a mãe de Nice, Adele Milan, vigiava de perto os dois pombinhos, colocando em prática uma apurada técnica de estraga-prazeres. Sempre que Clovis estava prestes a tentar algum progresso em termos de intimidade física com a namorada, Dona Adele irrompia no local, às vezes no próprio quarto da jovem, para trazer uns sanduíches e frustrar a tentativa.

— Nunca engordei tanto — reclamava Clovis.

Em 1974, os dois namorados submeteram-se aos concursos vestibulares das maiores universidades da região metropolitana de Porto Alegre. Nice conseguiu ingressar no curso de Psicologia da Universidade do Vale do Rio dos Sinos (Unisinos), em São Leopoldo, e foi morar em um pensionato feminino na cidade. Clovis foi aprovado em Administração de Empresas, na Pontifícia Universidade Católica (PUCRS), da Capital, e em Direito, na Unisinos. O interesse principal dele era mesmo Administração, mas, já calculando que a amada possivelmente estudaria em São Leopoldo, resolvera candidatar-se também por lá, para ficar por perto.

No fim das contas, decidiu fazer os dois cursos em simultâneo, no caso do Direito por amor. Ele estudava de manhã na Unisinos, onde realizava o desejo de ver a namorada, e depois se deslocava de São Leopoldo a Porto Alegre para frequentar o curso de Administração na PUCRS. Para isso, tinha de apanhar seis ônibus e sacolejar para lá e para cá cerca de 80 quilômetros, todos os dias.

> *O meu curso por opção era Administração. Só fui estudar Direito porque era na Unisinos, a mesma universidade da Nice. Eu senti que ela era a mulher da minha vida e queria estar perto dela. Comecei a estudar pela manhã na Unisinos e, à noite, na PUCRS. No começo, eu pegava seis ônibus por dia! Na metade do ano, não aguentava mais e pedi um carro para o meu pai.*

Clovis ganhou um Corcel GT para fazer os deslocamentos.

O surpreendente é que, no meio do primeiro ano de faculdade, o rapaz decidiu encerrar o namoro. Segundo a explicação que deu, essa resolução não foi causada por falta de amor, mas por excesso. Ele diz que deixou Nice porque estava assustado, despreparado para aquele grau de envolvimento e compromisso. Também pesou o fato de os amigos o espicaçarem por causa do relacionamento sério, chamando-o para um estilo de vida mais solto e despreocupado.

Apesar de ter desfeito o relacionamento com Eunice, Clovis continuou a frequentar as aulas de Direito em São Leopoldo. Com alguma assiduidade, encontrava a ex no câmpus. Eram apenas amigos.

Dias de arroz e ovo frito

Durante os anos de faculdade, Clovis Tramontina dividiu um apartamento em Porto Alegre com os amigos Clovis Salvatti e Osvaldo Steffani. O imóvel, na Avenida Cristóvão Colombo, perto do Centro, era pequeno, uma quitinete, como se dizia. Tinha um banheiro, uma sala conjugada com a cozinha e um único quarto, mobiliado com um beliche e uma cama de solteiro, na qual Clovis dormia.

Ele ficava impressionado com o método de estudos de Osvaldo. Deitado de costas na parte de cima do beliche, o amigo examinava as fórmulas matemáticas que havia afixado no teto. O que chamava a atenção de Clovis é que Osvaldo não decorava as fórmulas, ele as desenvolvia. Aquela habilidade seria aproveitada mais tarde: o colega de quarto tornou-se diretor industrial de uma das fábricas da Tramontina.

O trio de estudantes desajeitados, quando não podia comer no Restaurante Universitário, ingeria o que estivesse à mão. Clovis era o mais prendado, o que não significava grande coisa: suas habilidades culinárias limitavam-se ao preparo de arroz com colorau (mais em conta do que molho de tomate) e cebola picada, acompanhado de ovo frito. Era basicamente disso que subsistiam.

Apesar das precariedades domésticas, os três se entendiam bem. Traçaram algumas regras de convivência e estabeleceram um código que, acima de todos os demais, devia ser respeitado com rigor e reverência:

> *Se algum de nós colocava uma toalha na janela, não era para os demais entrarem. Afinal, três homens num apartamento de um quarto precisam aprender a conviver.*

A maneira como os três amigos deixaram de morar juntos foi insólita. Em um final de semana no qual Clovis voltou a Carlos Barbosa para ver a família, Steffani e Salvatti decidiram ir ao cinema. Tiveram de se vestir à luz de uma vela colocada sobre o guarda-roupa, porque havia faltado energia elétrica. Ao voltarem, de madrugada, o elevador não funcionava. Subiram pelas escadas e encontraram os moradores reunidos no corredor cheio de entulho. A quitinete havia se incendiado por inteiro, certamente pela vela esquecida acesa. Steffani lembra de entrar no imóvel e deparar com o ferro das janelas retorcido e os livros da faculdade boiando na água usada pelos Bombeiros para combater as chamas.

Nessa etapa, a Tramontina já era uma empresa bem maior do que aquela dos tempos de infância de Clovis. Enquanto ele fazia sua formação, haviam sido inauguradas fábricas em Porto Alegre (em seguida transferida para Canoas), Garibaldi e Farroupilha. Mesmo assim, as finanças da família, que suportavam as mensalidades das duas faculdades particulares do filho, tinham seus limites. Laura chegou a confidenciar a Clovis que houve algum aperto financeiro enquanto ele estudava na Capital.

Para viver com um pouco mais de folga em Porto Alegre, portanto, Clovis começou a ministrar aulas particulares. Ensinava Matemática e Contabilidade em domicílio aproveitando para às vezes filar, na casa de algum aluno, uma refeição bem mais sofisticada do que o arroz com ovo que costumava fazer. Apreciava principalmente o ensopado de siri feito pela mãe de um dos seus pupilos, Juvenal Azambuja Mariath, que depois se tornou CEO da IBM na Austrália.

Uma imperatriz no caminho e uma ligação refeita

Naqueles tempos de universidade, um amigo de Bento Gonçalves, Roberto Tondo, convidou Clovis para a festa de aniversário da irmã, Marisa Tondo.

Clovis foi à Serra para a comemoração e se encantou com a aniversariante. Marisa era uma morena esbelta e vistosa, eleita Imperatriz do Vinho em 1975, reinando sobre a Festa Nacional do Vinho (Fenavinho), a principal de Bento.

> *Achei a Marisa muito bonita, e começamos a namorar. Namoramos alguns anos. Eu a acompanhava aos eventos em que ela precisava comparecer como Imperatriz do Vinho. Gostava daquilo.*

No final de 1977, depois de quatro anos, Clovis terminou o curso de Administração de Empresas na PUCRS. Mas continuou o de Direito, em São Leopoldo, pelo menos na fachada. A verdade é que ele resolveu curtir a vida, tirando o ano de 1978 só para si e para seu Miura, o carro esportivo que fazia sucesso na época e que substituíra o burocrático Corcel GT. Sem contar aos pais, que continuaram a pagar as mensalidades religiosamente, deixou de ir às aulas.

Foi apenas quando terminou o curso e pegou o canudo de Direito, em 1980, que revelou a estripulia a Ivo Tramontina:

— Pai, vou te contar uma coisa. Demorei a me formar porque, em 1978, não fui um dia sequer à aula.

Ivo encarou o filho com seriedade, por longo tempo. Por fim, deu uma resposta inesperada.

— Pois fizeste muito bem.

> *Assim era meu pai. Ele sempre queria o bem para as pessoas. Foi meu pai, meu chefe, meu amigo. Um homem de pouca instrução, mas muito conhecimento da alma humana. Certa vez, bati com o carro e fiquei com medo de contar a ele. Quando criei coragem, ele me perguntou: "Alguém se machucou? Se não, vamos almoçar e depois vemos isso."*

Mesmo depois de se separar de Clovis, Eunice Milan continuava ligada à família dele. Havia se afeiçoado a Laura Tramontina, que não escondia a opinião de que Nice era a nora dos seus sonhos, e especialmente a Raquel, irmã de Clovis, que a convidara para ser sua madrinha de crisma.

Durante os últimos meses da faculdade de Psicologia, Nice redigiu uma carta carinhosa para dona Laura, em que se colocava à disposição para ajudar no que fosse necessário.

A carta emocionou Laura, que a mostrou ao filho mais velho. Clovis leu as páginas manuscritas, reencontrou a conhecida caligrafia de Nice e percebeu aflorarem sentimentos que não conseguia reprimir. Ficou com aquilo fervendo dentro de si. Uns dias depois, bateu à porta da moça e se lançou à reconquista do coração dela, que na época estava com outro. Cinco anos depois de romperem, Clovis e Nice reataram o namoro.

> *A verdade é que minha mãe sempre quis que eu namorasse a Nice. Era a nora dos sonhos da dona Laura.*

No final de 1980, Eunice e Clovis concluíram os estudos universitários. A formatura dela em Psicologia e a dele em Direito ocorreram no mesmo dia e horário, o que impediu que um comparecesse à colação de grau do outro. Mas, depois das respectivas cerimônias, encontraram-se para celebrar com amigos.

Duplamente diplomado, Clovis voltou para Carlos Barbosa e começou a trabalhar na Tramontina. Tinha 25 anos. Em paralelo, estudava para prestar o exame da Ordem dos Advogados do Brasil (OAB). Enquanto se preparava, algo alarmante ocorreu: durante um período prolongado, perdeu totalmente a visão do olho esquerdo, o que foi diagnosticado como consequência de uma neurite óptica. Ficou impossibilitado de ler e de estudar.

Foi a mãe, dona Laura, quem mais uma vez veio em seu socorro. Durante largas horas, ela lia e relia os conteúdos da prova para o filho, até que Clovis os memorizasse.

Ele foi aprovado e conquistou sua carteira de advogado.

Na mesma época, Eunice foi aprovada em um concurso público e tornou-se monitora no sistema penitenciário. Trabalhou no Presídio Central e no Presídio Madre Pelletier, em Porto Alegre. Depois, para ficar perto do noivo, pediu uma transferência e passou a atuar no Presídio de Bento Gonçalves.

Clovis sobe ao altar

Uma década depois de cruzarem os olhares pela primeira vez em uma sala de aula do Colégio Marista Aparecida e após muitas idas e vindas, Clovis Tramontina e Eunice Milan casaram-se em Bento Gonçalves. A celebração ocorreu na Igreja Matriz de Santo Antônio, em 19 de setembro de 1981. "Vocês estavam tão lindos, que eu jamais vou esquecer", registrou, em um bilhete para o casal, Laura Giacomoni.

Faceiro, Ivo Tramontina ofereceu uma festança para 600 convidados, que se espraiavam pelos dois pavimentos do Clube Aliança, com direito a baile animado por músicos de um conjunto popular na época, o Arpege. As danças se estenderam até o amanhecer.

A lua de mel também foi em grande estilo, com escalas em três continentes. Os noivos passaram 40 dias viajando. Percorreram a Europa e ainda deram um pulo no Egito e nos Estados Unidos.

O único senão é que, como o casal era herdeiro de uma fábrica de panelas, ninguém achou necessário presenteá-lo com esse gênero de utensílios. Clovis e Nice começaram a vida doméstica com a cozinha desprovida dos itens mais básicos, que se acumulavam aos milhares nos depósitos da empresa da família. "Eu tinha de cozinhar com duas panelas só. Colocava o que já estava cozido no forno, para liberar uma panela e poder cozinhar um terceiro prato", conta Nice.

Depois de um mês, a Tramontina fez chegar ao casal uma coleção completa de itens para a cozinha.

O início na Tramontina

Enquanto Clovis fazia sua formação nos ensinos Fundamental, Médio e Superior, a Tramontina não parava de se desenvolver sob a batuta dos sócios Ivo Tramontina e Ruy Scomazzon. Depois de ampliarem e modernizarem a indústria de cutelaria em Carlos Barbosa, eles abriram a segunda fábrica da empresa em 1959. A história do surgimento dessa unidade é curiosa.

Naquele ano, Ivo apanhou um ônibus e foi a São Paulo com a missão de colocar fim a uma dívida. Ele levava no bolso o dinheiro necessário para pagar pelas máquinas que a Tramontina havia adquirido para qualificar a Cutelaria. Mas Ivo não foi capaz de zerar o débito. Encantou-se por outros modelos de maquinário que estavam em exposição e cometeu uma extravagância. Pagou só uma parte da dívida e usou o resto do dinheiro para dar entrada em outros equipamentos, que tiveram de ser levados a Carlos Barbosa em dois caminhões.

Quando o maquinário chegou, descobriu-se que ele exigia uma força elétrica de que a cidade não dispunha. A solução foi instalá-lo em outro local. Nasceu assim, em Porto Alegre, a Forjasul, voltada à fabricação de peças forjadas. Mais tarde, a unidade foi transferida para Canoas.

Em 1963 veio a terceira unidade fabril, uma indústria de ferramentas em Garibaldi.

Em dado momento, entre o fim dos anos 1960 e o início dos anos 1970, Ivo e Ruy Scomazzon mandaram vir do Japão um navio carregado de aço inoxidável. Quando a matéria-prima chegou, não estavam certos do que fazer com ela. Enquanto ponderavam alternativas, ficaram sabendo de um engenheiro italiano que havia emigrado para o Brasil depois da Segunda Guerra Mundial. Ele tinha experiência com inox e trabalhava em uma fábrica de Caxias do Sul.

Era o engenheiro mecânico Mario Bianchi, oriundo de Milão, a capital mundial do *design*, um homem sofisticado, sempre de gravata de seda, terno bem cortado e perfume fino. Contratado pela Tramontina, Bianchi propôs que se aproveitasse a grande quantidade de aço inoxidável importada do Oriente para iniciar a produção de talheres e baixelas. Até levou Ivo e Ruy Scomazzon à Itália, para conhecerem a sofisticada produção local, o que foi fundamental para que os dois sócios apostassem ainda mais na diversificação de produtos.

Como resultado da chegada de Bianchi, uma nova fábrica foi aberta em Farroupilha, em 1971. Mais do que isso, o engenheiro milanês introduziu conceitos novos de *design* e qualidade, catapultando o conceito da Tramontina junto aos consumidores.

A opinião do italiano era sagrada na empresa. Quando uma nova peça era confeccionada, levavam-na até ele para obter um veredito.

— Doutor Mario, o que o senhor acha?

Ele nunca dava a resposta na hora. Pedia para voltarem mais tarde e, depois de uma análise apurada, apontava imperfeições que ninguém mais enxergava e fornecia instruções sobre como corrigi-las.

> *A chegada do Dr. Mario, como ficou conhecido, foi um divisor de águas na produção de itens de alta qualidade na Tramontina. Além de grande amigo, foi um dos meus mentores. Ele tinha um profundo respeito por meu pai e por Seu Ruy.*

Em 1976 foi inaugurada, em Carlos Barbosa, a quinta fábrica, a Eletrik, voltada à produção de materiais elétricos, como tomadas, interruptores e disjuntores. Ao longo desse período, a Tramontina ainda abriu alguns escritórios fora do Rio Grande do Sul. Em 1969, o ano em que o homem chegou à Lua, a empresa também fez sua primeira exploração de novas fronteiras: uma exportação para o Chile.

Esse sucesso se devia ao modelo singular de administração criado em dobradinha por Seu Ivo e Seu Ruy. Em 1963, eles haviam decidido que cada fábrica funcionaria como empresa à parte, que trabalharia de maneira descentralizada, realizando seu próprio planejamento. Descobriram que, além de favorecer a especialização, isso gerava uma saudável competição entre as unidades, que não queriam ficar para trás das demais em termos de arrojo, modernidade e faturamento.

Acima dessas unidades, havia um Escritório Central, responsável por aprovar os planos e estabelecer diretrizes para cada empresa do grupo. O rígido controle contábil, além de dar segurança aos empregados, despertou a confiança dos bancos, o que assegurava o crédito necessário para novos investimentos e expansões.

Outra linha mestra invulgar da Tramontina era a política de recursos humanos colocada em prática por Seu Ivo e Seu Ruy. Sempre que abriam novas vagas de trabalho, eles incentivavam os funcionários a indicarem parentes e amigos, dando preferência a quem tivesse esse tipo de recomendação. O resultado prático dessa estratégia foi a transformação da empresa em uma grande comunidade, onde gerações de uma mesma família conviviam e garantiam que os parentes trabalhassem com dedicação e seriedade, para não comprometerem a própria imagem.

Para completar, ficou definido que as gerências e diretorias das diferentes fábricas seriam recrutadas no próprio quadro de funcionários, abrindo possibilidade de crescimento pessoal e gerando comprometimento com a empresa. "O sujeito saía de operador de máquina para supervisor, com oportunidades infinitas para o pessoal", descreve Valdir Baú, que acompanhou a implantação dessa política ao longo de suas seis décadas de empresa. "Nunca se admitiu ninguém de fora para cargo de chefia. É tudo prata da casa. Na Tramontina, a porta do escritório é na área produtiva, é no pavilhão industrial."

Os integrantes das famílias Tramontina e Scomazzon não podiam ter cargos de direção nas unidades descentralizadas. Deviam atuar no Escritório Central.

Foi essa a empresa que Clovis encontrou em 1980, quando voltou formado da Capital e tornou-se o primeiro membro da terceira geração a ingressar na Tramontina. Uma das suas primeiras missões foi criar o Departamento de Custos, uma área ainda inexistente.

> *Era um setor que aparecia pouco, mas fundamental para a companhia. Introduzimos o cálculo de custos e conduzimos uma auditoria que fez uma varredura nos escritórios, levantando cobranças, despesas, tudo. Também criamos uma ferramenta chamada Norel, de Normas de Relacionamento, para unificar os processos na relação entre centros de distribuição, escritórios regionais de vendas e fábricas.*

Como parte desse processo, Clovis e sua equipe foram detectando formas de reduzir custos. O novo departamento criado por ele percebeu, por exemplo, que havia uma diferença significativa entre o que se gastava com os cabos das chaves de fenda fabricados pela Tramontina Garibaldi e os cabos das facas produzidos pela Tramontina Cutelaria. No primeiro caso, usava-se acetato. No segundo, polipropileno. Os dois materiais tinham resistência equivalente, mas o polipropileno era bem mais barato. A partir dessa observação, a empresa começou a usar apenas este material. Conseguiu baixar o preço das ferramentas e obter maior competitividade no mercado. Essa experiência foi tão importante que, mais tarde, Clovis a usou como tema de sua tese de conclusão em uma pós-graduação na Fundação Getúlio Vargas (FGV).

Essa experiência inicial na Tramontina também serviu para evidenciar a área na qual Clovis se sentia mais à vontade. Em um texto escrito quatro décadas depois, Ruy Scomazzon observou que a integração do novato foi exemplar em todas as estruturas, mas "desde muito jovem demonstrou estar mais vocacionado para as vendas". Houve uma pessoa que exerceu papel fundamental nesse direcionamento, atuando como uma espécie de mentor.

Foi o tio de Clovis. Raul Giacomoni era irmão de Laura e ingressou ainda adolescente na Tramontina, chegando a diretor comercial, de certa forma substituindo Elisa Tramontina no tripé que ela formava originalmente com Seu Ivo e Seu Ruy. Na nova configuração, o pai de Clovis cuidava das fábricas, o padrinho se debruçava sobre a parte administrativa e financeira e o tio era o homem de vendas.

Raul era também um exemplo de ética. Uma ocasião, vice-prefeito de Carlos Barbosa, teve de assumir a prefeitura por que o titular deixou o posto. Raul renunciou depois de uns poucos dias, por não aceitar práticas que considerava incorretas.

Outra vez, decepcionado por uma atitude de um grande varejista de São Paulo, que fazia concorrência desleal com clientes fiéis da Tramontina, pediu a Clovis que jamais voltasse a vender para a empresa — o que Clovis cumpriu à risca, mesmo anos depois da morte do tio.

Foi Raul quem abriu os olhos de Clovis para a necessidade que a Tramontina tinha de sair do casulo e voltar-se de forma mais ativa para o mercado.

Ensinava isso não só pelo discurso, mas também na prática. A primeira viagem de trabalho que Clovis fez ao exterior foi para acompanhar o tio em uma negociação em Buenos Aires, com a firma Martínez & Fiorino.

— Vamos vender 200 caixas para eles — anunciou Raul.

— Mas eles nunca compraram nem 100 caixas, tio! — duvidou Clovis.

No país vizinho, o jovem viu o veterano brilhar nas negociações. Depois de um almoço regado a vinho e bom papo, puxou o talão de pedidos e disse que queria vender 100 caixas de facas.

— *Es mucho! No necesitamos todo eso!* — respondeu o cliente.

Como num passe de mágica, Raul começou a falar não mais em 100, mas em 200 caixas. Dizia que era tudo o que tinha para vender. No final, depois de muita lábia, o negócio foi fechado em 500 caixas.

Em outra ocasião, Clovis queixou-se de um potencial cliente que não queria fechar negócio. Raul olhou para ele como se o sobrinho estivesse falando que tinha sido abduzido por extraterrestres ou algo igualmente absurdo.

— Vai lá e vende — limitou-se a dizer, depois de um tempo.

— Mas eles não querem, tio — insistiu Clovis.

— Vai lá e vende — repetiu Raul.

Sem alternativas, Clovis voltou ao cliente. E fechou o negócio.

Nessa mesma época, a rede de origem francesa Carrefour abriu sua primeira loja no Rio Grande do Sul, um hipermercado com dimensões inéditas para o estado. Os gaúchos iam até a Avenida Bento Gonçalves, em Porto Alegre, só para conhecer o portento. No primeiro dia, o supermercado recebeu 30 mil visitantes — apenas um terço deles comprou alguma coisa.

Um dos clientes mais importantes da Tramontina no setor era a Rede Zaffari, famosa entre os gaúchos pela qualidade dos serviços, mas na época detentora de lojas com dimensões modestas, na comparação com o novo concorrente. Preocupada com a entrada da multinacional francesa em seu mercado, a direção do Zaffari convocou seus principais fornecedores, entre eles a Tramontina, e comunicou que não revenderia mais produtos de quem fizesse negócios com o Carrefour. Claudio Luiz Zaffari, que era diretor da rede local e colega de Clovis na Faculdade de Administração, confirmou o boicote em um encontro nos corredores da PUCRS.

A situação deixou Raul Giacomoni enervado e tenso. O Zaffari tinha uma grande quantidade de lojas em Porto Alegre, além de uma clientela antiga e fiel. Já o Carrefour era um fenômeno de massas, com grande potencial de crescimento no mercado brasileiro. Giacomoni não sabia o que decidir.

Testemunha do dilema, Clovis apresentou sua posição:

— Tio, tem de vender para o Carrefour. Zaffari só tem em Porto Alegre. Para o Carrefour, podemos vender até na França.

A proposta do jovem prevaleceu. A Tramontina tornou-se fornecedora dos franceses. A Rede Zaffari, por sua vez, não cumpriu a promessa de boicotar a indústria.

E Clovis deu uma das primeiras demonstrações de que tinha uma visão de negócios moderna, que poderia ser muito útil para a empresa de Carlos Barbosa.

1. Clovis e Eunice.
2. Formatura em Administração pela PUCRS.
3. Eunice Maria Milan.
4. Clovis e Eunice.
5. O casamento, em 1981.
6. Viagens em busca dos melhores negócios.

UMA VIRADA CHAMADA SÃO PAULO

Г —04

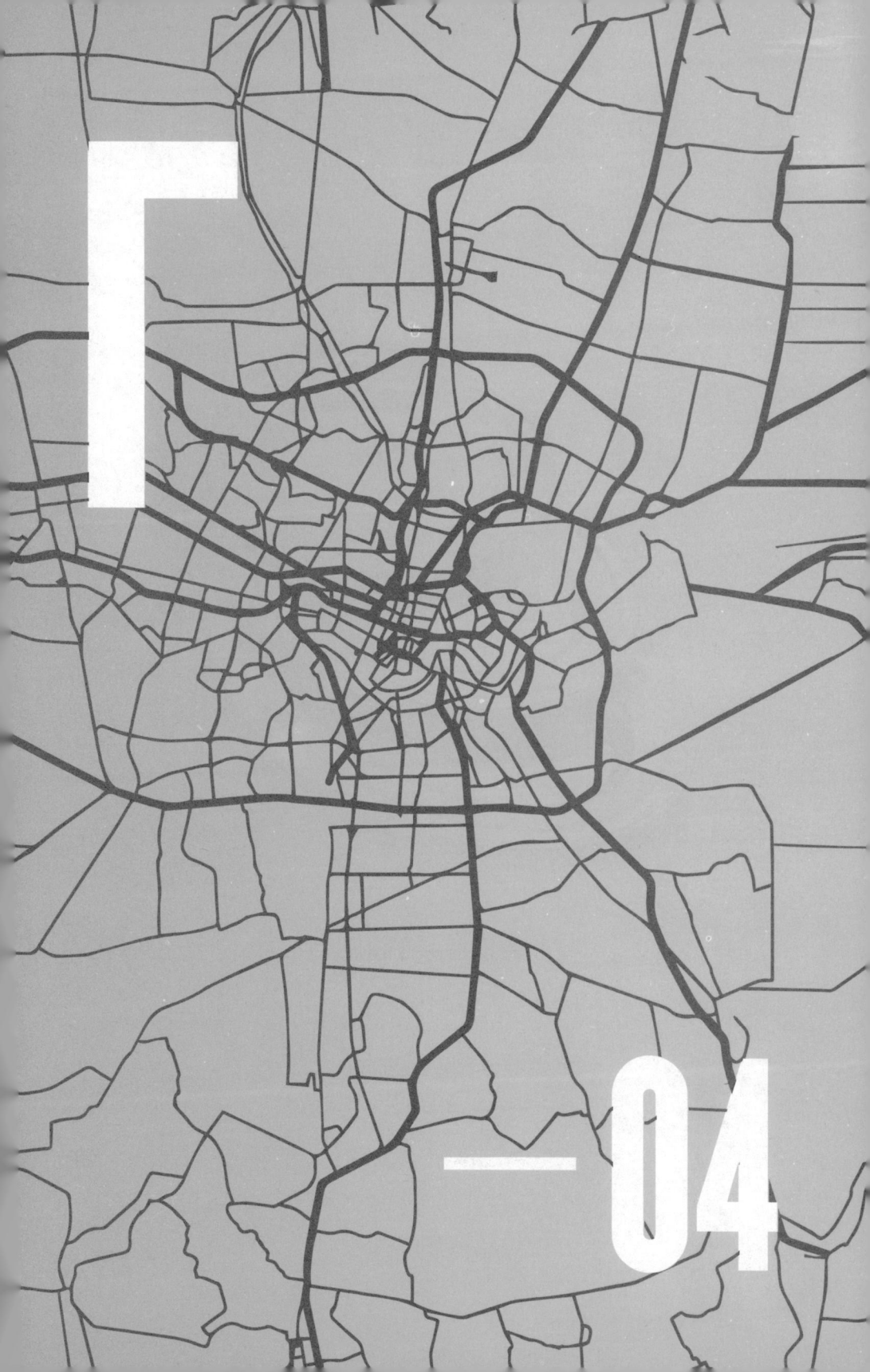

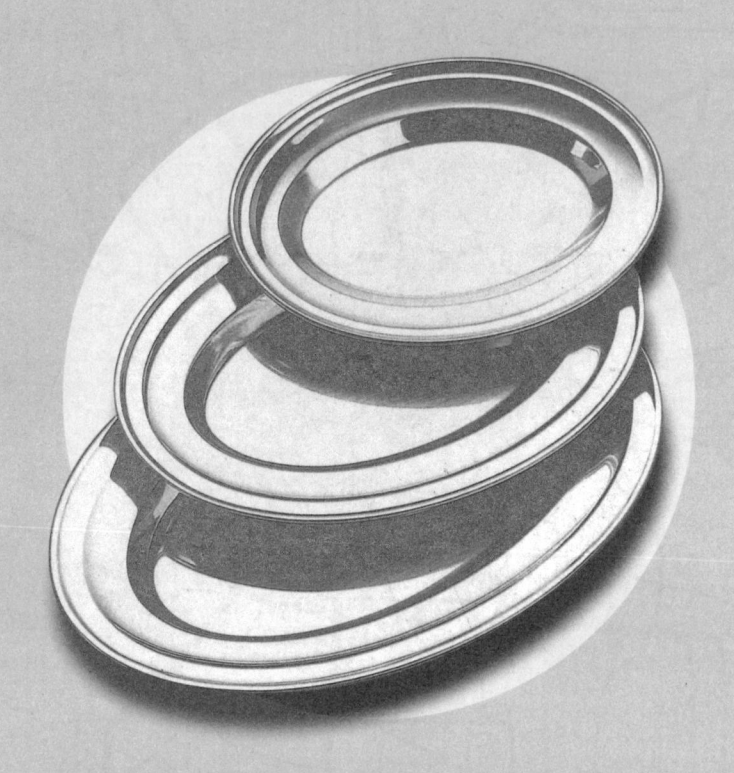

O desafio da primeira venda.

Ao retornarem da lua de mel, em outubro de 1981, Clovis e Eunice não foram para Carlos Barbosa. Desembarcaram em São Paulo e se instalaram em um apartamento na cidade. Desde 1976, a Tramontina mantinha na metrópole um escritório regional de vendas, responsável por comercializar os produtos da marca (que à época se limitavam a facas, panelas e ferramentas) nos estados da Região Sudeste, onde se encontrava o mais numeroso mercado consumidor do Brasil.

Era, portanto, um posto estratégico para a Tramontina, comandado por dois dos maiores ases de vendas da empresa, Carlos Alberto Antunes, que gerenciava o escritório, e Antonio Galafassi, seu número 2.

No primeiro semestre de 1981, no entanto, enquanto Clovis estava em meio aos preparativos para a cerimônia de casamento, Beto Antunes decidiu deixar a Tramontina, porque queria retornar ao Rio Grande do Sul com a esposa. A perda criava um problema para a empresa: encontrar um profissional capaz de substituir Antunes e manter o espaço que a marca havia conquistado a duras penas na maior cidade do país.

Clovis, que naquela época trabalhava no setor de auditoria, enxergou ali uma grande oportunidade, inclusive salarial, porque tinha uma remuneração modesta na época, abaixo da dos colegas. Ele procurou seu chefe imediato, Osvaldo Sfoggia, diretor do Escritório Central. Disse que desejava muito passar para a área de vendas e ser indicado ao posto vago em São Paulo. Dias depois, em uma reunião da diretoria, Sfoggia colocou na mesa o nome do candidato.

Raul Giacomoni, que comandava toda a área de vendas, alarmou-se. Apesar de reconhecer e apostar no talento do sobrinho, avaliava que Clovis ainda era verde demais para uma função tão importante. Achava que ele não estava pronto e que se preocupava mais com futebol do que com vendas. Expôs essa opinião na reunião e deu voto contrário à indicação.

Ivo Tramontina e Ruy Scomazzon pesaram os prós e os contras e bateram o martelo. O novo gerente de vendas no Sudeste seria mesmo Clovis. Era uma oportunidade de testar o valor do rapaz de 26 anos e fazê-lo aprender a se virar.

Ao amigo Bolívia, Clovis confidenciou com que ânimo encarava o desafio:

— **Vou voltar de São Paulo para ser presidente da Tramontina.**

O começo foi marcado por percalços e aprendizados. Nos primeiros dias, antes de se desligar do cargo, Beto Antunes apresentou Clovis a todos os clientes. Ao testemunhar esse processo, Antonio Galafassi, que ambicionava ficar com a gerência, percebeu que não seria o escolhido. Decidiu aceitar uma proposta para trabalhar no escritório paulista da Zivi-Hércules, a principal concorrente da Tramontina, e se demitiu. Era um revés importante, porque, com as defecções de Beto Antunes e de Galafassi, o escritório de São Paulo ficava subitamente sem seus dois profissionais mais tarimbados.

Para complicar a situação, o recém-chegado era visto pelos subordinados e pelos clientes como um filhinho de papai inexperiente. Todo mundo que chegava ao escritório, um prediozinho de dois pisos na Vila Hamburguesa, próximo à Lapa, zona oeste da capital paulista, ia logo perguntando por Galafassi e Beto Antunes. Além de se sentir subestimado, Clovis achava aquilo ruim para os negócios. O assunto tinha de ser a Tramontina, não os profissionais que a empresa havia perdido.

Chegou à conclusão de que precisava fazer algo que evidenciasse a mudança ocorrida no escritório e que marcasse a sua chegada. Em uma manhã de sábado, encontrou a solução. Chamou José Osmar Nosini, da sua equipe de vendas, e percorreu com ele os briques da Lapa, que já estavam quase fechando para o descanso de fim de semana. Arrematou alguns móveis baratos e conseguiu negociar um carpete, para ser colocado ainda no domingo na sala onde trabalhava com os colegas.

Na segunda-feira, quando funcionários, vendedores e clientes começaram a aparecer, foram surpreendidos pela renovação da mobília. Automaticamente, esqueceram-se de Antunes e de Galafassi.

— Opa, escritório novo! — reagiam.

> *Percebi que precisava fazer algo para marcar a mudança, mostrar que estava ali para trabalhar e que não era um filhinho de papai. Optei por algo simbólico.*

Uma nova forma de se colocar no mercado

Além de medidas simbólicas, Clovis queria implantar ações práticas, que ele entendia serem estratégicas para alçar a Tramontina a um novo patamar. Até então, a empresa comercializava seus produtos apenas com atacadistas, que depois revendiam a mercadoria para o varejo. O novo gerente de vendas desejava mudar essa equação. O plano era eliminar o intermediário. Se conseguisse vender direto ao varejo, pensava ele, o preço final seria mais baixo, ampliando a participação da empresa no mercado, dominado por marcas maiores, como Zivi-Hércules, Wolff, Fracalanza e Meridional.

Mas não era só isso. Negociações diretas com os varejistas também poderiam aproximar a marca do consumidor, permitindo um melhor entendimento sobre as demandas do mercado, um valioso conhecimento a ser utilizado dentro das fábricas, no desenvolvimento dos produtos.

Uma das primeiras visitas feitas por Clovis em São Paulo, na companhia da promotora de vendas Vera Lucia Martinez, foi ao empresário Arab Chafic Zakka, dono da rede de lojas Preçolândia. Com a preocupação de afastar a imagem do filhinho de papai e de ter uma reação mais sincera dos potenciais clientes, Clovis se apresentou apenas como gerente do escritório, sem revelar seu sobrenome. O resultado não poderia ter sido mais revelador.

Mal recebeu os visitantes, Arab reagiu com mau humor:

— Como é que é? Vocês querem me vender Tramontina?

E desandou a fazer críticas à empresa.

Clovis ouviu tudo com a máxima atenção. No final da conversa, entregou seu cartão a Arab. Quando o empresário leu o nome e percebeu quem era seu interlocutor, soltou um palavrão. "A Tramontina não tinha muita importância em São Paulo", explica Arab. "Naquela época, os concorrentes eram mais importantes."

Clovis não fez nenhuma venda naquele dia, mas voltou com anotações valiosas da conversa com o comerciante. Entendeu os motivos de a Tramontina ter dificuldade de aceitação em determinadas fatias de mercado e começou a trabalhar esses pontos fracos. Nas reuniões com a equipe, sempre lembrava Arab, para explicitar as expectativas dos clientes e apontar os caminhos que precisavam ser tomados.

> *O Arab me deu muitos puxões de orelha. Foi um professor para mim. E também um grande amigo.*

O aprendizado logo evoluiu para uma parceria. Vencidas as resistências iniciais, a Preçolândia tornou-se cliente, e Arab, um amigo. "Clovis é um comunicador nato, um homem simples, muito engraçado, que se dá bem com todo mundo e se torna amigo dos clientes", define o empresário. "Ele é admirado porque não passa por cima. Não é um trator que vai te atropelando. Ele vai convencendo as pessoas. Tem uma disposição e uma versatilidade invejáveis."

Para concretizar seus projetos de colocar a Tramontina em um lugar mais destacado da vitrine que era São Paulo, Clovis reforçou sua equipe com alguns jovens talentos que havia conhecido na sua passagem pelo Escritório Central, em Carlos Barbosa.

Entre os que vieram do longínquo interior do Rio Grande do Sul para a maior metrópole do continente estavam Luiz Ongaratto (com experiência na área de custos), Luiz Renato Sganderlla (que entrara na Tramontina aos 11 anos, como *office boy*) e Carlos Bavaresco, conhecido como Chaba (e filho de um dos mais antigos ferreiros da Tramontina, do tempo em que esses profissionais ainda trabalhavam em casa). Os gaúchos viviam na própria sede do escritório, que também funcionava como showroom da marca. "No andar de cima havia um apartamento com sete suítes, e todo mundo morava lá. Quatro eram para os coordenadores e três para o pessoal em trânsito, que vinha do Sul", relata Chaba.

Nos fundos do imóvel, havia um pátio amplo, com churrasqueira. Entre 1981 e 1982, Clovis organizou cerca de 200 churrascos ali. Na época, ainda não havia muitas churrascarias em São Paulo, e os paulistas não tinham o hábito de assar em casa com tanta frequência. Clovis mandava vir carne escolhida a dedo no Rio Grande do Sul e a repassava a Nosini, o assador mais talentoso.

No começo, as reuniões noturnas tinham como objetivo integrar o grupo de colaboradores, para engajá-los no esforço de fazer a Tramontina abocanhar novos mercados. Mas logo os clientes também começaram a ser convidados. Não era incomum que negócios fossem amarrados diante de pratos de picanha, em eventos com meia centena de participantes.

> *Nosini fazia o churrasco e eu, as relações públicas. No final, tirávamos os pedidos.*

Mas o dia a dia estava longe de ser uma festa regada a carne assada e cerveja. Clovis revelou-se um chefe detalhista e exigente. Distribuía metas e objetivos no final do expediente da sexta-feira e, na primeira hora da segunda-feira, já cobrava resultados. "Ele é muito inquieto e tinha ideias malucas", conta Chaba. "A fábrica produzia 100 mil martelos por mês, mas ele nos desafiava a vender 300 mil. Não eram metas comuns, mas a gente vendia. Trabalhar na Tramontina era meio que uma religião."

Segundo o representante de vendas Celso Sá, que trabalhou durante 40 anos na empresa, Clovis tinha "lampejos de raiva", durante os quais ninguém se arriscava a contrariá-lo. Era necessário esperar que se acalmasse para, aí sim, fazer alguma ponderação. Outra característica era a introspecção. Sá lembra que normalmente não havia absolutamente nada sobre a mesa do chefe — nenhum papel, nenhuma caneta, nenhum clipe. Clovis ficava horas sentado, quieto, olhando para o tampo vazio. "Ele estava pensando, imaginando, à procura de alguma coisa, que a gente não sabia o que era", afirma Sá.

De repente, comprovando que a mesa vazia contrastava com a cabeça cheia, Clovis levantava os olhos e soltava um brado:

— Tive uma ideia, Sá!

E então mobilizava a equipe para colocar mais um plano ambicioso em prática.

Durante as reuniões, Clovis metralhava os vendedores com perguntas sobre os mínimos detalhes. Ainda fazia questão de participar das visitas aos clientes, o que muitas vezes significava passar a semana em viagens de carro pelo interior de São Paulo, Rio de Janeiro e Minas Gerais.

Em uma dessas incursões, Clovis foi a Bebedouro, um pequeno município do norte paulista, acompanhado por Nosini e pelo também vendedor Darci Morelatto. O objetivo era cobrar um devedor recalcitrante e escorregadio. O trio chegou à cidade em uma sexta-feira pela manhã e montou campana diante da casa do caloteiro. Veio o meio-dia, passou-se a tarde inteira, o sol caiu. E nada do homem. No fim da noite, exaustos, os três foram para um hotel. Mas voltaram para a tocaia logo ao amanhecer, depois de umas poucas horas de sono.

Até que, finalmente, o cliente apareceu. Sorridente, Clovis o abordou na calçada e não o deixou escapar. O homem teve de pagar a dívida, contrariado. "Clovis gostava de acompanhar os representantes para vender — e também para cobrar", divertia-se Morelatto, falecido em junho de 2021.

O primeiro grande negócio

Clovis Tramontina reconhece que era um vendedor inexperiente quando chegou a São Paulo e que o aprendizado como gerente regional de vendas valeu como uma espécie de terceiro curso universitário.

> *O período que vivi em São Paulo mudou radicalmente minha história, e isso se refletiu na evolução da Tramontina.*

Ele identifica dois episódios como momentos de virada, no campo pessoal e para a trajetória da empresa. O primeiro deles começou com um maravilhamento. Caminhando pelas ruas de São Paulo, Clovis estacou diante de uma loja do Mappin e ficou ali paralisado, vidrado nas vitrines. Quando despertou do transe momentâneo, avançou para o interior do magazine e se encantou com a suntuosidade, com a imensidão e com a quantidade aparentemente infinita de produtos resplandecentes.

O Mappin era, sem dúvida, a rede de lojas de departamento mais sofisticada no Brasil do início da década de 1980.

Clovis saiu dali e foi procurar um telefone. Discou um número e um tilintar soou a mil quilômetros de distância, na Serra Gaúcha. Do outro lado da linha, Ivo Tramontina ouviu o filho contar, eufórico, que queria ver as mercadorias da empresa naquele paraíso do consumo.

— Nós nem temos produtos para eles! — desencorajou o pai.

De fato, o Mappin trabalhava com peças mais refinadas do que as produzidas pela Tramontina naquela época. Mesmo assim, Clovis continuou com a ideia na cabeça, até lembrar-se de uma excelente baixela de aço inoxidável que a empresa havia lançado. Com 20 centímetros de comprimento e o nada charmoso nome de 6400 (que depois mudou para T023), a travessa pareceu ao gerente ter a qualidade necessária para conquistar um espaço nas prateleiras da rede de lojas.

Clovis foi até o escritório da Vila Hamburguesa e convocou Celso Sá a acompanhá-lo ao setor administrativo do Mappin na manhã seguinte. Experiente, o vendedor foi o segundo a tentar fazê-lo mudar de planos:

— Não é uma boa ideia. Amanhã é terça-feira, é o dia em que o Mappin recebe a Meridional — disse ele, que já havia trabalhado na concorrente da Tramontina.

Clovis não deu ouvidos. Às 6h do dia seguinte, estava esperando em um corredor da rede, acompanhado por Sá. Foi só às 8h30 que o diretor de compras do Mappin, Rubens Fávero, apareceu. A primeira coisa que viu foi o cartão de visitas de Clovis estendido para ele.

— Sou filho do presidente da Tramontina — acrescentou o rapaz, para não ser enxotado sumariamente.

Fávero convidou os visitantes à sua sala. Jogou-se alguma conversa fora, durante a qual Clovis procurou colocar a Tramontina sob uma moldura favorável, contando a história da empresa. De repente, disparou, à queima-roupa:

— Queremos vender baixelas para vocês.

Fávero desconversou. Contou que o Mappin havia fechado recentemente uma negociação com a Meridional e que tinha os estoques abarrotados. Clovis permaneceu imóvel na cadeira, sem demonstrar nenhuma intenção de ir embora. Começou a discorrer sobre as maravilhas da 6400. Por fim, talvez para se desvencilhar do problema, o diretor de compras chamou sua gerente, Nadir Rosseto.

— Eles querem te vender alguma coisa — anunciou Fávero, assim que a subordinada entrou na sala.

Nadir conhecia Sá desde o tempo em que ele representava a Meridional. Ela se dirigiu somente a ele, sem nem olhar para Clovis.

— Eu já te disse que vocês da Tramontina não têm nada para vender ao Mappin — atalhou.

Clovis pulou da cadeira, puxou da valise uma baixela 6400 e estendeu-a para a gerente. Nadir inspecionou a peça, primeiro de um lado, depois do outro, experimentou peso e resistência e, sem perguntar preço, fez uma proposta:

— Posso comprar 10 mil. Mas quero um conjunto com três tamanhos: 18, 20 e 22 centímetros. E precisa ser numa embalagem sofisticada, com litografia.

Clovis teve a nítida impressão de que a oferta era apenas um estratagema da mulher para se livrar dos vendedores inconvenientes. A Tramontina não tinha aquela variedade de produtos. Nem aquele tipo de embalagem. Aliás, Clovis nem sabia o que era uma embalagem litografada.

Mesmo assim, sem pensar muito para não mudar de ideia, assentiu:

— Negócio fechado!

Clovis deixou a sede do Mappin atordoado, sentindo vertigens. Olhava para o papel onde havia anotado os detalhes do pedido e se questionava se era possível cumprir o compromisso assumido. Sá procurou tranquilizá-lo:

— Vou te levar a um profissional que vai fazer a melhor embalagem que você já viu. Ele já trabalhou para a Meridional.

Sá conduziu o chefe até a gráfica Flor de Maio e apresentou-o ao dono, Vitor Caruso.

— Pode deixar comigo — disse o homem.

Como Clovis só tinha a travessa de 20 centímetros, Caruso desenhou os outros dois tamanhos em uma cartolina, cortou-os e, a partir daí, desenvolveu uma embalagem que deixou o cliente impressionado.

Mas essa era uma pequena parte do problema. Depois de acertar a encomenda com a Flor de Maio, Clovis viajou imediatamente para Farroupilha. Achou melhor tratar do assunto pessoalmente. Bateu à porta do diretor da fábrica de baixelas e panelas, o italiano Mario Bianchi.

Diante desse homem que só o chamava de "senhor Clovis", mas que lhe inspirava um imenso respeito, resolveu dar a notícia aos bocados:

— Doutor Mario, precisamos de baixelas para atender a um pedido. Não só a 6400/20. Mais outras duas. De 18 e de 22 centímetros. Dez mil conjuntos.

Enquanto o jovem desfiava os detalhes, o semblante de Bianchi se tornava cada vez mais grave. O diretor de fábrica encarou Clovis em silêncio por um período que lhe pareceu uma eternidade. Por fim, suspirou profundamente.

— Clovis, vou fazer isso para ti — afirmou.

Clovis também suspirou, mas de alívio.

Daquele dia em diante, doutor Mario sempre me escutava. Porque vendemos dezenas de milhares daquele conjunto. Foi a nossa primeira venda para um ponto comercial que era muito importante. E significou nossa entrada no varejo. Até ali, a Tramontina era uma empresa voltada para a produção, não para o mercado. Vender o que se fabricava exigia esforço, como se não fosse uma consequência natural do negócio. A filosofia do meu pai e do Seu Ruy era fabricar um determinado volume fixo e depois tratar de vender. Cada fábrica determinava seu limite e avisava aos vendedores quantos itens podiam comercializar. Os diretores das unidades não concordavam com aumento da produção, porque acreditavam que produzir demais desvalorizava a mercadoria e levava a uma queda no preço. A venda para o Mappin provou que havia uma outra maneira de fazer negócio.

Um verão transformador

O segundo episódio que representou um ponto de virada, redefinindo o futuro de Clovis e da Tramontina, envolveu a cadeia de supermercados Pão de Açúcar, líder nos principais mercados brasileiros. Entrar na rede significaria consolidar, em grande estilo, a mudança de paradigma que o gerente de vendas do Sudeste estava buscando.

Clovis apostou em um jogo de churrasco com 12 peças, seis facas e seis garfos, que era chamado internamente de A 246. Nos últimos dias de 1981, marcou uma conversa com um dos principais executivos do Pão de Açúcar, Ribamar Castelo Branco, e com a gerente de vendas Maria Barreto, que descreve como "temida, mas competente".

A oferta de um conjunto de talheres era uma novidade, porque naquela época os supermercados costumavam vender apenas peças avulsas. E faziam pedidos modestos, de uns poucos milhares de unidades. Para espanto de Clovis, Castelo Branco e Maria Barreto, atraídos pelo bom produto oferecido a preço baixo, fizeram uma proposta além do imaginável:

— Podemos fazer uma grande ação de verão e vender 100 mil desses conjuntos. Você tem como entregar esse volume até o dia 10 de janeiro? — questionou Maria.
Clovis disse que sim. Tirou o pedido na hora.

Quando voltou ao escritório da Vila Hamburguesa e informou aos colegas sobre a venda, todos acharam que dessa vez ele tinha ido longe demais. Nem precisavam dizer isso. O próprio Clovis estava ciente do tamanho da enrascada que aquilo significava para um jovem de apenas 26 anos, que recém dava os primeiros passos na carreira.

Os mais de 1,2 milhão de talheres vendidos ao Pão de Açúcar equivaliam à produção da Tramontina em um semestre inteiro. E tinham de ser entregues em questão de semanas, justo quando os funcionários da fábrica estavam saindo em férias coletivas.

Clovis preferiu não dar a notícia ele mesmo à fábrica, para evitar os xingamentos. Orientou Luiz Renato Sganderlla a telefonar para Manoel Bragagnolo, o respeitado diretor da Tramontina Cutelaria, que havia começado a trabalhar na empresa aos 12 anos e era filho de Luiz Alfredo Bragagnolo, colaborador desde os primórdios da empresa, quando produzia em casa os canivetes encomendados por Elisa Tramontina.

— Diz a ele que eu fechei esse pedido e viajei para o interior. Assim ele não vai ter como dizer que é impossível fazer — fugiu Clovis.

Como previsto, Manoel Bragagnolo quase teve um ataque quando Luiz Renato telefonou:

— Ele está louco? De onde nós vamos tirar toda essa mercadoria? Como é que a gente entrega isso? Está muito além da nossa capacidade! — gritava.

Luiz Renato concordava, mas dizia que tinha sido coisa do Clovis. Com o negócio já fechado, não tinha jeito. Era preciso achar uma solução.

Inicialmente furioso, mas depois convencido da grande oportunidade que o desafio representava, Bragagnolo montou uma operação de guerra na fábrica de Carlos Barbosa. Renegociou férias, arregimentou reforços e estendeu os horários de funcionamento da planta.

> *Arrisquei muito daquela vez, mas o pessoal da fábrica fez o diabo para conseguirmos entregar a mercadoria. O Pão de Açúcar vendeu todos os conjuntos, ficou satisfeito e virou um dos nossos principais clientes. Os ventos mudaram para nós.*

Uma promoção como recompensa

Em junho de 1982, Clovis deixou São Paulo momentaneamente para uma viagem de negócios à Alemanha. Estava acompanhado por Eduardo Scomazzon, filho de Ruy Scomazzon, que também começava a assumir responsabilidades na empresa. Na noite de 23 de junho, dia de seu aniversário de 27 anos, Clovis fez uma ligação internacional para falar com a mulher.

— Vamos ver que surpresa ela preparou para ti. De repente, é um filho que vem aí de presente — gracejou Eduardo.

De fato, essa surpresa se confirmou: Eunice contou que estava grávida.

Os olhos de Clovis marejaram. Ele e o amigo saíram para celebrar a notícia, acompanhados pelo afamado chope alemão.

Durante a permanência em São Paulo, Nice vinha levando uma vida eminentemente doméstica. Saía pouco, porque dependia de ônibus e metrô. A convivência era principalmente com o marido e com alguns funcionários da Tramontina, que ele trazia de vez em quando para almoçar bife, arroz, batata frita e tomate, sua combinação favorita.

Além disso, depois da gravidez, a vizinha do apartamento da frente, uma idosa de origem italiana, tornou-se companhia importante. Conversava com Nice, lavava-lhe a roupa (porque o apartamento dos Tramontina não tinha máquina) e, volta e meia, trazia um prato de polenta com galinha.

Mas a psicóloga convertida em dona de casa se ressentia da falta da família. Assim, recebeu com agrado, em dezembro de 1982, a notícia de que a Tramontina requisitava a volta do marido a Carlos Barbosa.

Depois de um ano e dez meses em São Paulo, a missão dele foi considerada cumprida com louvor. Havia ampliado mercados, conquistado clientes importantes, projetado a visibilidade da marca em vitrines de prestígio e demonstrado uma forma de trabalhar que prometia a expansão dos negócios. Tinha se saído tão bem que voltaria ao Escritório Central para replicar aquela linha de trabalho em todo o país.

Clovis seria o gerente nacional de vendas da Tramontina, o principal cargo da área comercial.

Na hora de fazer as malas, vendo a mulher embalar as panelas, ele objetou:

— Deixa essas panelas aí.

Nice, escolada com a experiência de mal ter com o que cozinhar no início da vida de casada, rejeitou o pedido.

— De jeito nenhum!

Carregou consigo o conjunto da linha Solar, um clássico da Tramontina, que continuaria a usar pelas quatro décadas seguintes.

RELAÇÕES DURADOURAS E PROVEITOSAS

O período em São Paulo também foi fundamental para Clovis porque o ajudou a desenvolver a arte de se relacionar, um atributo essencial para qualquer homem de vendas. Foi um período em que ele estabeleceu relações duradouras e proveitosas, nos níveis pessoal e profissional, com clientes de todos os tamanhos e colegas de diferentes escalões.

Alguns desses contatos foram marcantes, como Samuel Cimerman, conhecido como Mickey, que é também o nome da sua rede de lojas, especializada em presentes finos. Clovis é grato ao amigo por ter aprendido muito com ele a respeito da qualidade dos produtos.

> *Ele dizia as coisas na cara. Falava o que era bom, mas também o que precisava melhorar. Quando o doutor Mario me acompanhava nas visitas, Mickey o xingava também, apesar de os dois se admirarem. Sempre tive muita admiração pelo Mickey, um homem refinado, que conhece bem o mercado de luxo.*

Mickey se notabilizou por ter lançado, em suas lojas, as listas de presentes para casamento, ideia que mais tarde se espalharia por todo o mercado. Extremamente exigente em relação aos produtos que colocava nas prateleiras, encontrou em Clovis um aliado: "O que ele tinha não era apenas a capacidade de negociar, que o fez quebrar a barreira do Mappin, e a gentileza, que encantava as pessoas. Ele sabia escutar. Eu transmitia o que os consumidores pediam, e ele aceitava as sugestões, mudava os produtos. Essas características colocaram a Tramontina acima das concorrentes nacionais e internacionais. A empresa domina tecnologias de ponta e é imbatível em vários setores. Tudo é feito com qualidade superior", elogia Mickey.

Outro parceiro importante em São Paulo, Romeu Ghattas, da loja Rei da Cutelaria, um dos principais atacadistas do ramo, também destaca a gentileza de Clovis no trato com as pessoas. Exalta ainda a humildade e a simplicidade. "Tem uma cultura de trabalho, de economia e de respeito. Não vejo essas qualidades em nenhuma outra pessoa", afirma.

A proverbial simplicidade de Clovis era admirada especialmente pelos comerciantes pequenos, mais habituados a receber um tratamento displicente dos fornecedores. Entre esses empresários está Waldecy Alves de Paula, proprietário da Distribuidora Tejo de Utilidades Domésticas, uma loja do bairro paulistano do Pari, que atendia sacoleiros de todo o Brasil, da Bolívia e do Paraguai na época.

"Clovis dava atenção para o pessoal do Pari, da 25 de Março e da Paula Souza, não apenas para os grandes clientes de bairros nobres. Era amigo de todo mundo e fazia visitas com frequência. Ele aprendeu muito com seu tio Raul Giacomoni. Tinha prazer de atender. Sempre foi muito simpático com todos. Acredito que isso alavancou a Tramontina e fez a empresa desbancar a concorrência", observa Waldecy.

Em São Paulo, por meio da equipe de promotoras de vendas que montou, Clovis também descobriu o talento feminino como interface entre a fábrica e o consumidor. Fátima Talaia, que tinha um estilo ao mesmo tempo doce e aguerrido, coordenava a equipe. Ela diz que Clovis acompanhava o trabalho muito de perto, buscando saber detalhes sobre as expectativas dos clientes e o desempenho da Tramontina em cada loja. "A maioria dos líderes ouve gerentes e diretores, mas não os promotores diretamente", observa Fátima. "Ele, pelo contrário, sempre nos ouviu e levou a sério o que a gente dizia. Acho que, até se tivesse que limpar o chão, ele limpava junto."

Uma das integrantes da equipe de promotoras recrutadas por Clovis em São Paulo, Solange Vianna, foi indicação de Ivo Tramontina. Depois de ouvir um médico falar dos benefícios das panelas de inox, Solange foi ao Mappin adquirir o produto para preparar a comida do filho.

Na loja, enquanto conversava com uma promotora de vendas da Tramontina, ela demonstrou um conhecimento e uma desenvoltura que impressionaram Ivo, que acompanhava a cena incógnito, debruçado sobre um balcão. Ao final da compra das panelas, Ivo se apresentou à consumidora.

Alguns meses depois, Solange recebeu um telefonema do escritório de São Paulo, propondo que ela explicasse as vantagens das panelas de aço inoxidável em uma campanha de Dia das Mães nas Casas Bahia. Como estava de férias no banco onde trabalhava, aceitou.

As panelas venderam muito bem, o que foi atribuído em boa medida ao talento de Solange e ao surpreendente conhecimento dela sobre o produto. Uns dias mais tarde, quando compareceu ao escritório da Vila Hamburguesa para buscar seu pagamento pelo serviço, ela foi chamada por Clovis.

— Em vez de eu te pagar só esses 15 dias, por que tu não vens trabalhar com a gente? — questionou ele.

Solange aceitou a proposta de emprego, com salário maior do que o do banco, e virou promotora. Ao longo dos 13 anos nessa função e dos 24 anos como representante de vendas no segmento de restaurantes, ficou conhecida na Tramontina como Rainha das Churrascarias, porque não havia estabelecimento desse tipo em São Paulo que ela não tivesse visitado para convencer os proprietários a pôr os talheres da marca sobre as mesas. "Na época, só dava a concorrência, mas comecei a fazer um pente fino no mercado e, com muito trabalho, conseguimos colocar os talheres de aço inox da Tramontina", diz Solange.

1. O reencontro com a equipe de São Paulo e com os principais clientes de Clovis na cidade na década de 1980, realizado em janeiro de 2020, no Restaurante Senzala.
2. Clovis com Celso Sá.
3. Com Arab Chafic Zakka.
4. Com Mickey.
5. Com Solange Vianna e José Osmar Nosini.

DE VOLTA A CARLOS BARBOSA

05

Inspiração em 007.

Quando Clovis estava de mudança para São Paulo, o amigo Bolívia e sua mulher, Marisa, ofereceram um churrasco de despedida na sua casa, em Carlos Barbosa. Um dos convidados trabalhava na Colbi, concorrente da Tramontina, e presenteou os anfitriões com um item da marca, um conjunto de facas e garfos com cabos de madeira.

— Colbi, não! Só pode Tramontina! — gritou Clovis.

Para espanto geral, ele apanhou os talheres e se encaminhou com eles para a churrasqueira acesa, resoluto.

— Não faz isso! — ainda tentou impedir Eduardo Scomazzon.

Tarde demais. Clovis já havia atirado ao fogo as facas e os garfos do rival.

No começo de 1983, de volta a Carlos Barbosa na condição de gerente nacional de vendas da Tramontina, ele resolveu retribuir o churrasco e convidou o casal de amigos para jantar. No começo da noite, no apartamento no centro da cidade, Eunice mostrou a Marisa um valioso faqueiro banhado a ouro que havia recebido de presente e que adorava. Bolívia percebeu que as peças não eram da Tramontina e arquitetou sua vingança. Apanhou uma das facas e jogou-a pela janela:

— **Só pode Tramontina!** — **bradou.**

Bolívia confessa que o plano era apenas fazer uma brincadeira para provocar Clovis. Na sequência, sairia à rua para buscar o talher e devolvê-lo a Nice. Mas Clovis aplaudiu a atitude do amigo. "Não é que ele ficou feliz porque eu joguei fora uma faca de ouro que não era Tramontina?", surpreende-se Bolívia.

Naqueles dias, os parentes e amigos começaram a temer as visitas do novo gerente nacional de vendas, porque ele resolveu tomar a si a missão de mandar para o lixo tudo o que fossem talheres e panelas de outras marcas. Do apartamento de Marcos Grespan, um amigo que foi trabalhar na Tramontina, ele atirou os utensílios pela janela, de um andar alto, provocando estardalhaço na vizinhança.

Submeteu a esse tormento a própria dona Laura, sua mãe, ao descobrir que ela guardava no armário um conjunto da Fracalanza, recebido de presente no dia do casamento, quase 40 anos antes. Furiosa, a mulher pediu ao filho que fosse recuperar as panelas. Ele não deu bola. No dia seguinte, mandou para a mãe um conjunto da Tramontina.

Em uma dessas ocasiões, no litoral gaúcho, Clovis percebeu uma infinidade de produtos de outros fabricantes na casa do amigo Ademar de Gasperi e começou a jogá-los na piscina, um por um. Mandou para a água até um açucareiro cheio.

Houve apenas uma vez em que a brincadeira azedou o clima. Disseram a Clovis que uma conhecida não tinha utensílios da Tramontina. Ele foi até lá e repetiu o *script* de jogar tudo fora. A dona da casa, ofendida, despejou palavrões e teve de ser contida pelos presentes.

No dia seguinte, como costumava fazer, Clovis mandou à mulher uma ampla gama de produtos novos da Tramontina. Mas a relação já estava comprometida.

— Essa marca nunca mais entra na minha casa! — recusou ela.

— Então nós também não entramos mais — mandou dizer Clovis.

A Tramontina vai à TV

Esses episódios, além de revelarem o peculiar senso de humor de Clovis, que por vezes desconcerta até os amigos mais próximos, ilustram à perfeição o espírito guerreiro com que ele havia assumido o cargo de gerente nacional de vendas. Clovis voltou a Carlos Barbosa empenhado em substituir, no lar de cada brasileiro, todas as outras marcas pela Tramontina.

> *Uma vez estive numa cidadezinha muito pequena, nos confins do Brasil. Naquele fim de mundo, entrei num barzinho e dei de cara com uma placa de 1950 da Coca-Cola. "É isso que eu quero que a Tramontina seja. Se a Coca-Cola está em todos os lugares e virou quase sinônimo de refrigerante, nós também podemos", pensei.*

Com isso em mente, ele desencadeou algumas transformações profundas na empresa ao longo da década de 1980. A mais importante delas foi uma inédita aposta no marketing, que aos poucos tornou a marca Tramontina familiar a todos os públicos.

Logo que voltou de São Paulo, ainda no verão de 1982 para 1983, Clovis acertou com Ivo Tramontina, Ruy Scomazzon, Raul Giacomoni e Manoel Bragagnolo que a Cutelaria produziria um milhão de unidades de um conjunto com seis facas e um garfo, denominado internamente A-007 e conhecido comercialmente como Cort & Cozinhe.

Em uma manhã de sábado, Seu Ivo e Seu Ruy ficaram assustados ao deparar com a enorme quantidade de mercadoria empilhada no depósito. Os dois subiram sobre as caixas, para terem uma visão melhor. Era mercadoria a perder de vista.

— Guri, tu tens certeza do que estás fazendo? — perguntou o pai.

— Como é que tu pretendes vender isso tudo? — questionou o outro.

— Não se preocupem. Vai ser um sucesso! — atalhou o jovem gerente.

Mas Clovis apresentou um plano que não tranquilizou os dois sócios. Anunciou que planejava fazer propaganda do A-007 na televisão.

Até então, a Tramontina somava 72 anos de vida e sempre tivera uma postura conservadora e reticente em relação à publicidade. Investia em tecnologia e qualidade, confiando que isso seria o suficiente para conquistar o consumidor. Pouco se pensava em propaganda e marketing. Sequer havia um departamento voltado para essa área. Na empresa, por algum motivo que Clovis não conseguia atinar, era o departamento de compras quem cuidava do assunto.

Além disso, Seu Ivo e Seu Ruy achavam a TV um meio de comunicação caro demais para anunciar.

— Esse dinheiro todo por 30 segundos? Nem pensar — reagia Ivo, diante dos orçamentos para veicular um comercial.

Assim, quando Clovis comunicou a intenção de fazer o primeiro anúncio televisivo da empresa, Seu Ivo e Seu Ruy se posicionaram contra a ideia. Para eles, já bastava a dinheirama investida na fabricação de 1 milhão de conjuntos A-007. Era só o que faltava despejar ainda mais recursos em um comercial televisivo.

Mas Clovis estava convencido de que o investimento catapultaria a Tramontina a um patamar mais elevado. Egresso de uma geração com referências diferentes daquelas que o pai e o padrinho tinham, ele compreendia que a TV, com suas novelas que eletrizavam o país, havia se tornado o principal meio de entretenimento e informação para a grande massa dos brasileiros, alcançando em cores até a mais remota cidade da Amazônia.

Ele havia reforçado esse pensamento a partir de conversas com o jornalista Mário Albuquerque, que comandou por quatro décadas a comunicação e o marketing da Varig e dirigiu a Expressão Brasileira de Propaganda, agência de publicidade da companhia aérea.

A aproximação com Albuquerque aconteceu porque Clovis queria colocar os talheres da Tramontina nas aeronaves da Varig, que não apenas dominava o mercado nacional, mas transmitia uma imagem de qualidade e requinte sem par no Brasil. Ter os produtos da Tramontina no serviço de bordo da empresa, para Clovis, representava uma vitrine espetacular. Ele definia a companhia como uma "embaixada brasileira" nos ares.

Albuquerque propôs que a Tramontina contratasse a Expressão Brasileira de Propaganda para cuidar da publicidade da empresa. Clovis deixou essa possibilidade em aberto, caso a Varig comprasse os talheres de Carlos Barbosa.

— São negócios diferentes, mas podemos tentar — disse o jornalista.

Em meio a essas tratativas, Albuquerque incentivava o desejo de Clovis de investir na TV.

— A Tramontina tem de estar na Globo! — repetia.

Foi então que a fábrica da Cutelaria passou a produzir um milhão de unidades da A-007, e Clovis resolveu encarar a queda de braço com Seu Ivo e Seu Ruy para levar a marca à televisão. Na época, a agência de publicidade que atendia a Tramontina era a McCann Erickson, que se alinhava com a visão dos dois veteranos, entendendo que a Tramontina não tinha porte para uma campanha mais agressiva e cara que incluísse TV.

Clovis propôs que se fizesse uma concorrência: McCann e Expressão Brasileira de Propaganda apresentariam propostas para a campanha publicitária de lançamento do conjunto de garfo e facas. A Tramontina ficaria com a melhor das duas. Na hora de decidir, o gerente de vendas conseguiu impor a agência pela qual já estava inclinado: a da Varig. A Tramontina iria estrear na TV.

Enquanto o filme de propaganda era produzido, Ciro Martins, publicitário da Expressão Brasileira, levou Clovis até Willy Haas Filho, responsável pela venda de espaços na grade da Globo no Rio Grande do Sul.

— Comece devagar, escolhendo bem as praças onde vai anunciar — aconselhou o profissional.

Nas negociações com a Globo, Albuquerque e Martins conseguiram um plano de pagamento que cabia no orçamento da Tramontina. Clovis bateu o martelo: negócio fechado. Para comemorar a assinatura do contrato, Willy Haas abriu uma garrafa de Campari — bebida que o gerente da Tramontina não conhecia, mas da qual se tornou apreciador.

O primeiro comercial de TV da empresa, lançando o conjunto A-007, foi ao ar ainda no começo de 1983. Imediatamente, o depósito onde se amontoava 1 milhão de unidades do produto começou a esvaziar. O estoque foi zerado.

> *Foi um marco. O Brasil passou a entender melhor a Tramontina, descobrindo que não produzíamos apenas facas, produto que nos havia tornado conhecidos. Não esqueço do que me disse José Mauricio Pires Alves, que era diretor de comercialização e marketing da RBS TV (repetidora da Globo no Rio Grande do Sul), ao me entregar o cartão dele: "Você acha que conseguiria atingir 10 milhões de pessoas com um cartão de apresentação?" E, realmente, o grande salto que a Tramontina deu, em termos de marca, foi quando nós entramos no principal veículo de comunicação da época. A gente colocava o comercial na televisão e, no outro dia, o dinheiro tilintava no caixa. Nunca mais deixamos de anunciar em TV.*

Não muito depois, como uma espécie de conclusão natural para essa história, Clovis realizou o sonho que estava na origem de sua caminhada rumo à televisão: a Tramontina passou a voar de Varig. A empresa aérea virou cliente, primeiro comprando utensílios para a classe econômica e, mais tarde, selecionando produtos mais finos, para a primeira classe.

Um estilo aguerrido entra em cena

A modernização do marketing da Tramontina, mediante a aposta em comerciais de TV, concretizou a expectativa de familiarizar os brasileiros com a marca, que foi se tornando aos poucos, para talheres e panelas, mais ou menos o que a Coca-Cola era para os refrigerantes. Clovis passou a colocar o sucesso que obteve com o conjunto A-007 como um dos momentos decisivos de sua carreira, ao lado da entrada no Mappin e da venda de 1,2 milhão de garfos e facas para o Pão de Açúcar.

Ainda assim, o episódio representa apenas um capítulo das muitas novidades que ele implantou a partir de sua volta de São Paulo. Ao longo de uma década, na condição de responsável pela área comercial, Clovis operou uma reviravolta que redefiniu os caminhos da empresa. À receita de administração desenvolvida pelo pai e por Ruy Scomazzon, ele adicionou o ingrediente que faltava para a Tramontina estourar no mercado: seu estilo ousado e aguerrido.

O próprio lançamento do conjunto A-007 ilustra bem a mudança. Clovis não se limitou a anunciar na TV. Entendendo que um gerente comercial não pode ficar confinado no escritório, ele tornou-se uma mistura de caixeiro-viajante e garoto-propaganda do produto. A partir de março de 1983, percorreu o Brasil de sul a norte para visitar lojistas e mostrar a mercadoria, fazendo o que definiu como "um show". Fixou metas de vendas para cada local e, não raro, suplantou-as com folga.

Também assumiu papel de protagonista na apresentação do A-007 para a equipe de vendas da Tramontina (cujo contingente de pessoal ele havia quadruplicado). Subiu ao palco com uma valise de agente secreto e fez suspense sobre o conteúdo. Quando finalmente abriu a pasta, para revelar que estava vazia, o publicitário Lucas Mancini, trajado como James Bond, o espião 007 dos filmes, invadiu a sala, também com maletas em punho. Em seguida, apareceram no palco as *Bond girls*, sete jovens com elegantes vestidos pretos, exibindo nas mãos o conjunto de garfo e facas da Tramontina.

A empresa nunca havia feito alarde parecido.

O insólito lançamento para os representantes da área comercial ocorreu na primeira edição da Convenção de Vendas da Tramontina, um evento que Clovis idealizou com a finalidade de aproximar, valorizar, engajar e incentivar seu time de vendas. Ao longo de vários dias, entre o final de fevereiro e o início de março de 1983, ele acomodou no Hotel Dall'Onder, em Bento Gonçalves (RS), todos os representantes de vendas do país. Para criar um clima descontraído, cada um deles recebia, ao chegar, um lenço vermelho ou branco, em uma alusão aos que eram usados por chimangos e maragatos, os dois grupos políticos que se enfrentaram nas revoluções gaúchas do final do século 19 e do início do século 20.

A partir daí, a convenção, cada vez mais incrementada, passou a ser realizada todos os anos.

> *A cada lance desses, a Tramontina subiu de patamar.*

A estratégia de marketing desenhada por Clovis estava em sintonia com o plano que ele já começara a colocar em prática em São Paulo: entrar com força no varejo, por meio das vendas diretas, e se aproximar do consumidor final, deixando de ser um discreto fornecedor para atacadistas. Essa abordagem exigia uma maior capilaridade da Tramontina.

A marca não podia estar próxima do consumidor apenas na TV, também tinha de estar perto fisicamente. Veio daí outro legado da atuação de Clovis como gerente nacional. A empresa investiu na abertura de novos escritórios regionais de vendas, montando equipes de representantes em todo o território nacional, e construiu seis centros de distribuição para atender às diferentes regiões brasileiras.

A ideia de investir em centros de distribuição regionais surgiu de forma algo fortuita. A Tramontina mantinha uma fábrica de ferramentas na Bahia, mas percebeu que o investimento não era adequado. A única saída era fechar a unidade, mas essa possibilidade incomodava a direção da empresa por causa do impacto social. Seriam muitos desempregados e muitas famílias jogadas em uma situação difícil.

A solução encontrada foi aproveitar a estrutura e os trabalhadores para a criação do centro de distribuição. Clovis pediu para Nosini assumir o comando, o que aconteceu em 1982.

— Eu topo, mas tenho de levar uma pessoa comigo — respondeu Nosini, revelando que os furtivos sumiços dele em São Paulo eram motivados por uma namorada, Marisa, que se tornaria sua esposa.

A experiência de um centro de distribuição na Bahia, que deu agilidade à logística da Tramontina, foi tão bem-sucedida que acabou se disseminando em todo o país.

Outra novidade foi a adoção de um sistema descentralizado de vendas, inspirado na descentralização que já havia nas fábricas. Clovis resolveu segmentar a comercialização, inicialmente em duas linhas: utilidades domésticas e ferramentas.

Para cada linha, criou uma estrutura própria, com gerentes, coordenadores e equipes independentes. A estratégia por trás dessa iniciativa era que os vendedores fossem mais especializados, que tivessem um foco mais afinado e que voltassem sua atenção para pontos de venda direcionados, alcançando com maior precisão o consumidor.

A teoria se mostrou acertada e ainda rendeu um subproduto inesperado: a segmentação das vendas acabou por estimular o lançamento de linhas de produtos cada vez mais diversificadas, na medida em que os representantes passaram a entender o que cada público consumidor desejava e trouxeram essa informação para dentro das fábricas.

Foi a partir daí que a Tramontina enveredou pela produção de talheres refinados, que competiam com os de marcas sofisticadas como Wolff, Mundial e Meridional, e começou a produzir uma linha de alumínio, que no início se resumia apenas a uma singela frigideira.

— O que vocês querem com essa frigideira? Derrubar a Panex? — ironizaram os compradores do Mappin.

Uns poucos anos depois, de fato, a Starflon, linha de panelas de alumínio com antiaderente da Tramontina, passou a competir com a Panex, a tradicional líder do setor.

Recursos humanos em modo Clovis

Uma característica que impressionava os outros diretores e gerentes era a velocidade com que Clovis agia. "Se é para fazer, vamos fazer logo", costumava repetir ele. Lina Regla Giacomoni, viúva de Raul Giacomoni e tia de Clovis, conta que o executivo já saía de casa preocupado, todas as manhãs:

— Vamos ver o que esse guri vai inventar hoje — dizia.

Clovis desenvolveu o hábito de exigir a mesma velocidade dos colaboradores que o cercavam, mesmo quando colocados diante de decisões que transformariam suas vidas. No final de 1983, ele viajou a Pernambuco para verificar o andamento da representação da Tramontina no Recife. Não gostou do que viu e mandou vários representantes embora.

De lá mesmo, telefonou para Marcos Grespan, um amigo do tempo das peladas de futebol, que trabalhava como vendedor de um laboratório farmacêutico em Porto Alegre e já havia sinalizado o interesse em ocupar alguma vaga na Tramontina. Clovis convidou-o para assumir as vendas na capital nordestina.

— Tu tens dois dias para decidir — determinou.

Grespan, que estava pensando numa vaga em Porto Alegre ou arredores, gelou. Ele nem sabia onde ficava Recife e teria de deixar para trás a namorada, Nádia. Mas aceitou. Passados seis meses, quando ainda se ambientava em Pernambuco, recebeu novo telefonema de Clovis:

— O que tu achas de assumir a gerência em Salvador?

Quatro meses depois da chegada à Bahia, quando estava tudo organizado para Nádia ir morar com ele em Salvador, casamento marcado, um novo convite chegou do chefe irrequieto. Clovis ligou num final de manhã, por volta das 11h:

— Quero que tu vás para São Paulo, para dividir a gerência com o Ildo Paludo — foi logo dizendo.

Atordoado, Grespan pediu um tempo para pensar.

— Sem problemas. Me responde até as 13h — pressionou Clovis.

Grespan disse sim. Assumiu as funções duas semanas antes do matrimônio, que teve Clovis e Eunice como padrinhos. Com a mudança repentina, foi preciso rearranjar toda a vida do casal.

Grespan permaneceu quatro anos em São Paulo, de onde foi transferido ainda para Porto Alegre e Carlos Barbosa. Ele atribui o retorno ao Rio Grande do Sul à sensibilidade de Clovis. O chefe percebeu que Grespan estava vivendo um dilema, em que teria de optar pelo casamento ou pela Tramontina. "Nádia estava decidida a voltar para perto da família", conta Grespan. "O Clovis sentiu que eu ia deixar a Tramontina e me convidou para assumir o escritório de Porto Alegre. Ele tem o gênio forte, mas o coração é mole. Ele vibra com o sucesso das pessoas, é otimista, leal, dedicado, arrojado, amigo mesmo. Sua simplicidade cativa."

> *É assim que eu funciono. Penso no que é preciso fazer, quem é a pessoa indicada para executar e ofereço a oportunidade. Mas tem uma coisa: dou muito pouco tempo para o escolhido pensar.*

O caso de Ildo Paludo, com quem Grespan foi trabalhar em São Paulo, também ajuda a ilustrar o estilo impulsivo e instintivo de Clovis. Casado com Rejane, irmã de Clovis, ele trabalhava na Lacesa, uma grande empresa de laticínios gaúcha, mais tarde comprada pela Parmalat. Certo dia, foi abordado de forma para lá de assertiva pelo cunhado:

— Tu vais abrir nosso escritório de vendas em Curitiba.

— Vou nada. Eu sou veterinário. Nem entendo de vendas.

— Mas o que tu fazes na Lacesa, afinal?

— Faço assistência técnica. Aplico medicamentos nos animais.

— E esses medicamentos, tu ofereces de graça?

— Não, a gente vende.

— Então tu és vendedor. Vais ser o nosso gerente de Curitiba.

Paludo acabou aceitando a proposta. Trocou a vaca pela faca, como diz Clovis.

Antes de assumir o cargo, teve de fazer uma espécie de estágio na Tramontina Cutelaria, para se familiarizar com o funcionamento da fábrica e conhecer a linha de produtos. De Curitiba, Clovis transferiu-o para São Paulo, em 1986, para substituir Antonio Galafassi (o mesmo que havia deixado a empresa em 1981, abrindo caminho para Clovis assumir o escritório paulista, e que havia sido recontratado em 1983).

De veterinário, Paludo passou a cuidar do mercado que representava quase metade do faturamento da Tramontina e foi o responsável por implantar um centro de distribuição estratégico, aberto na região metropolitana de São Paulo em 1990.

Nessa área do recrutamento de profissionais, Clovis abraçou a política estabelecida por Seu Ivo e Seu Ruy de dar preferência à contratação de pessoas da própria comunidade, se possível com a credencial de já terem algum parente na firma, muitos deles tirados do trabalho na colônia. Também manteve a linha de colocar nos cargos mais altos gente vinda do chão de fábrica.

Mas acrescentou alguns toques pessoais, como trazer para funções de destaque uma leva de ex-alunos de seminários católicos da região serrana gaúcha. Se alguém brinca que a Tramontina parece uma religião, Clovis responde de pronto:

— E qual é o problema? É como uma religião. Porque os colaboradores não saem da Tramontina. Porque existe uma sensação de pertencimento. Há uns que sonham com a empresa, outros que vêm me dar testemunho de que a Tramontina é a vida deles. Não admitem ir para a concorrência, porque consideram uma traição.

A lista de gente que estudava para se ordenar padre mas preferiu transformar a Tramontina em sacerdócio é extensa: Ildo Paludo, Marcos Grespan, Valdir Baú, Joselito Gusso, Nestor Giordani, Odair Borsoi, Breno Zandonai, Jones Zianni e vários outros. Paludo, cunhado de Clovis, afirma que há uma sintonia entre o que se aprende no seminário e a rotina na Tramontina: "Toda a disciplina e o conhecimento que eu trouxe do período como seminarista foram fundamentais para me encaixar na cultura da Tramontina. No seminário, aprende-se a fazer as coisas com correção, a cumprir horários, a buscar a conciliação, os mesmos valores exigidos na empresa."

Cesar Vieceli largou o seminário e ingressou na empresa ainda adolescente, aos 14 anos. Trabalhava no almoxarifado da fábrica de baixelas de Farroupilha, pilotando empilhadeiras, mas espalhava aos quatro ventos que tinha como sonho virar vendedor.

Em 1983, quando Clovis abriu um processo interno para seleção de novos profissionais para sua equipe, o ex-seminarista se inscreveu, apesar de ter apenas 19 anos — longe da idade mínima fixada, de 21 anos.

No momento da entrevista, Clovis reconheceu o rapaz:

— Tu és aquele guri da Tramontina Farroupilha que só fala em trabalhar com vendas, não és? Isso é o mais importante: a vontade.

E, dentre os 50 candidatos, quebrando as regras, Clovis contratou Vieceli — que acabaria fazendo uma carreira de destaque, chegando ao cargo de diretor nacional de vendas.

Novas fronteiras para a Tramontina

Durante os 10 anos em que Clovis foi gerente nacional de vendas da Tramontina, iniciativas tomadas por ele acabaram por abrir perspectivas novas para a empresa, às vezes de forma inesperada. Um bom exemplo disso é ilustrado pela trajetória de Luiz Ongaratto, que Clovis foi buscar na Cutelaria, em 1980, para ajudá-lo a estruturar o departamento de custos.

Daquele momento em diante, Ongaratto seria sempre chamado para colocar em prática os planos do chefe. Em 1981, quando Clovis assumiu o escritório de vendas de São Paulo, chamou-o logo em seguida. Ongaratto fez as malas, emitiu as passagens aéreas, despediu-se da família e da namorada e passou no escritório de Raul Giacomoni.

— Seu Raul, estou indo. Foi um prazer trabalhar com o senhor.
— Como assim? Estás indo para onde?
— Para São Paulo, trabalhar com o Clovis.
— Não vais para São Paulo coisa nenhuma.

Foi então que Ongaratto descobriu que Clovis não havia falado com o tio sobre a transferência. Como castigo, Raul Giacomoni mandou cancelar os bilhetes de avião, telefonou a Clovis para dizer que não poderia liberar o funcionário naquele momento e o segurou em Carlos Barbosa por mais dois meses.

Um ano e meio depois, com Clovis na gerência nacional de vendas, Ongaratto mudou-se para Goiânia (GO) com a tarefa de abrir o primeiro escritório da Tramontina na região Centro-Oeste, que também abrangia vários estados do Norte, parte do processo de capilarização da marca no território brasileiro.

O passo seguinte foi a Amazônia.

Durante uma viagem ao Rio Grande do Sul, Ongaratto foi chamado ao Escritório Central para uma reunião. Clovis estendeu-lhe um bilhete com a caligrafia de Ruy Scomazzon, pedindo que alguém de máxima confiança fosse designado para abrir um centro de distribuição em Belém do Pará. Ongaratto aceitou a missão.

É aí que a história dá seus frutos imprevistos. Trabalhando cercado pela vastidão da Floresta Amazônica, Ongaratto começou a delinear um projeto. A madeira era o terceiro principal insumo das fábricas da Tramontina, atrás apenas do aço e do alumínio. E madeira era o que não faltava na região. Além disso, o governo brasileiro oferecia incentivos fiscais atraentes para quem investisse em reflorestamento. Por que não abrir uma fábrica na região, aproveitando a proximidade da matéria-prima?

Em 1982, com a inauguração em Carlos Barbosa da Multi, unidade de produção de ferramentas agrícolas, a Tramontina havia atingido seis fábricas, todas elas localizadas no Rio Grande do Sul. Ongaratto levou a Clovis a ideia de tornar Belém a sede da primeira fábrica da empresa fora da terra natal. "Ele sempre foi um cara muito aberto. Por isso, nunca tive medo de expor e defender meu ponto de vista. Raramente não chegávamos a acordo, quando então eu dizia: 'Tudo bem, patrão, vou respeitar sua decisão.'"

Daquela vez, isso não foi necessário. Clovis e os conselheiros bancaram a ideia. Em 1986, foi aberta em Belém a fábrica de cabos de madeira. Depois, quando os cabos de plástico chegaram ao mercado e viraram padrão por causa das vantagens em termos de preço e qualidade, a unidade amazônica foi adaptada para produzir uma série de utensílios de madeira: tábuas de cortar carne, tábuas de churrasco, porta-pães, descansa-pratos e, por fim, móveis para jardins, bares e restaurantes. A unidade se encarrega do replantio da floresta, para repor toda a madeira que utiliza como matéria-prima.

A exploração de um novo território mostrava que a Tramontina podia se diversificar ainda mais e marcar presença com unidades fabris em outras paragens que não apenas o Rio Grande do Sul.

A ânsia por novas fronteiras, aliás, levou a Tramontina a dar outro passo ousado nesse período. No mesmo ano de 1986, a empresa resolveu fincar bandeira nos Estados Unidos: abriu em Houston, no Texas, um escritório para inserir os produtos da Tramontina no maior mercado consumidor do mundo. Antonio Galafassi foi o escolhido para comandar o posto avançado — denominado inicialmente Lasso Corporation of America e, depois, TUSA - Tramontina USA —, o primeiro da empresa de Carlos Barbosa fora do Brasil.

O curioso é que a revolução promovida por Clovis na área comercial coincidiu com um período especialmente conturbado da história e da economia nacionais. No plano político, o regime militar deu lugar a uma democracia que, com o primeiro presidente eleito diretamente, Fernando Collor de Mello, já enfrentou o trauma de um processo de *impeachment* por corrupção e de uma renúncia para evitar a cassação do mandato.

No campo econômico, foram anos de hiperinflação (os índices chegaram a estratosféricos 80% ao mês), planos econômicos mirabolantes, congelamentos de preços, mudanças de moeda, confisco de poupança e quebradeiras generalizadas. "Foi uma loucura, uma coisa inimaginável. A gente fazia uma venda e, no dia seguinte, vinha um plano econômico e não tinha mais inflação. Aí, o cliente queria desconto e se negociava tudo de novo. Foi muito desgastante. Meia-noite, uma hora da manhã, e nós sentados, discutindo o que fazer", relata Paludo.

Nesses momentos mais caóticos, como o desastroso Plano Cruzado (1986) do presidente José Sarney, quando a Tramontina teve de tomar empréstimo em banco para honrar a folha de pagamento, Clovis palmilhava o país de ponta a ponta, resolvendo pepinos e descascando abacaxis. Ele calcula ter percorrido 100 mil quilômetros em avião no período.

— Como é que ele faz para estar em todos os lugares? Onde eu chego, me dizem que o Clovis já esteve lá. Ele tem algum foguete para viajar? — questionou, espantado, um representante da Bosch numa reunião com Darcy Galafassi, executivo da Tramontina.

— Ele é um verdadeiro caixeiro-viajante — justificou Darcy.

O esforço valeu a pena. Enquanto a economia do país afundava e empresas tradicionais saíam de cena, incapazes de se adaptar, a Tramontina continuou a expandir suas vendas e superou os principais concorrentes. Encerrou a década com 3,5 mil colaboradores, um amplo portfólio de produtos (que inclui cutelaria, ferramentas, utensílios agrícolas, forjados, panelas, baixelas, itens de madeira e material elétrico) e sete fábricas — em 1990, havia inaugurado em Encruzilhada do Sul (RS) uma indústria de produtos à base de pinus para aproveitar um reflorestamento dos anos 1970.

Também ingressava nos anos 1990 com um gerente de vendas dotado de paixão, força e coragem para alçar novos voos.

EM FAMÍLIA

Em 13 de fevereiro de 1983, a Irmã Maria Tereza, freira católica, aproximou-se de Clovis Tramontina no hospital de Carlos Barbosa e anunciou:

— A Elisa chegou.

Clovis ficou confuso por uns instantes. Só entendeu direito o que estava acontecendo quando a religiosa deu maiores esclarecimentos:

— Tua filha chegou, Clovis.

Era tudo tão novo que ele ainda nem havia se habituado ao nome que a criança teria, caso fosse menina, em uma homenagem à bisavó, a mulher que sustentara a família e a empresa carregando uma mala cheia de facas no trem para Porto Alegre.

Quando passaram a pequena Elisa para seus braços pela primeira vez, Clovis, então com 27 anos, teve um acesso de choro.

Voltou a chorar dois anos depois, quando nasceu o segundo filho, Marcos, e em 1988, quando veio o caçula, Ricardo.

O retorno a Carlos Barbosa, depois da passagem por São Paulo, representou para Clovis e Eunice uma reconexão com a vida familiar, não apenas pela chegada dos filhos, mas também pela proximidade com os outros parentes. Era comum, por exemplo, que Clovis chegasse no fim da noite de alguma viagem a trabalho e passasse pela frente da casa dos pais. Se houvesse alguma luz acesa, ele batia à porta.

Quem atendia era, inevitavelmente, a mãe, dona Laura, uma notívaga incorrigível. Colocava o filho para dentro e ia ao quarto, para tirar o marido da cama. Daí ficavam os três, Ivo, Laura e Clovis, sentados à mesa da cozinha, bebendo café e conversando madrugada adentro.

O convívio se estendia às viagens. Em 1990, Clovis e Nice foram conhecer Israel com Seu Ivo e Laura. Clovis gravou na memória a reação do pai durante um jantar em um restaurante italiano de Tel Aviv. A família pediu um prato de carne, e o garçom trocou os talheres, colocando sobre a mesa os mais adequados ao cardápio. Ivo se deu conta que eram da Tramontina, produzidos a mais de 11 mil quilômetros de distância, em Carlos Barbosa, na fábrica que ele ajudou a construir. Estremeceu, comovido.

> *Nunca vou esquecer a emoção dele. Meu pai abriu um sorriso, e os olhos brilharam, cheios de lágrimas.*

Com a mãe, Clovis mantinha uma relação de amor visceral, que para alguém que visse de fora poderia até parecer ódio. Os dois brigavam o tempo inteiro e esbanjavam palavrões um com o outro, algo que só podia acontecer porque a ligação entre ambos era profunda. Uma vez, Clovis foi tomar um café depois do almoço com dona Laura e, como de costume, a conversa acabou em troca de desaforos.

No meio da tarde, Clovis ainda se sentia mal pelos impropérios que havia dito à mãe. "E se ela morre?", pensou. "Vou passar a vida com remorso". Ele deixou o escritório da Tramontina e foi até a casa dela para se desculpar, no meio da tarde.

— Nene, o que tu estás fazendo aqui? — espantou-se ela.

— Mãe, é que nós brigamos feio ao meio-dia. Já pensou se tu morres...

Laura não perdoou:

— Que bobagem é essa? Vai trabalhar, seu guri de bosta.

Mãe e filho brigaram feio de novo.

Também se reforçaram, a partir da volta a Carlos Barbosa, os laços com os irmãos. Com Carlos, que se mudou para Goiânia, a relação de aconselhamento e amizade teve de ser principalmente à distância — o irmão mais jovem não viaja de avião, só de carro, o que torna as visitas dele a Carlos Barbosa pouco frequentes.

Mas Clovis ficou mais próximo de Rejane, Raquel e Renato. A conexão com a irmã mais velha, a mais próxima em idade, sempre foi forte, desde as brincadeiras de infância. "Eu contava tudo para ele. Era o meu melhor amigo, o irmão com quem eu chorava", define Rejane. Foi ela a responsável pelo apelido de Clovis. Nos primeiros anos de vida, não conseguia pronunciar o nome do irmão, que saía de sua boca como "Cói" — até hoje Clovis é chamado assim na família. O convívio entre os dois se tornou menos assíduo quando Ildo Paludo, marido de Rejane, foi enviado pela Tramontina para Curitiba e São Paulo, por um período que totalizou 13 anos. Na capital paulista, Rejane trabalhou como supervisora das promotoras de vendas da empresa.

Raquel, sete anos mais nova, considera o irmão um bom conselheiro. Ela se impressiona com a disposição dele para ouvir os problemas de cada um e ajudar, sempre com um otimismo imbatível. "Se um dia o Clovis não estiver otimista, é porque o negócio está mesmo feio", diz ela. Raquel não é fã das piadas e brincadeiras dele (para implicar com as maneiras espevitadas da irmã, Clovis costuma dizer que, quando ela nasceu, os médicos já tiveram de colocá-la numa jaulinha). Mas admira a sua simplicidade. "Ele é do povo", resume.

Renato, que vive em Carlos Barbosa, chama a atenção para o carisma do mano mais velho: "O que esse cara fez pela Tramontina é uma loucura. Aprendi muito com ele. Uma vez fomos juntos ao Mappin, em São Paulo, e o pessoal de lá queria discutir problemas que havia entre as empresas. Meu irmão sorriu e disse: 'Gente, deixa o passado para lá, vamos olhar para o futuro'. E conseguiu mudar totalmente o clima da conversa. O Cói é um cara que ama viver."

Os filhos, naturalmente, são um capítulo todo especial. Elisa, que se tornou *designer* e abriu a Design Único, empresa que desenvolve produtos e embalagens, inclusive para a Tramontina, lembra com carinho da convivência com o pai durante a infância. Ela afirma que, apesar das longas horas de trabalho, das quais nunca se queixava, Clovis foi um pai presente. Também era rígido e disciplinador. "Ele era durão. Ficava no nosso pé, cobrando que fôssemos bem na escola, o que ele considerava uma obrigação. Na adolescência, apesar de exigir disciplina, era um pai parceiro, pontuando o que era bom e o que era ruim para que tivéssemos clareza nas escolhas, inclusive em questões como uso de drogas. E insistia bastante que era preciso viajar e conhecer o mundo, mas com foco, pensando em realizar sonhos e em ser alguém."

Outra característica era o ciúme um tanto conservador em relação à filha. Já nos seus 20 anos, Elisa estudava na Itália e mantinha há anos um namoro com Gustavo Giorgi. Ele costumava visitá-la em Milão, ocasião em que dividiam o mesmo quarto, o que também era comum nas temporadas dela em Porto Alegre. Uma vez, a jovem veio passar uns dias com a família em Carlos Barbosa. Gustavo havia se mudado para a cidade e estava recebendo uma visita da mãe.

Elisa abordou o pai para dizer que ia passar a noite na casa do namorado. Clovis ficou chocado:

— Que história é essa? Não vai, não!

Elisa soltou uma risada.

— Como não, pai? E a minha sogra vai estar junto.

— Não pode. Como é que eu vou deixar uma coisa dessas?

— Pai, eu sou adulta. Estou indo. Beijinhos.

Clovis não se conformou:

— Isso é absurdo! O que as pessoas vão pensar?

A filha mais velha é a mais semelhante ao pai em temperamento, o que lhe valeu o apelido de "Clovis de saias" na família. Ela concorda com as comparações. "Somos mesmo parecidos, sensíveis e apaixonados. Nos emocionamos, choramos, abraçamos. Também gosto de opinar sobre tudo e sou comunicativa, mas aí acho que perco para ele", brinca. "Meu pai é uma montanha-russa de emoções. Está sempre ligado em 220 volts." Segundo Elisa, é perigoso apresentar ideias diante do pai, porque em questão de minutos ele já planejou tudo.

Ela conta que pediu para comemorar o aniversário de 15 anos com uma viagem, sem festa. O pai concordou com a viagem, mas exigiu uma festança também. "A festa foi para ele. Era o sonho dele, para poder desfilar com a filha. Foi a mesma coisa no meu casamento. Eu queria uma coisa simples, mas ele fez um negócio hollywoodiano." Elisa e o marido, Gustavo, deram a Clovis três netos: Rafaela, Lucas e Laura.

> *Se é para fazer alguma coisa, tem de ser grande. Um evento tem de ser "o" evento. Foi assim no meu casamento e nos casamentos dos meus filhos: muitos convidados, muita gente, muita criatividade, muita ousadia e muita alegria.*

Se Elisa é uma versão feminina do pai, Marcos, o filho do meio, é o oposto em vários sentidos. Introvertido, foge dos holofotes e evita falar em público. As memórias favoritas da infância são do pai em casa, ouvindo música alegre nos finais de semana. O tema de abertura da novela Rei do Gado e a canção "Vermelho", com Fafá de Belém, tocavam sem parar.

Marcos conta que Clovis gostava de brincar de DJ e de lembrar o tempo em que abriu a Boate 255, primeira danceteria de Carlos Barbosa, onde enfileirava sucessos dançantes das décadas de 1970 e 1980. "Ele acenava com os dedinhos e aumentava o volume para levantar a galera", descreve o filho.

Outra lembrança curiosa é de Clovis diante do computador, compenetrado, jogando paciência. Passava horas naquilo, tentando bater o próprio recorde e vencer o jogo no menor tempo possível. "Ele é tão competitivo que compete até com ele mesmo", observa Marcos.

A partir dos anos 2000, com os filhos espalhados, Clovis começou a organizar viagens anuais com toda a família, para algum destino internacional. "Não importa onde estivéssemos, sabíamos que tínhamos aquele compromisso todo ano. Foi um jeito que ele achou de nos reunir", conta o filho. Formado em Administração de Empresas na Pontifícia Universidade Católica (PUCRS) como o pai, além de ter feito uma pós na mesma área na Fundação Getúlio Vargas e um MBA em Finanças Corporativas na Universidade de San Diego (EUA), Marcos começou a trabalhar na Tramontina aos 17 anos. Atua desde 2013 no Escritório Central. Com a mulher, Letícia, teve uma filha, Isabella.

O único desgosto que Marcos e Elisa deram a Clovis foi tornarem-se torcedores do Grêmio, principal rival do time do pai, o Inter, o que motiva constantes brigas clubísticas. O desvio ocorreu por influência de Eunice, a mãe. "Ele não estava em casa, e eu fiz o meu papel como gremista", justifica Nice.

Ricardo, o caçula, não tem o mesmo "defeito". É um colorado convicto. Na meninice, chegou a pensar em ser jogador de futebol e, mais tarde, em cursar a faculdade de Educação Física, sempre com o apoio de Clovis. "Meu pai nunca disse que os filhos tinham de trabalhar na Tramontina", conta Ricardo. "O que ele dizia era para a gente estudar, buscar conhecimento e se preparar bem."

Apesar dessa liberdade, quando chegou a hora de definir o futuro, Ricardo optou pelo curso de Administração de Empresas, também na PUCRS, em Porto Alegre. Além disso, cursou o MBA em Gerenciamento Estratégico da Pace University, em Nova York (EUA). Falante e expansivo como Clovis, sentiu o mesmo chamado para o setor de vendas. "Observando meu pai, acabei me identificando com a área comercial. Lembro de acompanhá-lo em visitas a lojas, durante viagens ao exterior. Isso foi despertando meu interesse. Como ele, sou comunicativo e gosto de socializar. Era natural seguir o mesmo caminho."

Ricardo atua desde 2016 no setor comercial do Escritório Central, em Carlos Barbosa. Ele e a mulher, Katiuska, tiveram dois filhos, Leonardo e Valentina.

1. Clovis e os filhos, Elisa, Marcos e Ricardo.
2. Elisa, Gustavo, Rafaela, Lucas e Laura.
3. Marcos, Letícia e Isabella.
4. Ricardo, Katiuska, Leonardo e Valentina.
5. Clovis e Eunice.

A PRESIDÊNCIA

—06

Início da gestão de Clovis e Eduardo, em 1992.

No final de 1991, Clovis Tramontina e Eduardo Scomazzon foram enviados pela empresa ao Extremo Oriente, em uma missão de 17 dias que passaria por Japão e Coreia do Sul. Naquela época, os olhos da indústria estavam voltados para a Ásia. Com métodos gerenciais e de produção inovadores, como o Just in Time (JIT) da Toyota, o Controle de Qualidade Total (TQC) e o Kaizen, o Japão se tornara sinônimo de tecnologia de ponta e dominara mercados mundo afora, imperando até no setor automobilístico norte-americano, onde gigantes como Ford, General Motors e Chrysler pareciam ultrapassados em comparação com os nipônicos.

Na esteira do sucesso japonês, surgiram os Tigres Asiáticos, como ficaram conhecidos a Coreia do Sul, Singapura, Hong Kong e Taiwan, nações que em apenas três décadas saíram do atraso e da pobreza para se tornarem potências econômicas, mediante uma combinação de princípios confucionistas e investimentos pesados em tecnologia e industrialização. Foi quando o mundo começou a se acostumar com marcas como Samsung, Hyundai e Lucky Goldstar, que depois abreviaria o nome para LG.

Já sexagenários, há quatro décadas dividindo o comando da Tramontina, Ivo Tramontina e Ruy Scomazzon sabiam que a sobrevivência da empresa passava por observar e aprender com o que estava acontecendo no leste da Ásia. Por isso, designaram os filhos para a missão. Enviaram com eles dois dos profissionais mais gabaritados do grupo de Carlos Barbosa, os diretores veteranos Manoel

Bragagnolo e Mario Bianchi. Havia ainda um outro motivo para a viagem, mas esse só seria revelado mais tarde.

O roteiro, organizado pelo Instituto de Movimentação e Armazenagem de Materiais (Imam), previa um mergulho intensivo no ambiente oriental, com visitas a fábricas, discussões gerenciais e experiências culturais. Entre as indústrias visitadas pelo quarteto de Carlos Barbosa estavam algumas das empresas que mais se destacavam naquele momento, como a Toyota e a Hyundai.

A experiência foi reveladora, como a descoberta de um novo mundo. Os brasileiros ficaram espantados com a organização e a limpeza extremas — nas fábricas, onde nada era colocado no chão, e também nos banheiros, corredores e refeitórios. Ficaram mais surpresos ainda ao descobrir que o asseio não era mantido por uma eficiente equipe de faxineiros, mas pelos próprios funcionários, que simplesmente não sujavam e não bagunçavam nada. Era tudo asséptico e preciso, como um relógio.

Somando o que viram nas unidades ao que ouviram nas conversas com gestores locais, Eduardo e Clovis compreenderam que a higiene não era um mero capricho, uma característica acessória, mas sim uma manifestação inevitável do zelo e da diligência que caracterizavam o modelo de gestão implantado por lá.

Os filhos de Seu Ivo e Seu Ruy foram tomando nota desses aprendizados, entusiasmados. Iam enumerando as lições absorvidas: valorizar as pessoas, dar poder aos colaboradores dentro das fábricas, incentivar a participação e a formulação de ideias, motivar permanentemente os funcionários.

> *A viagem nos proporcionou aprendizados muito valiosos, tanto pelas visitas que fizemos quanto pelas trocas de opiniões entre nós. Aquela experiência motivou o início de um processo de grandes mudanças na gestão das fábricas da Tramontina.*

Quando a pequena comitiva retornou à Serra Gaúcha, Bianchi e Bragagnolo foram imediatamente chamados para uma reunião com Seu Ivo e Seu Ruy. Os dois sócios pediram um relatório completo sobre o comportamento e o desempenho dos herdeiros durante o périplo oriental. Queriam saber o que haviam comentado, que perguntas haviam feito, que interesses haviam demonstrado.

Foi durante essa sabatina que Bragagnolo e Bianchi se deram conta de que a viagem era, sem que os dois rapazes tivessem sido informados, ao mesmo tempo um estágio final de formação e um teste para eles.

Um lugar na cabeceira da mesa

Naquele momento, a Tramontina estava em transição para uma nova estrutura de tomada de decisões. Nos primórdios, o processo era informal: Seu Ruy e Seu Ivo se reuniam, conversavam e chegavam a um acordo. Isso dava agilidade à implementação das estratégias.

Mais tarde, na medida em que se multiplicaram, as fábricas foram transformadas em unidades independentes, mas bastava falar com os diretores de cada uma, três ou quatro pessoas de confiança, com longo tempo de casa, para resolver qualquer questão importante. A cadeia de comando era simples e direta.

Com o passar do tempo, a crescente complexidade de gerir um negócio que não parava de se expandir e ramificar levou à necessidade de um novo arranjo, por meio do qual foram reformulados os papéis do Escritório Central e do Conselho de Administração. No início da década de 1990, o Conselho passou a ser a instância decisória máxima da Tramontina. Os primeiros membros foram Seu Ivo, Seu Ruy, Clovis e Eduardo, aos quais se somava uma pessoa de fora das famílias proprietárias: Osvaldo Sfoggia, um dos diretores mais antigos, que fazia um importante meio de campo entre as duas famílias.

Como não foi criada a figura de um CEO, quem presidisse o Conselho era também o presidente do grupo.

Ao entrar na sala para a primeira reunião do Conselho no ano de 1992, logo após voltar do Oriente, Clovis surpreendeu-se ao deparar com uma cadeira vazia. E era justamente a cadeira mais importante, situada na cabeceira. O lugar era tradicionalmente ocupado por Ruy Scomazzon, que agora estava discretamente acomodado na lateral da mesa.

Enquanto Clovis hesitava, Seu Ruy disse-lhe que se sentasse no local de honra.

— Agora tu és o presidente, e o Eduardo, o vice — anunciou. E foi assim.

Depois de um prolongado período de observação e de testes, do qual a missão à Ásia revelou-se a etapa final, Clovis realizou o seu maior sonho ao executar o gesto simples de sentar-se em uma cadeira estofada.

Aos 36 anos de idade, era o novo comandante da Tramontina.

A espera por aquele momento havia sido especialmente angustiante porque, na teoria, ele e Eduardo já haviam sido assinalados em ata como presidente e vice um ano antes. Mas, na prática, os pais deles é que continuavam no poder, comandando as pautas, ditando as diretrizes e tomando as decisões, ainda que todas as deliberações do Conselho de Administração tivessem de ser fruto de consenso. A verdade é que Seu Ivo e Seu Ruy relutavam em passar o bastão para os dois jovens.

Quando o momento chegou, na forma de uma cadeira à espera de ser ocupada na ponta da mesa, Clovis tomou o lugar sem titubear. Sentiu-se confortável na poltrona, como se tivesse sido feita sob medida para ele.

> *Desde pequeno queria ser presidente da Tramontina. Eu me preparei para isso. Não tive medo de assumir. Adoro ser o número 1. Todas as vezes em que me reuni com presidentes da República, por exemplo, eu me via no lugar deles. Sempre pensei grande e sempre fui líder, no colégio, na igreja, no futebol e na turma de amigos. É uma coisa minha.*

A transição de poder, no entanto, não foi tão simples, porque continuava a pairar sobre os dois jovens a sombra da dupla de veteranos, seus pais. Nas reuniões do Conselho, Ruy Scomazzon manteve o hábito de abrir os trabalhos, e só então cedia a palavra a Clovis, como se ainda estivesse numa posição hierárquica superior. Ao mesmo tempo, os colaboradores da Tramontina continuavam a se guiar por Seu Ivo e Seu Ruy, a quem tratavam com deferência, enquanto enxergavam em Clovis e Eduardo apenas dois guris que ainda tinham muito o que provar.

Os primeiros dois ou três anos foram, em consequência, uma fase de transição de comando. Com alguma frequência, a nova e a velha geração discordavam nas discussões sobre os rumos da empresa. Clovis diz que, nessa fase, foi fundamental a atuação de Sfoggia, que funcionava como uma espécie de anteparo entre os dois polos em conflito.

> *Eu ia ao Osvaldo e dizia: "Não é possível, o meu pai e o Seu Ruy estão querendo fazer tal coisa". Daí o Osvaldo conciliava: "Não dá bola para eles, são uns velhos mesmo". Depois ele ia ao Seu Ruy e ao meu pai, que reclamavam: "Bah, o Clovis e o Eduardo, olha o que eles andam fazendo". E então o Osvaldo falava para eles: "Não se preocupem, são só uns guris de merda". E assim ele ia tocando.*

Uma nova dupla marca território

Para contornar as dificuldades, Clovis e Eduardo desenharam uma estratégia que se revelou eficaz. Uma de suas primeiras medidas foi lançar um projeto batizado como Ação Integrada, que consistia basicamente em reuniões deles com grupos relativamente pequenos de colaboradores da Tramontina. Era importante que fossem poucos os participantes em cada encontro, em geral três dezenas de pessoas, porque assim se criava uma relação de parceria e cumplicidade com os novos dirigentes da empresa.

Realizadas em grande número, para atingir os quatro mil funcionários que a Tramontina tinha na época, essas reuniões em tom de bate-papo se estenderam por mais de um ano e ocorreram em todas as unidades da empresa, inclusive no exterior. Serviram para que Eduardo e Clovis se fizessem conhecer, apresentassem seus planos, esclarecessem dúvidas e pedissem sugestões, que ouviam atentamente.

Foi o método que encontraram para tranquilizar as equipes, conquistar a confiança de todos e marcar território. Com a Ação Integrada, ficou claro que havia uma nova liderança na empresa e que ela também valorizava o quadro de pessoal.

Foi também a primeira vez, afirma Clovis, que se falou abertamente sobre lucro e faturamento na Tramontina — até então, o tema era quase um tabu na empresa. Apesar de os balanços serem públicos, por exigência legal, a tradição era de não enaltecer e propagandear o próprio sucesso. O novo presidente atribuía essa timidez a um traço cultural da colônia italiana, relacionado à culpa de se sair melhor do que os outros, ao costume de "pedir perdão, muitas vezes sem se saber por quê".

Outra iniciativa perspicaz, que passava uma bem-vinda mensagem de continuidade, foi Clovis e Eduardo replicarem a mesma dobradinha que havia sido feita pelos pais deles ao longo de quatro décadas. Segundo Clovis, copiar o modelo que já existia foi uma decisão deliberada. Colaborava para isso o fato de, assim como Seu Ivo e Seu Ruy, Clovis e Eduardo terem características complementares.

Os dois sócios mais velhos haviam criado a prática de tomar todas as decisões por consenso. Com poucos anos de estudo, Seu Ivo contribuía com uma visão prática, de alguém que conhecia o chão de fábrica. Uma vez, ele disse que, não fosse por Seu Ruy, a Tramontina nunca teria deixado de ser uma ferraria. Mas, comunicativo, alegre e instintivo, ele mantinha uma relação muito próxima, de amizade, com os funcionários, e trazia essa perspectiva para a mesa, o que acabava sendo um cimento que mantinha a empresa unida.

Seu Ruy era mais fechado, mas oferecia a perspectiva racional e técnica, burilada graças à sua formação acadêmica. "Cada um percebeu que tinha ao lado uma pessoa que o complementava. Seu Ivo era simples, humilde e de fácil comunicação, principalmente com os funcionários. Era uma pessoa de muito bom senso. Meu pai, com formação educacional melhor, encontrou nele o sócio ideal", observa Eduardo Scomazzon.

Clovis brinca que Seu Ivo era o mais inteligente dos dois, porque teve a percepção brilhante de acolher Seu Ruy como sócio.

> *Meu pai era coração. Seu Ruy, razão. Meu pai, um homem da rua, da fábrica. Seu Ruy, um homem mais metódico, mais do escritório. O respeito entre eles era fantástico. Tiveram uma relação de lealdade que durou mais de 60 anos.*

Próximos desde a infância, quando já passavam as férias escolares estagiando nas fábricas, Clovis e Eduardo se encaixaram com certa facilidade na mesma equação. O representante do clã Scomazzon, com graduação em Engenharia, se define como alguém que, por sua formação técnica, tem um olhar realista e analítico. Enquanto isso, Clovis traz a marca do otimismo, mesmo nos momentos mais difíceis. "É um contraponto que favorece decisões equilibradas. Nenhuma decisão é tomada sem que um escute o outro, como já acontecia com nossos pais", observa Eduardo.

O representante dos Tramontina concorda com essa análise, vendo na relação dele com Eduardo ecos daquela que havia entre Seu Ivo e Seu Ruy.

> *O Eduardo tem uma inteligência superior. Ele é low profile, voltado para a área financeira e para o mercado externo, com uma visão global que o torna completo. Eu tenho a capacidade de unir pessoas, de buscar consenso. Não há disputa entre nós, porque cada um tem seu lugar. O Eduardo é calmo, enquanto eu sou agitado, impetuoso. Ele é o cara que me tranquiliza, me ajuda a colocar os pés no chão. É o ponderado. Assim como acontecia com meu pai e Seu Ruy, somos muito diferentes. Mas nos complementamos.*

Clovis e Eduardo copiaram dos pais até a iniciativa de se aproximarem ainda mais virando compadres. Da mesma maneira que

Ruy batizou o primogênito de Ivo e Ivo o primeiro filho homem de Ruy, Eduardo foi chamado para ser padrinho de Elisa, a filha mais velha de Clovis, que por sua vez batizou Marcelo, o primeiro filho do seu vice-presidente.

Sob nova administração

Com a troca de comando, Clovis tratou de imprimir sua marca. Um ponto pacífico para ele é que a Tramontina continuaria a ser uma empresa familiar, de capital fechado. Assim, foram criadas duas *holdings*. A CRPAR (com as iniciais dos irmãos Clovis, Carlos, Rejane, Raquel e Renato) representaria a família Tramontina. Os Scomazzon formaram a BEMPAR (Beatris, Eduardo e Márcia). O Conselho de Administração da empresa passaria a ter, além de um presidente e de um vice-presidente, um representante indicado por cada *holding*.

O modelo foi replicado em cada uma das empresas do grupo. Como o controle acionário é idêntico em todas, os Conselhos de Administração locais são formados por dois indicados de cada uma das famílias, além de um quinto conselheiro de fora.

Clovis e Eduardo respeitaram a autonomia das fábricas, mas foram introduzidas ferramentas para que elas funcionassem de acordo com as diretrizes formuladas no Escritório Central e aprovadas pelo Conselho. A partir de discussões internas entre as diretorias de cada unidade e as áreas comerciais, passou a ser elaborado um Plano Anual de Investimentos e Metas (PAIM), depois discutido e avalizado pelos conselheiros e pelas direções executivas. A aprovação desse plano levaria em consideração não apenas o que era melhor para aquela unidade em particular, mas para todo o grupo.

Com um escopo mais amplo, de três anos, foi instituído ainda o Planejamento Estratégico de Longo Prazo (PLANES). Essas duas ferramentas, utilizadas em todas as unidades da Tramontina, dentro e fora do Brasil, propiciaram ao Escritório Central a criação de um sistema de informações que permite acompanhar de forma constante o desempenho de cada setor da empresa.

Para ajudar a tocar essa transformação, e com o falecimento de Osvaldo Sfoggia, Clovis convidou Ildo Paludo, seu cunhado, a voltar de São Paulo para ocupar o espaço vago. A missão dele era adaptar o Escritório Central à nova configuração administrativa e cuidar do relacionamento com as comunidades de atuação da empresa. Um dos projetos mais importantes capitaneados por Paludo foi o chamado Fórum de Compradores.

O modelo de fábricas independentes criado pela Tramontina já havia dado muitas provas de ser um trunfo para a empresa, mas ele tinha um ponto cego, que o Fórum trataria de corrigir. O fato de as unidades serem autônomas significava que elas negociavam separadamente a compra de matéria-prima e insumos. Acontece que, em muitos casos, os insumos e os fornecedores eram os mesmos para diferentes fábricas.

Clovis e Eduardo compreenderam que, ao criar um setor para compras conjuntas, não só simplificariam os processos, mas reduziriam os custos, conquistando maior poder de barganha em virtude dos volumes envolvidos. Paludo foi encarregado de transformar isso em realidade. "A cada dois meses, passei a fazer uma reunião com todos os compradores da Tramontina, de forma a organizar aquisições conjuntas e obter vantagens no preço. Por exemplo, a Aperam é o nosso fornecedor de aço inoxidável, que é utilizado em várias fábricas. Então compramos em conjunto, em nome de todas essas fábricas, e assim temos mais força na negociação", detalha Paludo.

Outra preocupação de Clovis e Eduardo foi qualificar o processo decisório através do desenvolvimento de um corpo profissional especializado, com condições de orientar tecnicamente o Escritório Central e o Conselho de Administração em áreas como Recursos Humanos, Finanças, Tributos, Tecnologia, Informática, Sustentabilidade e Marketing. Também foram desenvolvidos sistemas de acompanhamento e controle de indicadores, fundamentais para subsidiar a tomada de decisões.

Como parte desse esforço, e em sintonia com a vocação comercial que o caracterizava, Clovis começou a montar o que chama de "grupo de elite", formado por colaboradores em quem, a partir de avaliações feitas nas várias unidades da empresa, ele enxerga um potencial diferenciado para crescer e assumir postos de responsabilidade. O projeto nasceu de forma algo acidental, com uma reunião de coordenadores de vendas que correu bem e o fez perceber que, em encontros com profissionais bem selecionados, poderia ele próprio fazer os talentos se desenvolverem.

Ele idealizou então os Encontros de Alta Performance, em que se reúne com um grupo de escolhidos em algum lugar fora da empresa, onde trata de atiçá-los e observá-los em situações alheias ao cotidiano de trabalho. É uma ocasião para aprendizados e provocações, desenvolvidos com muita informalidade.

Muitas vezes, o instinto de Clovis leva-o a dar uma forte sacudida nos participantes dos encontros.

— Não concordo muito com a política da Tramontina — disse-lhe um dos funcionários convidados.

— Pois eu também não concordo. Eu nunca contrataria um cara como tu para trabalhar comigo — respondeu o executivo.

Outra vez, um funcionário aproveitou ter apanhado o elevador com Clovis para advogar uma promoção:

— Então, quando é que eu vou ter um cargo de chefia?

— Só depois de baixar esse nariz empinado — disse o chefe.

Nos dois casos, os funcionários envolvidos mudaram de atitude a partir do puxão de orelha e mais tarde foram recompensados com promoções.

> *Nesses encontros, eu crio toda a programação. O objetivo principal é retirar essas pessoas com potencial da sua zona de conforto. Por isso, eu as levo a locais diferentes, hotéis, restaurantes, museus, espetáculos. Gosto de observar o comportamento, de ensinar pelo exemplo, de estimulá-las a correr riscos, para perderem o medo de errar. Sempre digo: "Ousem, acreditem, sigam a intuição". Para mim, a carreira é como a corrida de São Silvestre. Qualquer pessoa pode se inscrever e participar, mas tem o grupo de elite que corre para ganhar e bater recordes. Eu busco identificar profissionais com esse perfil. O prêmio que eles recebem é a possibilidade de crescer na empresa.*

Os Encontros de Alta Performance se tornaram um dos projetos prediletos de Clovis, por meio dos quais ele colabora para formar o que chama de "líderes do futuro". A partir daí, vários dos principais gerentes da empresa foram garimpados através dessa iniciativa.

1. Viagem ao Japão.
2. Ação Integrada, em dezembro de 1994.
3. Ação Integrada, em julho de 1993.
4. Encerramento da Ação Integrada em 1994.

O NÚMERO 1
NO FUTSAL

—07

Torcedor número 1.

A Seleção Brasileira abriu a Copa do Mundo de 1962, realizada no Chile, com uma vitória tranquila de 2 a 0 sobre o México. Defendendo o título conquistado pela primeira vez na Suécia, quatro anos antes, a equipe entusiasmava os torcedores com a dobradinha infernal de atacantes formada por Garrincha e Pelé, este último já canonizado em vida como Deus do Futebol. No segundo jogo, porém, o melhor jogador do mundo sentiu um estiramento no músculo adutor da coxa esquerda e abandonou o gramado ainda no primeiro tempo. A lesão deixava-o fora da Copa. Sem ele, a Seleção não conseguiu sair do 0 a 0 contra a Tchecoslováquia.

Os torcedores mergulharam em pessimismo. Mas o Brasil, comandado por Garrincha e por um endiabrado Amarildo, o substituto de Pelé, venceu todas as partidas restantes e se sagrou bicampeão mundial. Estava sepultado, definitivamente, o "complexo de vira-lata" sobre o qual teorizara o cronista Nelson Rodrigues. Éramos inapelavelmente o país do futebol.

Enquanto o Brasil atuava no Chile, um menino de sete anos sintonizava o rádio do lado de cá da cordilheira, na pequena Carlos Barbosa, para acompanhar em transe as transmissões das partidas. Inebriado pelas vitórias, pelos dribles acrobáticos de Garrincha, pelos gols de Amarildo e Vavá e, por fim, coroando tudo isso, por mais um título mundial, o pequeno Clovis não tinha dúvidas: queria ser também um craque da bola. Imaginava-se marcando gols no Maracanã lotado.

Impulsionado por esse sonho de glória esportiva, o guri foi favorecido pela construção de uma quadra coberta no Colégio Santa Rosa. Nenhuma outra cidade próxima tinha esse luxo, nada desprezível para uma região de invernos gelados. O resultado é que Clovis jogava com os amigos noite e madrugada adentro. Houve dias em que as partidas só acabaram às 4h, com o sol já querendo se levantar.

Assim, em 1963, com apenas oito anos de idade, Clovis fundou o Real, um time de futebol de salão (só mais tarde o esporte ganharia o nome de futsal) que reunia uma turma de amigos: Ari Baldasso, Angelo Zani, Ademar Gedoz, Danilo Mânica, Lauro Cignachi, Antonio Bertotto, Luiz Renato Sganderlla e Rui Mantovani, o popular Bolívia. Para si próprio, Clovis reservou as funções de presidente e centroavante.

Como a ambição não era pouca, Clovis colocou o time para competir no campeonato citadino amador de Carlos Barbosa, que começou a ser disputado no final daquela década, quando sua turma de futebol já estava na adolescência. Com o passar dos anos, o Real se consolidou como uma das duas principais forças locais. A outra era o River. A rivalidade não deixava de ter um forte componente familiar. O River era o time dos irmãos Sérgio Luiz Guerra, o Shéi, e Celso Luiz Guerra, o Quito, primos e amigos inseparáveis de Clovis. Shéi era o presidente. Quito, o goleiro.

Para desespero de Clovis, os irmãos Guerra levavam ampla vantagem nos confrontos. "Clovis, por liderar um time de garotada, tinha a maior torcida da cidade. O River tinha pouca torcida, mas era melhor, formado por uns caras mais velhos. Eles faziam de tudo para ganhar da gente e não conseguiam", relata Quito.

As vitórias vinham com mais facilidade quando Clovis se juntava ao primo na equipe de futebol do Científico do Colégio Marista Aparecida, em Bento Gonçalves. Embora Quito fosse uns anos mais velho, havia repetido de ano e acabara sentado na classe ao lado de Clovis, na mesma turma de ensino secundário. Isso representava um reforço e tanto para o time que disputava o campeonato interséries da escola. Goleiro habilidoso, o primo de Clovis chegou a atuar no Juventude, de Caxias do Sul, e no Esportivo, de Bento Gonçalves. Portanto, com Quito fechando o gol, a equipe da turma tornou-se imbatível dentro das quadras.

Houve um jogo, decisão do torneio interséries disputada sob chuva, em que o time não foi derrotado no tempo regulamentar graças às defesas do primo arqueiro, que apanhava tudo, apesar da bola molhada e escorregadia. O empate levou à decisão por pênaltis.

Várias testemunhas da época confirmam que Clovis não era exatamente um jogador habilidoso. Mas compensava a falta de recursos técnicos com um chute potente, que redundava em gols providenciais. "Eu sempre pedia aos meus colegas: marquem o Clovis, não deixem chutar, pelo amor de Deus", conta Felisberto Moraes, um goleiro juvenil que depois viraria diretor da Tramontina.

Já Lauro Cignachi, que atuava ao lado de Clovis no Real, faz uma avaliação menos generosa. Para ele, Clovis era craque, mas só na organização do time. "No futebol ele era ruim. Nem jogava, quando me convidou para a equipe, nos anos 1970. Se jogasse, era só porque mandava no time. Mas na organização ele era fogo. Qualquer coisa que ele organizasse, a gente sentia a diferença. Tudo tinha de estar no lugar, cada detalhezinho. Mas, como jogador, só dava bico."

Seja como for, confiante, Clovis se voluntariou para bater os três tiros livres que definiriam o torneio escolar.

Ficou combinado que cada time faria as suas três cobranças na sequência. O primeiro batedor seria Clovis. Ele tomou distância, deu um pique e desferiu um pontapé. A bola decolou com força, mas foi para fora.

Quito se aproximou e cochichou no ouvido do primo:

— Fica tranquilo. Esse pênalti eu pego pra ti. Agora vai lá e capricha.

Clovis se concentrou, encarou o goleiro e escolheu o canto em que bateria. Chutou a bola com violência. Foi um tirambaço. Mas para fora, de novo.

Quito segurou-o pelos ombros, para animá-lo:

— Clovis, é complicado pegar dois pênaltis com essa chuva e a bola molhada. Mas eu vou fazer. Só não me erra o terceiro chute, certo?

Clovis garantiu que ia acertar e foi para a marca do pênalti. Dessa vez, não mandou a bola para fora.

Chutou no poste.

— Que enrascada! — desabafou o primo.

Mas não era qualquer um que estava debaixo da trave. Quito defendeu o primeiro pênalti, defendeu o segundo e defendeu o terceiro. Com isso, assegurou uma nova série de tiros livres, para desempate. O goleiro só fez uma exigência dessa vez: Clovis ia só assistir à disputa, bem longe da bola. "Ele é um apaixonado por futebol, mas, se disser que joga, não acreditem", alerta Quito.

Clovis reconhece que não era nenhum primor de técnica dentro da quadra.

Como jogador, eu era um medíocre. Eu era um perna de pau. Eu via a bola e dava um pontapé. É isso.

Apesar do período no mesmo lado da cancha, a rotina futebolística dos dois primos era mesmo a rivalidade no torneio citadino de Carlos Barbosa. Ali, o Real de Clovis até conseguia chegar à final, mas acabava sempre batido pelo River de Quito.

Na metade da década de 1970, depois de anos seguidos de fracassos, o centroavante de chute forte estava determinado a mudar essa escrita. As condições eram propícias. Os jogadores do River, às voltas com suas obrigações profissionais, não teriam tempo para treinar antes da decisão. Um dos atletas, Darci Zandavali, era padeiro e estava incumbido de preparar uma enorme quantidade de massa para uma festa que ocorreria na cidade. Para que conseguisse estar liberado na hora da partida, Quito e um outro jogador do River, Dejair Flores (que viraria mais tarde diretor da Tramontina), tiveram de ir auxiliá-lo na padaria. Fizeram muito exercício com os braços, mas nada com as pernas.

Enquanto isso, Clovis levara a equipe do Real para uma semana de concentração e treinos em Xangri-lá, no Litoral Norte gaúcho.

A disparidade preocupou o treinador do River, Valter Cará, o Carazinho:

— Cuidado! Esses guris vão tentar passar o trator em nós! — alertou.

Veio o jogo e, para usar o chavão, o Real jogou como nunca, mas perdeu como sempre. Clovis e companhia corriam muito e metralhavam o gol defendido por Quito, mas bola nenhuma entrava. O goleiro gracejava, dizia que os adversários estavam muito bronzeados e que tinham ido à praia só para tomar banho de mar e olhar as meninas de biquíni. Placar final: River 4, Real 0.

Humilhado, Clovis saiu da quadra dizendo para si mesmo que aquilo não podia continuar assim. Tinha de haver um jeito de ser, também no futebol, o número 1.

Descascando a laranja mecânica

A solução encontrada por Clovis foi de um pragmatismo invejável. Ele dirigiu-se à Lancheria Original, um tradicional ponto de encontro de Carlos Barbosa, onde Shéi e Quito ainda comemoravam o título municipal. Sentou à mesa e lançou a proposta:

— Cansei de perder. Vamos juntar os dois, River e Real, e formar um time para jogar o campeonato estadual — disse.

A primeira reação de Shéi foi levar a ideia na brincadeira e zombar da sina do Real, mas à medida que o primo esmiuçava seu plano, ele começou a prestar atenção. A conversa acabou se estendendo por horas, noite adentro. Clovis convenceu os primos de que Carlos Barbosa poderia ter um clube de futebol de salão organizado e forte, com apoio de toda a comunidade, desde que as duas equipes mais populares da cidade se fundissem. Se isso acontecesse, argumentou, as disputas paroquiais perderiam sentido. O novo time estaria em outro patamar, competindo com os melhores do Rio Grande do Sul.

O administrador da lanchonete, Aldo Pontin, ouvia a conversa entusiasmada dos jovens e se intrometeu quando eles começaram a discutir que nome teria o novo clube.

— Tem de ser Carlos Barbosa — opinou.

Os participantes bateram o martelo. River e Real virariam uma coisa só, sob o nome de Associação Carlos Barbosa de Futebol (depois a palavra "Futebol" foi substituída por "Futsal").

Era o dia 1.º de março de 1976, que ficaria assinalado como data de fundação do novo clube.

Na primeira reunião formal, realizada alguns dias depois no apartamento de Pontin, que ficava no andar de cima da Lancheria Original, a agremiação começou a ganhar contornos concretos. Definiu-se que o fardamento teria a mesma cor laranja do uniforme da seleção de futebol da Holanda, que menos de dois anos antes, na Copa do Mundo de 1974, havia encantado o mundo com um estilo de jogo inovador e dinâmico, em que os atletas não guardavam posição, o chamado Carrossel Holandês.

Vice-campeã mundial, a Holanda recebera o apelido de Laranja Mecânica (uma referência ao filme de mesmo nome lançado em 1971 por Stanley Kubrick, que por sua vez era baseado no romance homônimo de Anthony Burgess). "Alguém sugeriu, e foi aceito, que o time tivesse a cor laranja por causa da Holanda, mas também porque não era a cor do Real, nem a do River", recorda Quito. A memória das duas equipes que deixariam de existir seria preservada no novo fardamento por detalhes em branco e preto, as cores de Real e River, respectivamente.

Em dado momento, para aprovação geral, Victor Luiz Cousseau apresentou o escudo que havia desenhado para ser afixado na camiseta, junto ao peito. Continha cinco bolas, uma alusão ao número de jogadores em quadra, e, em letras entrelaçadas, a sigla pela qual o time seria mais conhecido: ACBF.

Faltava eleger a diretoria. Clovis Tramontina foi o escolhido para a presidência, posto ao qual seria reconduzido várias vezes nas décadas seguintes, até ser fixado como presidente de honra vitalício. Os demais cargos foram ocupados por nomes que vinham do River ou do Real, todos amigos ou parentes de Clovis, como Ademar Gedoz, Luiz Renato Sganderlla, Quito e Bolívia.

Carazinho, do River, ficou com a função de treinador. O plantel reunia o que Carlos Barbosa tinha de melhor na época. Os jogadores foram pinçados nos vários times que disputavam o citadino: Tiago Guerra, Quito, Luiz Antonio Spadari (Xidi), Angelo Moschetta (Pingo), Sérgio Costa, José Dametto, Agostinho Facchini, Antonio Bertotto (Feio), Nestor Debenetti (Gasosa), João Zani, Telmo Baseggio e Sérgio Sartori (Crostão). A comissão técnica incluía também um massagista, Moacir Barili, e um preparador físico, o sargento Valdemar Agente Pereira.

A equipe mandaria seus jogos no ginásio do Colégio Santa Rosa. O antigo porão da casa dos Tramontina, cenário de tantas histórias, foi escolhido como sede do clube.

Clovis contribuiu também com a estratégia adotada para abastecer o fundo com que seriam financiados os custos iniciais da ACBF, que consistiam basicamente na confecção do uniforme (pela Indústria de Malhas Gubi, de Armando Gusso e Beatriz Bisinella) e na compra de material esportivo.

> *Pegamos um livro de capa dura e passamos de casa em casa para as pessoas se associarem. Cada um dava o quanto queria.*

Os primeiros 30 sócios foram arregimentados ainda na primeira semana.

Para Quito, a criação da ACBF foi uma manifestação do espírito visionário de Clovis: "Quando põe uma coisa na cabeça, ele não para no meio do caminho. Vai até o fim. Se em algum momento aparece um problema, ele não desiste, dá um jeito de resolver. Foi assim com a criação da ACBF. Muitas vezes, a gente não vai bem na vida por orgulho, por ser prepotente e arrogante. Mas o Clovis foi humilde e sensível. Viu que para prosperar tinha de se associar ao maior, que na época éramos nós, do River. Se for para fazer um negócio, nunca deve ser com alguém que está embaixo, mas com aquele que está por cima. Foi o que o Clovis pensou."

O crescimento de um sonho

A ACBF marcou uma série de amistosos para experimentar o time recém-formado, e os resultados não foram prometedores.

A primeira partida já foi com derrota. O Torino, de Caxias do Sul, veio até Carlos Barbosa e fez 2 a 1.

Clovis implicou a mãe nos infortúnios iniciais. Segundo ele, Laura distribuía comprimidos entre os atletas antes dos jogos, dizendo que era para deixá-los ligados. Uma investigação mais apurada, diz ele, revelou que as pílulas eram calmantes. Por isso, garante o presidente vitalício da ACBF, os jogadores entravam em quadra sonolentos e acabavam derrotados.

Resolvido esse problema, na primeira partida oficial, em 14 de agosto de 1976, a ACBF começou com o pé direito. Viajou a Estrela (RS) para enfrentar o Ginástica e enfiou 6 a 2, em jogo válido pelo Campeonato Gaúcho. Mas o campeão, naquele ano, foi o Internacional de Porto Alegre. O vice ficou com o Bagé.

A verdade é que, apesar do entusiasmo do fundador, durante duas décadas o time de Clovis Tramontina foi apenas um figurante. Permaneceu sempre na primeira divisão, mas sem incomodar. Em dezembro de 1995, a diretoria chegou a reunir-se para colocar em votação o fechamento do clube. A proposta foi derrotada. Em vez de encerrar as atividades, decidiu-se que a ACBF seria profissionalizada.

Nesse momento entrou em cena Ildo Paludo, o cunhado de Clovis. Depois de mais de uma década em São Paulo, ele voltou a Carlos Barbosa em 1995, para assumir novas funções na Tramontina. Jogador da ACBF no começo da década de 1980, Paludo foi incumbido de uma missão adicional: efetivar a profissionalização do clube, na condição de vice-presidente (1997) e presidente (1998).

Foi montado um projeto ambicioso, com organização empresarial, para vencer. "Estabelecemos um orçamento anual e não saímos dele. O jogador que vem para cá tem que se doar, porque é contratado para ganhar títulos. É uma gestão de resultados", explica Paludo.

No início da temporada foram trazidos o técnico Jari da Rocha, o Jarico, e nada menos do que 14 jogadores, entre eles duas estrelas do futsal brasileiro, o ala Fininho e o pivô Choco, ambos da seleção nacional. No caso de Choco, corre a lenda de que Clovis teria determinado a contratação dele por ordem de Nossa Senhora, que transmitira a mensagem em uma aparição durante um jogo da ACBF. Clovis não nega nem confirma o boato.

Com o plantel renovado e profissionalizado, a ACBF liderou quase toda a primeira fase do campeonato gaúcho, mas não ficou com a taça. Na segunda fase, ganhou todas as partidas. Classificou-se, pela primeira vez depois de 20 anos de existência, para a semifinal.

Suplantou a UPF e foi para a final contra o poderoso Internacional, hexacampeão estadual. O jogo de ida, no Gigantinho lotado, em Porto Alegre, foi um empate em 3 a 3. Na segunda partida, a população de Carlos Barbosa lotou o Ginásio da Tramontina, que havia substituído a velha quadra do Colégio Santa Rosa como sede do time e ganhara o apelido de Caldeirão da Serra.

O placar de 3 a 3 se repetiu, levando à prorrogação. A ACBF jogava pelo empate no tempo extra. O placar se manteve, e o time de Carlos Barbosa comemorou seu primeiro título, em 19 de outubro de 1996: campeão gaúcho.

Clovis, que já era conhecido como o torcedor mais fanático do time, vibrou como uma criança. Ele não perdia nenhuma partida e estava acostumado a viajar no mesmo ônibus que os jogadores, para torcer por eles à beira da quadra nas mais remotas cidades do interior. "Ele poderia ir de jatinho, mas preferia acompanhar o grupo de atletas e torcedores. Por isso, tornou-se querido por todos", observa Quito. Durante os jogos, o empresário vestia uma camiseta do uniforme da ACBF — e era literalmente uma camiseta, sempre a mesma, por acreditar que ela dava sorte.

Às vezes, a emoção era tanta que ele se excedia. Houve uma derrota que o deixou revoltado a ponto de ir até o mesário para reclamar de uma suposta roubalheira. Depois, arrancou a súmula da partida das mãos do integrante da equipe de arbitragem, amassou-a e colocou-a numa lata de lixo. Marciano Bortolotto, o goleiro reserva, resgatou o documento do meio do entulho e tentou recompô-lo. Clovis apanhou de novo a súmula e, desta vez, rasgou-a em pedacinhos. Foi punido pela indisciplina. Mas essa paixão tresloucada tornou-o popular em Carlos Barbosa. Lá, ele costuma ser tão admirado como fundador e entusiasta da ACBF quanto como presidente da Tramontina.

O primeiro título gaúcho marcou o início de um período de glórias. No ano seguinte, o clube repetiu o feito e foi campeão estadual pela segunda vez. Em 1999, veio o tri.

Além disso, a partir da primeira conquista estadual, o sonho cresceu. A ACBF passou a perseguir um título brasileiro. Em 1997, ficou em terceiro lugar no campeonato mais importante do país, a Liga Nacional. No ano seguinte, foi vice, uma frustração para Paludo, que havia assumido a presidência e trazido mais reforços de peso, como Rudi Vieira, supervisor da seleção brasileira, e o goleiro Bagé, contratado em 1996 e destaque do primeiro título da história do clube, o estadual daquele ano.

A primeira conquista nacional veio em 2001, mas com um gosto algo amargo. Na Taça Brasil, que vinha logo depois da Liga em importância, a equipe barbosense foi para a final contra o Sumov, do Ceará. A partida foi em Fortaleza. Faltando dois minutos para o término, os torcedores cearenses começaram a atirar objetos na quadra. Não foi possível reiniciar o jogo. ACBF e Sumov foram declarados campeões, dividindo o título.

Depois veio a disputa da Liga Nacional, em que o time de Carlos Barbosa foi para a final contra a Ulbra. Na decisão, a ACBF venceu por 6 a 1. O clube idealizado por Clovis Tramontina tornava-se campeão brasileiro.

Naquele mesmo ano, os campeões também viajaram à Rússia para a Copa Intercontinental, equivalente ao mundial de clubes. Clovis, o mais fanático dos torcedores da equipe, que sempre estava presente nas partidas, até nas mais corriqueiras, não pôde ir. Sem se dar conta da colisão de datas, havia marcado a viagem anual com a família e estava no Canadá. Não poderia cumprir o ritual de todos os jogos: o senta e levanta na arquibancada, os xingamentos ao juiz e aos atletas do time adversário, os urros a cada lance perigoso.

Foi acompanhando o desempenho do time à distância, uma vitória depois da outra. Quando a ACBF chegou à final, estava ao mesmo tempo radiante e inconformado por não se encontrar na Rússia, onde ocorreria o enfrentamento decisivo contra um time local, o Norilsk Nickel. Em desespero, tentava arranjar uma forma qualquer de acompanhar o desenrolar dos acontecimentos.

Depois das mais variadas tentativas, Marcos, o filho, finalmente conseguiu sintonizar uma emissora de rádio de Garibaldi, cidade vizinha a Carlos Barbosa. Reunida, a família Tramontina acompanhou a transmissão meio entrecortada. Clovis quase enlouqueceu de alegria com a vitória de 2 a 0. A ACBF era a número 1 do mundo.

Em meio às comemorações, ele avisou à família:

— Nunca mais marquem nada quando tiver jogo da ACBF! Nem mesmo encontro com o Papa!

Daí em diante, as conquistas começaram a se acumular. Até 2016, a ACBF conquistou 13 títulos gaúchos. Na Liga Gaúcha, criada em 2017, ganhou dois dos cinco campeonatos já disputados. Em âmbito nacional, conquistou três vezes a Taça Brasil e cinco vezes a Liga Nacional. É o maior campeão da principal competição do país.

No ano 2000, foi lançada a Libertadores de Futsal. A ACBF foi campeã pela primeira vez em 2002, conquista que se repetiu mais cinco vezes. Venceu nada menos do que seis das 18 edições do torneio continental realizadas até 2020. Em 2004, quando o Mundial de Clubes passou a ser organizado pela FIFA, a ACBF representou o Brasil. Na final, venceu por 6 a 3 o Playas de Castellón, uma temida equipe espanhola, e levou mais uma taça para Carlos Barbosa.

A final do Mundial foi em 22 de fevereiro. Uns dias depois, em 7 de março, a alegria deu lugar à tristeza para Clovis e toda a comunidade em volta da ACBF. Enquanto a equipe perdia a final da Taça do Brasil para o Jaraguá, Sérgio Luiz Guerra, o Shéi, sofreu um infarto fulminante.

Aos 54 anos, morria o ex-presidente do River que se uniu a Clovis para fundar a ACBF.

O time jogava, então, em um novo ginásio, para 6,5 mil espectadores, o dobro da capacidade do Caldeirão da Serra. Ele havia sido inaugurado em 2000, em jogo contra a seleção brasileira. Em homenagem a Shéi, a estrutura foi rebatizada como Centro Municipal de Eventos Sérgio Luiz Guerra.

Depois de 2004, a ACBF voltou a ganhar o Mundial em 2012. Com três títulos, é, empatado com o Sorocaba, o segundo maior vencedor da competição, atrás apenas do Inter Movistar, da Espanha, que tem cinco taças. Em 2009, a equipe gaúcha foi eleita pelo site Futsal Planet, referência na modalidade, como a melhor do mundo. Neste mesmo ano, com a conquista da Tríplice Coroa (Liga Nacional, Taça Brasil e Gaúcho de Futsal), o brasão recebeu uma versão especial, alusiva às conquistas. A versão definitiva, com três estrelas sobre o escudo, foi desenhada por Agostinho Facchini.

Glórias também foram obtidas pela equipe feminina, vice-campeã sul-brasileira (1999) e vice-campeã estadual em cinco ocasiões (1997, 1999, 2014, 2017 e 2019).

Em reconhecimento a tantas conquistas, a senadora gaúcha Ana Amélia Lemos apresentou ao Congresso, em 2013, um projeto de lei para declarar Carlos Barbosa a Capital do Futsal no Brasil, o que foi sacramentado em novembro de 2017, em decreto promulgado pelo então presidente Michel Temer. Era o reconhecimento oficial de uma realidade concreta. Uma das grandes satisfações de Clovis é ver como a população de Carlos Barbosa abraçou a ACBF e se uniu em torno do clube. Em dia de jogo, a cidade se tinge de laranja, com bandeiras nas janelas e pessoas vestidas com a camiseta do time. Até o meio-fio das calçadas, os postes e as lixeiras da cidade já foram pintados de cor de laranja, para celebrar as vitórias e os títulos da equipe.

Clovis não se contentou com esses louros. Ele se entusiasmou pela ideia de Ildo Paludo e Evandro Zibetti, então prefeito de Carlos Barbosa, de usar o esporte como ferramenta para a formação de crianças e adolescentes, o que levou à criação de uma escolinha de futebol e de categorias de base dentro da estrutura da ACBF. O projeto atende 450 crianças de três municípios e tem como foco a ideia de disseminar valores e ser um complemento à educação escolar. Foram essas crianças que escolheram o tigre Laranjinha como mascote oficial do clube. Além do time profissional, a ACBF mantém hoje equipes sub-20, sub-17, sub-15 e sub-13, o que dá oportunidade para os talentos da escolinha desenvolverem suas habilidades e, em alguns casos, se profissionalizarem.

A partir do trabalho na ACBF, Clovis tornou-se uma referência nacional e internacional do futsal. Em 2012, por exemplo, chefiou a delegação brasileira na Copa do Mundo de Futsal realizada na Tailândia, retornando como campeão.

Em abril de 2021, depois de anos de esforços, ele conseguiu que a Confederação Brasileira de Futebol (CBF) assumisse as seleções da modalidade. Essa conquista deu maior poder político ao esporte e significou mais um passo em direção a uma meta que se tornou obsessão para Clovis: o reconhecimento do futsal como esporte olímpico.

> *Tive quatro filhos. E o primeiro foi a ACBF. A partir daí, me apaixonei pelo futsal e luto por ele. Meu maior objetivo é colocá-lo nos Jogos Olímpicos. E vou conseguir, podem ter certeza. Já ganhamos muitas outras batalhas e transformamos Carlos Barbosa, uma cidadezinha do interior, em Capital Nacional do Futsal. Mais importante ainda, o futsal gerou um movimento cultural e de união na cidade.*

PAIXÃO PELO FUTEBOL

Em termos esportivos, Clovis Tramontina é devoto de uma santíssima trindade: ACBF, Internacional e Seleção Brasileira. Como acontece na religião, nenhuma das três entidades está acima das outras. Aquela que ele venera em cada momento depende das circunstâncias.

> *Como são três, não é possível dividir em percentuais iguais, pois o resultado será sempre um número infinito. Então, vou revezando: dependendo do desempenho delas, às vezes arredondo uma para cima. Depende delas.*

A paixão pelo Sport Club Internacional surgiu na infância. Ivo e Laura, os pais de Clovis, eram torcedores do Grêmio, mas os colorados Raul e Lorena Giacomoni, irmãos de Laura, conseguiram conquistar o coração do menino.

Como provocação, e talvez como vingança pelo filho não ter seguido o caminho tricolor dos pais, Laura costumava decorar o quarto de Clovis com imagens e objetos do Grêmio sempre que o Inter sofria alguma derrota.

> *Os meus pais eram gremistas, mas meus tios e primos colorados eram mais alegres e me contagiaram.*

Como torcedor do Inter, um momento marcante para Clovis foi a inauguração do Estádio Beira-Rio, em 6 de abril de 1969, um domingo de Páscoa. A obra havia começado em 1959, em uma área do Guaíba recém-aterrada, e só fora possível por causa das colaborações dos torcedores. A direção do clube lançou a Campanha do Tijolo, que consistia na venda de carnês para a compra de material de construção, mas muitos colorados entenderam o apelo literalmente e foram até o canteiro de obras para despejar toneladas de tijolos e cimento. Outros torcedores arregaçavam as mangas e trabalhavam de graça, virando massa e levantando paredes.

Clovis, então com 14 anos, viajou a Porto Alegre num Fusca conduzido por Olavo Guerra, que era cônsul do Inter em Carlos Barbosa, na véspera da inauguração. Também embarcaram no carro os primos Mauro e Sérgio Luiz Guerra. As festividades começaram já às 6h da manhã do domingo, com o espocar de fogos por toda a Capital.

Clovis e seu grupo foram cedo para o estádio e acompanharam toda a programação, que incluiu banda e até corrida de *kart* ao redor do gramado. Às 16h, começou a primeira partida realizada no Beira-Rio, entre o Internacional e o Benfica, bicampeão europeu. Clovis estava entre as 100 mil pessoas (a atual capacidade é de 50 mil pessoas) que vibraram com o primeiro gol do estádio, marcado aos 24 minutos por Claudiomiro.

> *Passamos o dia inteiro em função da inauguração. Ganhamos o jogo contra o Benfica por 2 a 1. Até então, eu só havia visto o Inter jogar no Olímpico, o estádio do Grêmio. Mas foi contra o Santos do Pelé. Inesquecível.*

No ano seguinte, quando o Brasil sagrou-se tricampeão do mundo no México, Clovis e Mauro Guerra apanharam um ônibus em Caxias do Sul e passaram um dia na estrada até chegarem a São Paulo. O objetivo era recepcionar a Seleção, que desembarcava com a taça Jules Rimet no Aeroporto de Congonhas. Clovis viu de perto Pelé, Félix, Jairzinho, Brito, Piazza, Carlos Alberto e Everaldo. De Tostão, conseguiu algumas palavras e um abraço.

Dali em diante, manteve-se um fiel torcedor do Inter e da Seleção. Começando com o Mundial de 1978, na Argentina, para onde viajou com o amigo Telmo Baseggio, Clovis esteve presente em todas as 11 Copas realizadas até 2018, na Rússia, sempre para acompanhar os jogos do Brasil, que viu ser campeão em 1994, nos Estados Unidos, e em 2002, no Japão.

Também amargou, como testemunha ocular, algumas derrotas dolorosas, como o 7 a 1 contra a Alemanha, em 2014, o 3 a 0 aplicado pelos franceses na final de 1998 e, sobretudo, a eliminação da Seleção de 1982, liderada por um de seus ídolos no futebol, Zico. Na partida que valia vaga na final, em Barcelona, o Brasil jogava pelo empate, mas foi batido por 3 a 2 pela Itália.

Na relação com o Internacional, bem mais cotidiana e próxima, Clovis tornou-se cônsul honorário do clube em Carlos Barbosa e manteve contato com dirigentes das mais variadas correntes internas. Em abril de 1975, participou de um jantar na casa do conselheiro Romeu Masiero, no qual estava também o treinador do time, Rubens Minelli. O técnico comentou que uma das estrelas do time, o ponta-esquerda Lula, andava desanimado, sem vontade de jogar, por causa de problemas financeiros na família. Nem fogão os parentes tinham.

Clovis providenciou o tal fogão para o atleta. Em 1.º de maio, o Inter ganhou o jogo seguinte, um Gre-Nal. Lula fez uma grande atuação e foi decisivo nas jogadas que resultaram em gols de Escurinho. Clovis acredita que teve participação no resultado.

Em dezembro daquele ano, o amor pelo Inter rendeu um dia inesquecível. Clovis compareceu ao Beira-Rio para a final do Campeonato Brasileiro, disputada contra o Cruzeiro de Nelinho e Palhinha. O Inter tinha Figueiroa, Falcão, Carpegiani, Valdomiro e Lula.

O jovem torcedor de Carlos Barbosa levou um susto com uma cobrança de falta de Nelinho, mas o goleiro Manga fez uma "defesa linda". Aos 12 minutos do segundo tempo, foi a vez de o Inter ter uma falta a seu favor. Valdomiro alçou a bola na área e Figueiroa saltou. Em um feixe de luz que vinha do sol poente, o zagueiro cabeceou para dentro da rede. Era o chamado "gol iluminado".

Com o placar de 1 a 0, Clovis comemorava, em delírio, o primeiro título nacional do seu time.

Outras conquistas vieram, sempre com ele presente, a maior delas em 2006, no Japão, quando o Colorado se tornou campeão do mundo de clubes em cima do badalado Barcelona, de Ronaldinho Gaúcho.

Também houve momentos embaraçosos, como o mundial de clubes de 2010. Clovis viajou aos Emirados Árabes Unidos com ingresso reservado para a final. Tinha certeza de que o Inter disputaria o título com a Internazionale de Milão. Mas o colorado caiu na semifinal, perdendo por 2 a 0 para o desconhecido Mazembe, da República Democrática do Congo.

Raul Giacomoni, o tio fanático que convencera Clovis a virar colorado e que fora o mentor dele na área de vendas da Tramontina, também estava em Abu Dhabi para ver o Inter. Depois do vexame contra o time africano, antecipou o retorno para Carlos Barbosa. Estava arrasado. Morreu uns dias depois, ainda em dezembro de 2010, aos 74 anos.

Para zombar do fiasco, amigos gremistas presentearam Clovis com uma camiseta do Mazembe — ele levou na esportiva e doou a peça ao 442, um *pub* de Carlos Barbosa que tem as paredes forradas com camisas de equipes do mundo inteiro.

Houve ainda uma outra situação que entrou para o folclore de Carlos Barbosa. Antes de um Gre-Nal, Clovis fez uma aposta com um gremista fanático da cidade, conhecido como Lelo. Quem perdesse o confronto teria de vestir em público o uniforme do adversário. Para desespero do cônsul honorário do Inter, o Grêmio ganhou o jogo.

Pela primeira vez na vida, Clovis Tramontina vestiu a camiseta tricolor do maior rival, em plena Lancheria Original, no centro da cidade.

> *Até os mortos de Carlos Barbosa foram à Lancheria Original para me ver com a camiseta do Grêmio.*

Apaixonado por marketing e por futebol, Clovis inevitavelmente acabaria por unir as duas coisas. Ele inaugurou, na Tramontina, a prática de patrocinar equipes, transmissões e eventos esportivos, o que colaborou para projetar a marca.

A ACBF, claro, sempre levou o nome da empresa no fardamento, mas o empresário também se sentia tentado a ver a Tramontina estampar o uniforme do Internacional.

Por volta de 2005, ele discutiu a ideia com o amigo Arthur Dallegrave, que havia sido presidente do Inter no começo da década de 1980. O experiente dirigente deu-lhe um conselho valioso:

— Seria ótimo a Tramontina patrocinar o Internacional. Mas, se fizer isso, vai ter de patrocinar também o Grêmio — disse.

A questão, esclareceu Dallegrave, é que a empresa que patrocinasse só um dos times se indisporia com os torcedores do outro clube. Até a Coca-Cola havia tomado esse cuidado, uns anos antes — e ainda concordara em retirar o tradicional vermelho de seu logotipo, na camisa gremista, por ser a cor da equipe rival.

Clovis aceitou o desafio. Durante mais de uma década, a Tramontina patrocinou os dois grandes do Rio Grande do Sul (além de várias outras equipes, em países como o Chile, o Paraguai, a Bolívia e a Argentina, onde estampou seu nome na tradicionalíssima camisa do River Plate).

> *A rivalidade entre os dois clubes exige que se faça isso, para a Tramontina não ficar mal com a metade do Rio Grande.*

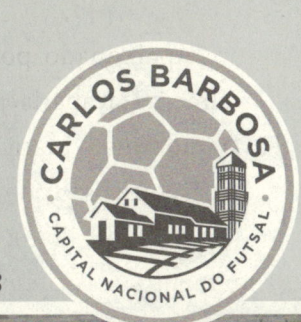

1. Encontro na Lancheria Original, após partida de futsal em Carlos Barbosa.
2. Família torcedora.
3. O Real e o River.
4. Comemoração junto à equipe laranja.
5. O time na Rússia, em 2001.

O DESCOBRIMENTO DO BRASIL

_08

As conquistas ao longo da história, com Maria Inês Dupont e Joselito Gusso.

— Como é que vocês deixam esse homem entrar aqui com uma faca? — reagiu Luiz Inácio Lula da Silva, meio por brincadeira, meio admirado, dirigindo-se à sua equipe de guarda-costas.

O homem em questão era Clovis Tramontina.

Em uma audiência no Palácio do Planalto, em Brasília, o empresário deu um jeito de contornar as regras de segurança que resguardam a maior autoridade do país para presentear o então presidente da República com o utensílio que havia consagrado a empresa de Carlos Barbosa.

O episódio não significava nenhum alinhamento político. Embora admire os programas de combate à fome e à pobreza implantados pelo líder petista, Clovis se coloca à direita dele no espectro ideológico e professa uma visão cautelosa em relação ao papel dos governos na vida empresarial, não importa quem esteja à frente deles: defende que as companhias e o poder público devem ter uma boa relação, mas com independência.

> *Uma vez, o prefeito de Carlos Barbosa, Fernando Xavier da Silva, que foi uma inspiração política para mim, perguntou ao seu Ruy Scomazzon o que a prefeitura poderia fazer para ajudar a Tramontina. Ele respondeu: "Apenas nos deixem trabalhar". É nisso que eu acredito. Muitos pseudoempreendedores só pensam em incentivos fiscais. Querem ajuda do poder público para prosperar. Mas eu digo uma coisa: empresa que depende de governo não tem futuro. Em 110 anos de Tramontina, já convivemos com governos trabalhistas,*

> *populistas, militares, sindicalistas e liberais. Para nós, não importa a ideologia de quem está no poder. Só queremos que não atrapalhem.*

A visita do empresário ao presidente é significativa por outro motivo: porque resume bem o espírito da atuação de Clovis a partir do momento em que assumiu a presidência da empresa, em 1992.

Com taxas de crescimento na faixa dos dois dígitos anuais, ele liderou o período de maior expansão na história da Tramontina, diversificando a linha de produtos, superando os concorrentes, fincando bandeiras em todos os recantos do país, adotando novas estratégias para chegar ao cliente e consolidando a conquista do mercado nacional.

Executou o projeto de levar os produtos da marca a cada lar, hotel, restaurante, repartição ou escritório — até mesmo ao gabinete do presidente da República.

Foi o seu descobrimento do Brasil.

Aposta no relacionamento

Uma das primeiras iniciativas de Clovis como presidente foi buscar maior diversificação nas vendas, o que ele e Eduardo Scomazzon concluíram ser o caminho mais propício para a expansão dos negócios no mercado brasileiro. À época, o grupo detinha sete fábricas, mas 80% do faturamento estava concentrado no setor de utilidades domésticas, o mais tradicional.

Em abril de 1992, Clovis viajou a São Paulo para visitar a UD, uma grande feira de utilidades domésticas realizada no Centro de Eventos do Anhembi. Quando sua equipe de coordenadores e gerentes saiu do escritório paulista da empresa, para apanhar o transporte até a exposição, ele notou que Cesar Vieceli havia permanecido na sala sozinho.

Vieceli era o adolescente que, uma década antes, Clovis havia selecionado para sua equipe comercial, apesar de não ter a idade mínima requerida, baseado apenas no entusiasmo do rapaz. Desde então, Vieceli já havia passado por Goiás, Bahia e Pará, chegando a São Paulo na função de coordenador de vendas de ferramentas, o único com essa atribuição em todo o país.

Aproveitando o momento de privacidade, Clovis deu meia volta e entrou de novo na sala:

— Vieceli, nós precisamos melhorar nosso desempenho em ferramentas. Temos de nos relacionar melhor com esse setor. Quero que tu penses no assunto e me apresentes um projeto — determinou.

O projeto desenhado a partir daquela conversa, batizado como Grandes das Ferramentas, representou uma virada comercial e abriu novos caminhos. A ideia foi utilizar o próprio Clovis para encabeçar o estreitamento de relações, aproveitando a desenvoltura dele na arte de cativar a clientela. Inicialmente, foram selecionados 31 grandes compradores de ferramentas de todas as partes do país, número mais tarde elevado para 51. São distribuidoras, atacados e lojas de todo o Brasil que atendem aos segmentos de construção e agronegócio, com a característica de terem os donos à frente da administração. Clovis visitou cada um dos proprietários em suas empresas, cultivando relações de proximidade e confiança que, em muitos casos, transformaram-se em amizades sólidas.

O projeto incluiu ainda programações para premiar esses clientes diferenciados. A partir de 2002, no Japão e na Coreia do Sul, o presidente da Tramontina começou a viajar com o grupo, de quatro em quatro anos, para acompanhar as Copas do Mundo da FIFA, animando as atividades, que abrangiam visitas a empresas locais. Os participantes são selecionados de acordo com o potencial de vendas e são contemplados com o prêmio ao atingirem as metas fixadas.

Mércio Tumelero, da família que à época era proprietária da rede gaúcha Tumelero (vendida em 2017 ao grupo francês Saint-Gobain), acompanhou as excursões ao Japão, à Alemanha (2006) e à África do Sul (2010). "Nessas viagens, interagíamos muito com Clovis, trocávamos ideias e visitávamos empresas", relata.

Vieceli, que virou diretor comercial da Tramontina e continuou a acompanhar o projeto de perto, afirma que a oportunidade de trocar ideias com um dos maiores líderes empresariais do país sobre negócios ou mesmo sobre assuntos pessoais levou os 51 Grandes das Ferramentas a se sentirem valorizados. "Isso muda o patamar da relação. Muitos clientes perguntam como podem participar do projeto, não porque acreditam em algum benefício financeiro, mas pela chance de conviver e aprender com Clovis", observa o executivo.

Para a Tramontina, a iniciativa trouxe ganhos expressivos. No faturamento da empresa, a participação dos clientes envolvidos mais do que triplicou desde 1992.

O contato próximo e afetuoso — com clientes, fornecedores, funcionários e até concorrentes — acabou se tornando uma das marcas de Clovis. Como não é isso o que normalmente se espera dos estressados comandantes de grandes grupos empresariais, as atitudes simples e humanas dele muitas vezes desconcertaram seus interlocutores.

Diretor da Tambasa, empresa atacadista de Minas Gerais, Ivan Trivellato resolveu fazer uma visita surpresa a Carlos Barbosa, ainda na década de 1980. Ele estava passando a lua de mel na Serra Gaúcha e quis conhecer a empresa de onde vinham as facas, os facões e as ferramentas que revendia. Chegou num domingo, perguntou o caminho e parou o carro diante da sede da Tramontina. Havia várias pessoas na calçada. Trivellato abordou um deles, um sujeito que se destacava pela animação, e se apresentou.

— Muito prazer, eu sou o Clovis Tramontina! — respondeu o homem.

Essa espontaneidade conquistou o empresário mineiro. "Foi um encontro inesperado, que fez eu me identificar muito com ele", diz. Anos mais tarde, quando Clovis já era o presidente da Tramontina, o diretor da Tambasa esteve novamente em Carlos Barbosa, desta vez para tratar de negócios. No fim do dia, despediu-se e foi cedo para o hotel. Precisava acordar de madrugada, percorrer mais de 100 quilômetros até Porto Alegre e tomar um voo matutino para Belo Horizonte. Ficou combinado que um motorista da Tramontina o apanharia às 4h.

Nesse horário, Trivellato estava no saguão do hotel, com a mala na mão. Mas não havia carro nenhum à espera. Ele consultou o relógio, deixou passar uns minutos, olhou as horas de novo, começou a ficar nervoso. Se o motorista não chegasse logo, perderia o voo. Por fim, apesar do constrangimento, telefonou para o único contato que tinha: o número pessoal de Clovis.

Ainda estremunhado de sono, o empresário tranquilizou-o:

— Não se preocupe. O carro vai estar aí em cinco minutos!

De fato, cinco minutos depois, um automóvel parou na frente do hotel. Trivellato soltou um profundo suspiro de alívio. Mas tomou um susto quando o motorista desceu para ajudar com a bagagem. Era o próprio Clovis Tramontina. "Ele me levou a Porto Alegre em plena madrugada, demonstrando prazer e alegria durante todo o trajeto. Fiquei sem jeito", relata o empresário.

Outra cliente, Mariê Camicado, fundadora da rede de lojas Camicado, costumava visitar as fábricas da Tramontina a cada seis meses, para conhecer novos produtos. Com pouco mais de 20 anos na época, ela ficava impressionada com o carinho de Clovis e Eunice ao recebê-la em casa, como se fosse alguém da família. Paternal, Clovis disse-lhe que jamais deveria expor produtos no chão da loja, um ensinamento que seguiu à risca. "Pela manhã, eu ia com o Clovis para a fábrica. Ele dirigia devagar pela cidade. De tempos em tempos, parava junto a algum conhecido e apontava para mim: 'Olha, essa é a Mariê, da Camicado'. É esse tipo de gesto que faz de Clovis alguém tão diferente. Nas feiras, vi como ele trata os clientes de todos os tamanhos com a mesma atenção. Se a Tramontina tem uma cara, é a cara dele", afirma Mariê. A companhia de Carlos Barbosa foi a maior fornecedora da Camicado durante três décadas, até a empresa de Mariê ser vendida para as Lojas Renner.

Algumas vezes o desconcerto diante das atitudes de Clovis veio do fato de ele colocar os relacionamentos à frente do negócio. Em 1994, quando a Tramontina introduziu no mercado uma frigideira de alumínio, o empresário Nelson Cury alarmou-se. "Fiquei apavorado", confessa. "Sempre que me perguntavam que empresa eu não gostaria de ter como concorrente, eu dizia que era a Tramontina". Cury era o dono da Panex, uma fabricante de panelas paulista que tinha o alumínio como carro-chefe e liderava esse segmento do mercado. Já a Tramontina era especializada em aço inoxidável.

Em uma conversa logo após o lançamento da frigideira, Clovis admitiu a Cury que tinha, sim, uma linha de panelas de alumínio pronta para o lançamento.

— Mas não vou lançar. Não quero criar conflito com um amigo — disse.

Cury não acreditou. Se a Tramontina tivesse mesmo as tais panelas, era óbvio que não iria abrir mão do faturamento correspondente em nome de um bom relacionamento. Mesmo que Clovis insistisse que as panelas existiam, achou que ele estava fazendo uma de suas tantas pegadinhas, para provocar.

Mas umas semanas depois, em uma visita a Carlos Barbosa, o proprietário da Panex tirou a dúvida sobre essa história durante uma conversa com Eduardo Scomazzon, que não é de fazer brincadeiras com assuntos de negócio:

— Nelson, temos uma linha de alumínio com antiaderente, chamada Starflon, que o Clovis não nos deixa lançar. Ele diz que não vai prejudicar a Panex — contou o vice-presidente da Tramontina.

Foi só em 1996, quando Cury vendeu sua empresa para uma multinacional norte-americana, a Newell Rubbermaid, que Clovis autorizou o lançamento da linha Starflon, que se tornou líder no segmento. "É difícil expressar a gratidão e a admiração que eu tenho pelo Clovis. É uma honra tê-lo como amigo. Eu nem conto mais essa história das panelas de alumínio, porque todo mundo diz que eu estou mentindo", afirma Cury.

A mesma abordagem afetiva foi levada para os recursos humanos. Clovis manteve a prática de valorizar, na hora das contratações, pessoas indicadas por quem já está na empresa — em geral algum parente.

> *Seu Ruy, com meu pai, foi o grande mentor desse modelo, há 70 anos. Apostamos muito nesse sistema. Eu acredito ferrenhamente, acho que é um modelo sensacional. Vivemos numa região que é celeiro de boa mão de obra e conhecemos bem as famílias que trabalham conosco. Isso não quer dizer que nós não tenhamos que pedir auxílio, às vezes, para consultorias, em áreas específicas, mas achamos fundamental valorizar nossa comunidade e a prata da casa.*

Outro princípio é o de não demitir, exceto em casos muito específicos. Os desligamentos são muito raros, mesmo em momentos de crise. A cada solavanco da economia, é usual que as empresas apareçam no noticiário por causa dos cortes de pessoal, mas a Tramontina nunca figura entre elas. Os funcionários trabalham sem medo.

Em 2015, numa dessas crises, que derrubou as vendas da indústria, a jornalista Marta Sfredo esteve em Carlos Barbosa e entrevistou Clovis para o jornal *Zero Hora*, de Porto Alegre. Quando ela perguntou se haveria demissões na Tramontina, como estava ocorrendo em muitas outras empresas, Clovis chamou os funcionários que estavam ao redor e questionou quantos anos de casa tinham. Um respondeu que eram oito, outro disse 24, um terceiro contabilizou 35 anos.

— As pessoas ficam muito tempo e fazem seu futuro na empresa. Muitos têm pai e mãe na Tramontina. Não podemos perder isso. Preparar uma pessoa não é fácil. Não dá para, simplesmente, por uma dificuldade, começar a demitir. Fazemos flexibilizações nas linhas mais afetadas, mas não demitimos ninguém — respondeu Clovis à jornalista.

No cômputo geral, cerca de 20% dos empregados têm mais de duas décadas de empresa.

Um hábito adotado pelo executivo é o de discutir assuntos de carreira fora do ambiente corporativo, em um clima de parceria e camaradagem. Normalmente, convida para uma pescaria o colaborador com quem quer conversar. No barco, entre linhas e anzóis, sonda o funcionário sobre problemas pessoais, dificuldades, aspirações, de maneira informal, sem que ele sequer perceba como o assunto derivou para isso.

— O que está faltando para ti? Do que tu precisas para melhorar o teu trabalho? — questiona.

Na avaliação de Clovis, essa estratégia, que ele mesmo concebeu, revelou-se muito produtiva. Os colaboradores sentem-se confortáveis para confidenciar angústias, conflitos e preocupações importantes não só para eles, mas também para a empresa, que não se sentiriam à vontade para abordar em uma situação formal. Ao mesmo tempo, por estarem em uma embarcação, não têm como fugir à conversa. Costumam deixar esses encontros particulares mais motivados e engajados.

Na hora de elogiar o trabalho de um profissional, no entanto, não há espaço para encontros reservados. Clovis escolhe um momento em que haja muita gente à volta e oferece seu reconhecimento em voz alta.

> *Isso eleva a autoestima do colaborador. Quando um profissional está feliz, é bom para ele e para a organização.*

Desafios e oportunidades da estabilidade econômica

Como ministro da Fazenda no governo Itamar Franco, o sociólogo Fernando Henrique Cardoso apresentou, em fevereiro de 1994, o Plano Real, um conjunto de medidas que tinha como objetivo domar a inflação e estabilizar a economia brasileira. O pacote incluía privatizações, desindexação de reajustes, abertura ao mercado global, políticas de equilíbrio fiscal e fortalecimento de uma nova moeda, o real.

O plano colocou a economia sob controle e, no fim do ano, garantiu a eleição de Fernando Henrique para a presidência da República. Depois de mais de uma década de perturbações políticas e econômicas, o país ingressou em um raro período de estabilidade. A inflação era baixa, uma novidade para os brasileiros, e o PIB crescia, ainda que com taxas modestas.

Para Clovis, que havia assumido a Tramontina em um ano de recessão e de *impeachment* do presidente Fernando Collor de Mello, o novo cenário trazia tranquilidade para planejar a expansão dos negócios, mas também o desafio de lidar com concorrentes estrangeiros, beneficiados pela redução dos impostos de importação.

A facilidade de importar, porque o real era uma moeda forte em comparação com o dólar, foi inclusive utilizada por Clovis e Eduardo a favor da Tramontina. Eles desejavam expandir, diversificando o portfólio de itens fabricados pela empresa, mas queriam fazê-lo com cautela e segurança. Achavam importante testar a receptividade dos brasileiros a mercadorias em que o grupo não tinha tradição, antes de investir em novas linhas de produção. Adotaram, então, a prática de importar produtos para avaliar como o mercado nacional reagia a eles. A primeira experiência foi com ferramentas profissionais, seguida por uma importação de pias e cubas de aço inoxidável.

A aceitação pelo consumidor brasileiro foi boa e, no caso das pias e cubas, levou à abertura da primeira nova fábrica da Tramontina na gestão de Clovis, a TEEC (Tecnologia em Equipamentos para Cozinha), inaugurada em 1996, em Carlos Barbosa.

Naquela época, as instalações do Centro de Distribuição do Recife (PE) estavam ficando acanhadas, e a Tramontina aproveitou uma oportunidade imobiliária para adquirir uma área muito maior na cidade. Ao mesmo tempo, a empresa percebeu que as condições climáticas do Nordeste ofereciam um mercado perfeito para os móveis de plástico, porque lá não havia a sazonalidade verificada em outras regiões. Com espaço de sobra na propriedade recém-adquirida, a Tramontina importou da Itália cadeiras e mesas desse material, testou a aceitação do público e decidiu abrir uma fábrica voltada ao segmento. Em 1998, Clovis foi à capital pernambucana para cortar a fita da Delta, uma indústria especializada em móveis de plástico.

Muitos outros empresários, no entanto, aproveitaram o sistema globalizado e o real forte para importar, inundando o mercado brasileiro com farta mercadoria barata, trazida principalmente da

China e do Sudeste Asiático, onde o baixíssimo custo da mão de obra resultava em preços difíceis de equiparar.

A nova realidade tirava o sono de Felisberto Moraes, diretor da Tramontina Garibaldi, especializada na fabricação de ferramentas. A partir de 1995, as vendas da unidade passaram a despencar de maneira acelerada. "Nós estávamos sendo engolidos pelos chineses e pelos indianos", recorda Felisberto. "Era uma situação muito difícil. O nosso segmento era o de ferramentas baratas. Por que alguém iria comprar o produto nacional se o da China e o da Índia era ainda mais barato?"

A trajetória de Felisberto na Tramontina havia começado aos 13 anos de idade, época em que ajudava a mãe no açougue de um parente. Em um domingo, enquanto embalava a carne para um cliente habitual, um supervisor da Tramontina, ela puxou conversa e fez um pedido:

— O senhor não arranjaria um emprego para o meu guri lá na fábrica? Ele já trabalhou como mecânico.

Uns dias depois, Felisberto foi chamado à unidade de produção de ferramentas, que funcionava havia dois ou três anos na cidade.

— Isso aí é o mecânico? — reagiu o gerente que o recebeu, espantado com o menino mirrado que tinha diante de si.

Felisberto acabou admitido como *office boy* e foi ascendendo dentro da empresa. Em 1977, chegou a diretor. Nessa condição, na década de 1990, resolveu viajar de Garibaldi para conhecer *in loco* a concorrência que estava quebrando a fábrica de ferramentas da Tramontina. Encarou 44 horas de voo a partir de São Paulo, com escalas em Joanesburgo (África do Sul), Bangkok (Tailândia) e Hong Kong (à época ainda vinculada ao Reino Unido).

Em visita às fábricas e aos atacadistas da China, concluiu que não seria possível competir com os orientais no terreno deles.

A Tramontina produzia ferramentas no mesmo segmento, de média para baixa qualidade, com foco no usuário doméstico, no mercado do *hobby* e do faça-você-mesmo.

No retorno ao Brasil, sugeriu uma mudança de foco.

— Precisamos mudar nosso perfil de fabricante. Só vamos sobreviver se conseguirmos nos diferenciar dos chineses e indianos. A saída é qualificar nossas ferramentas e buscar outro mercado para elas. Temos de nos posicionar como fornecedores para os segmentos industrial e automotivo, que são profissionais e pagam pela qualidade. Isso vai melhorar a nossa rentabilidade — argumentou Felisberto.

As opiniões, no entanto, estavam divididas. Um dos que discordavam, e de forma peremptória, era ninguém menos do que o presidente da empresa, Clovis Tramontina. Ele sempre manteve um pé atrás com novidades, temendo que não passassem de modismo. Quando lançaram os primeiros telefones celulares, por exemplo, teve certeza de que a tecnologia não pegaria — depois virou um entusiasta.

Diante da transformação proposta por Felisberto, preferia se manter aferrado a um modelo de produção em grandes volumes. O princípio era fabricar em quantidade, vender com pequena margem de lucro e ganhar na escala. Além disso, Clovis duvidava que a Tramontina conseguisse se adaptar a um padrão de ferramentas diferente daquele que estava acostumada a fazer. Temia que, ao se posicionar no segmento de alta qualidade, acabasse arranhando sua imagem por não ficar à altura das próprias pretensões.

Mesmo sem se sentir respaldado, Felisberto fincou pé:

— É o único cipó que nos resta para sair do buraco. É isso ou fechar a fábrica — insistiu.

Ele acabou vencendo a queda de braço. A Tramontina aprendeu na marra a fazer ferramentas top e lançou a linha PRO. Os primeiros cinco anos foram um tormento. Clovis continuava cético, e o próprio Felisberto tinha dúvidas de que a estratégia funcionaria. Temia que um fracasso lhe custasse o emprego e a carreira. Teve de lidar com uma forte pressão.

No final, a linha PRO salvou a planta de Garibaldi, uma das raras fábricas de ferramentas do Brasil que não fecharam as portas por causa da invasão dos produtos indianos e chineses. A linha profissional passou a corresponder a 30% do faturamento da unidade.

Clovis pode desaprovar uma ideia enquanto não acredita nela, mas depois de vê-la funcionar se torna grande apoiador. Por isso, não teve nenhum problema em reconhecer que Felisberto estava certo.

> *Não foi fácil para ele. Teve de aguentar a pressão e a crítica. Eu realmente questionava, instigava, embora tivesse paciência e tolerância. O pessoal na fábrica teimou em fazer e se esforçou ainda mais para dar certo. Fez, e foi ótimo. Acredito que minhas críticas ajudaram a despertar o espírito empreendedor dos colaboradores.*

De acordo com Felisberto, Clovis passou da posição de adversário para a de maior incentivador da Tramontina PRO.

Um caso semelhante envolveu o engenheiro Nestor Giordani, na empresa desde a década de 1970, quando ingressou como aprendiz de mecânico. Uma das contribuições importantes dele foi propor e introduzir o corte a laser em peças de maior formato, nas quais essa tecnologia não era aplicada. "A Tramontina tem uma importância muito grande na minha vida", diz ele. "Deu tudo o que eu sou."

No começo dos anos 2000, já no cargo de diretor da Tramontina Multi — unidade que produz ferramentas e equipamentos para jardinagem, agricultura e construção civil —,

Giordani teve contato com um novo tipo de aço, ao qual era acrescentado boro. Essa liga tinha um custo mais alto, mas permitia produzir peças mais finas e leves, sem perda de resistência, com vantagens evidentes para os clientes.

Giordani defendeu usar tal tipo de aço como matéria-prima e encontrou grande contrariedade. "Houve bastante oposição interna, muita dúvida se comprávamos ou não esse tipo de aço. Eu argumentei que, para quem usa uma pá ou uma enxada no trabalho, durante o dia todo, o peso menor faria muita diferença", relata Giordani.

Também dessa vez, Clovis estava entre os que inicialmente foram contra. E, mais uma vez, ele permitiu a experiência e mudou de opinião. O material passou a ser utilizado em todas as linhas de produtos da Multi, tornando-se um diferencial da Tramontina.

> *Eu era contra porque a fábrica estava endividada, e nosso foco é o resultado. Mas o Nestor montou uma estratégia fantástica, quase de marketing de guerra, que permitiu vender barato mesmo com as dívidas. Foi um trabalho ao qual ele dedicou anos e que tornou a Multi líder absoluta de mercado.*

Há outro exemplo significativo da estratégia de apostar em produtos com maior valor agregado. Poucos anos depois de a linha PRO virar um sucesso, Clovis fez uma viagem de carro entre o litoral gaúcho e Carlos Barbosa e foi reparando nos *outdoors* publicitários da Tramontina ao longo da estrada. Os painéis mostravam os variados itens produzidos pela marca. À medida que os quilômetros se sucediam, ele foi sentindo seu desconforto aumentar. No meio da viagem, contatou o publicitário Antônio D'Alessandro, que atendia à conta da empresa, e marcou um almoço para o dia seguinte. Queria falar de uma ideia que tivera observando os painéis de publicidade.

No outro dia, Clovis compartilhou com D'Alessandro a razão de sua insatisfação e a solução que havia concebido. Achava necessário adicionar requinte e sofisticação aos produtos da Tramontina, para atingir estratos mais elevados do mercado e reforçar a imagem da marca, transformando-a em uma grife, presente em lojas exclusivas, com embalagens luxuosas.

Em parceria com o publicitário, ficou acertada a estratégia que resultou no lançamento, em São Paulo, em um grande evento, da Tramontina Design Collection, inicialmente formada por utensílios de cozinha e eletroportáteis. Com o tempo, rebatizado de Tramontina Concept, esse segmento passou a abranger uma quantidade vasta de itens de alto padrão. Além de permitir a entrada do grupo em novos mercados, muito exigentes, essa iniciativa elevou ainda mais a percepção da Tramontina como marca de bom gosto e qualidade.

Nessa mesma época, por volta de 2005, Clovis concebeu um programa inovador, batizado de Curto Circuito, para impulsionar as vendas da Tramontina Eletrik. Ele se deu conta de que os materiais elétricos produzidos por essa fábrica tinham necessidade de uma venda mais técnica e determinou a formação de um grupo exclusivo e especializado de coordenadores, capazes de esclarecer todas as dúvidas dos compradores, para atuar em cada um dos nove centros de distribuição e escritórios existentes na época.

O detalhe é que Clovis orientou que fossem recrutadas apenas mulheres para a equipe e enviou as selecionadas para um curso do Serviço Nacional da Indústria (SENAI) sobre instalações elétricas. Foi uma jogada de grande impacto. Os clientes se surpreendiam ao ter suas expectativas contrariadas por mulheres que entendiam tudo do assunto, em uma área tradicionalmente masculina. "Foi uma atitude ousada e visionária, que representou um divisor de águas para a fábrica", afirma o diretor da Eletrik, Roberto Aimi.

Algumas das mulheres que participaram do Curto Circuito fizeram carreira nesse setor dentro da empresa, como Wanderly Correa, que foi promovida em 2021 a gerente exclusiva de materiais elétricos para as regiões Norte e Centro-Oeste, com responsabilidade sobre mais de cinco mil clientes.

> *Percebi que precisava de novas cabeças e sugeri que mulheres sem experiência de vendas fossem destacadas para nove regiões do Brasil. Colocamos essas mulheres para aprender tudo sobre elétrica. Depois, contratamos um especialista em vendas, que acompanhou a equipe, visitando todos os clientes e ensinando como vender. Esse programa mudou o patamar da Eletrik, que passou a vender muito mais. As mulheres têm muita sensibilidade. Elas nos mostraram, por exemplo, que os interruptores não tinham as cores que o consumidor queria.*

Em um guardanapo, a "deschinezação"

O período de Clovis à frente da Tramontina, durante o qual, em parceria com o vice-presidente Eduardo Scomazzon, ele promoveu um processo inédito de expansão e diversificação da empresa, transformando-a em uma potência, coincide, ironicamente, com a etapa mais brutal de desindustrialização pela qual o Brasil já passou.

Clovis ascendeu à presidência justamente no momento em que a economia mundial embarcava em uma fase violenta de integração econômica, que ficou conhecida como globalização. Foi nesse contexto que a indústria nacional — e não só a nacional, mas a de muitos países — perdeu competitividade e sofreu um abalo profundo. O grande bicho-papão, como se sabe, foi a China, que emergiu como motor industrial do planeta.

Como mostram os exemplos da linha PRO e da Tramontina Concept, a empresa de Carlos Barbosa encontrou formas não só de resistir, mas de conquistar mais mercados. No entanto, a China sempre foi uma sombra durante as últimas três décadas, influenciando as estratégias do grupo. Pode-se dizer que encontrar as armas para enfrentar esse poderoso rival, algo que grande parte do complexo industrial brasileiro não conseguiu fazer, foi um dos grandes diferenciais da Tramontina.

A China acabou se transformando em uma espécie de campo de estudos para os executivos de Carlos Barbosa, Garibaldi e Farroupilha, que passaram a sair com frequência da Serra Gaúcha para analisar o que estava acontecendo do outro lado da Muralha e poder responder à altura. O ano de 2005, nesse sentido, foi marcante. Além de abrir um escritório em Guangzhou, Clovis programou-se para visitar a Canton Fair, a maior feira de negócios do mundo, com cerca de 30 mil expositores, promovida pelo Ministério do Comércio da China.

Para esquadrinhar a realidade local, Clovis se fez acompanhar de dois diretores, Darcy Galafassi e Cesar Vieceli. O trio passou oito horas seguidas percorrendo os corredores intermináveis, Clovis em cadeira de rodas, avaliando preços e produtos de eventuais competidores. No fim do dia, estavam tomados pelo desânimo. A conclusão era clara: mesmo sendo a maior indústria de panelas e talheres da América Latina, a Tramontina não conseguia acompanhar um modelo que Clovis definiu como de "escala gigantesca e preços minúsculos".

No dia seguinte, o trio voltou à feira e palmilhou mais alguns pavilhões, em nova jornada de visitas a expositores. Vieceli e Darcy ficaram ainda mais macambúzios, mas Clovis estava diferente. "Do nada, ele parou e ficou quieto", conta Vieceli. "Pediu para que fôssemos tomar um café. Pensei até que estava se sentindo mal."

À mesa da cafeteria, Clovis apanhou um guardanapo e começou a rabiscar. Depois, mostrou o papelucho aos dois companheiros. "Seleção Brasileira: 11 ofertas Tramontina com preço chinês", estava escrito no guardanapo.

Ele explicou sua ideia. A Tramontina escolheria um número limitado de produtos com grande demanda — 11, em alusão aos titulares da Seleção Brasileira — e os fabricaria em uma quantidade enorme, para se aproximar da escala e dos preços chineses. Depois, faria uma campanha de vendas que apelasse à brasilidade dos consumidores. A essa estratégia, deu o nome de "deschinezação". A ideia era recuperar parcelas do mercado que estavam sendo dominadas pelo produto chinês.

Na própria cafeteria, os três executivos começaram a escalar o time de produtos que integrariam a promoção. No retorno ao Brasil, Clovis visitou cada uma das fábricas responsáveis. Com a finalidade de vencer resistências internas, lançou mão de uma artimanha típica.

Na fábrica de Farroupilha, por exemplo, afirmou que pretendia importar 500 mil conjuntos de panelas de aço inoxidável que havia visto na Canton Fair e que só deixaria de fazer o pedido se a fábrica da Tramontina alcançasse o mesmo valor oferecido pelos chineses.

Informou ao diretor Mario Bianchi que era necessário atingir um preço final de R$ 118 para o conjunto.

— O melhor que eu posso fazer é R$ 124 — respondeu o italiano.

Clovis exibiu um bilhete aéreo qualquer e disse que era para a China, de onde importaria as centenas de milhares de panelas, para substituir as que Farroupilha não conseguia produzir com o preço desejado.

— Está bem. Vamos fazer por R$ 118 — cedeu Bianchi.

Os diretores das plantas, a princípio, diziam que era impossível alcançar os objetivos traçados por Clovis. Mas começaram a trabalhar. Renegociaram os preços das matérias-primas, tendo em vista o volume da compra, redesenharam as embalagens, cortaram custos nas fábricas e firmaram parcerias com lojistas.

Quatro meses depois do rabisco de Clovis no guardanapo, os itens chegaram ao varejo. Eram talheres, panelas, pias de cozinha e ferramentas com preço tabelado e possibilidade de parcelamento sem juros. A bandeira brasileira aparecia estampada nas caixas dos produtos.

Na avaliação de Clovis, além do sucesso comercial, que incrementou a participação de mercado da Tramontina em áreas que corriam o risco de ser dominadas por produtos da China, o projeto deixou um legado permanente de aumento de produtividade nas fábricas.

> *A China representou uma grande ameaça para nós. Não tenho dúvidas de que o projeto de deschinezação mudou o tamanho da Tramontina e a nossa forma de pensar, sem contar que ficamos mais competitivos. A Tramontina tem uma grande vantagem por estar preparada para ser um contraponto para a China e demais países asiáticos. Temos a grande oportunidade de concorrer com um produto de qualidade e de marca conhecida.*

Como se vende uma panela

O português Sergio Maia desembarcou em Carlos Barbosa com uma equipe de assessores e um relatório de 100 páginas com queixas sobre a Tramontina. Um pouco antes, em 2002, ele havia assumido a presidência da Sonae no Brasil, rede lusitana que compreendia mais de 50 supermercados das marcas Big e Nacional. Na sede da cadeia varejista, em Porto Alegre, começou a elencar os principais problemas a resolver e logo deparou com um fornecedor com o qual não estava familiarizado, a Tramontina.

As equipes de Maia relataram que as relações com a fabricante das panelas e dos talheres revendidos pela Sonae não era nada boa. Reclamaram, por exemplo, que a indústria direcionava as linhas de melhor qualidade para um concorrente, a Rede Zaffari, deixando para o Big e o Nacional produtos de segmentos inferiores. O clima entre os compradores dos supermercados e os vendedores da fornecedora, disseram, era de guerra. O resultado do levantamento de informações feito por Maia foi um volumoso dossiê com problemas a solucionar. "Marquei uma reunião em Carlos Barbosa com a ideia de resolver as coisas na boca do leão. Estava preparado para uma briga de faca", conta o português.

Mal entrou no prédio da Tramontina, Maia teve uma surpresa. O próprio presidente do grupo veio recebê-lo. Clovis cumprimentou-o com um "sorriso de boca a orelha" e uma "expressão marota" no rosto. Disse ao visitante que, antes de tudo, ele teria de fazer uma visita guiada à fábrica. Depois disso, sentariam para conversar.

Concluído o roteiro pela planta, Maia foi levado de volta à presença de Clovis. O dirigente da Tramontina foi direto ao ponto:

— Presidente, você quer mesmo brigar comigo, ou vamos deixar essa parte chata para os nossos executivos? Prefiro que a gente fale de coisas mais importantes.

O português ficou desconcertado:

— O que poderia ser mais importante do que 100 páginas de problemas? — questionou.

— O mais importante é ter clientes satisfeitos. Quem sabe separamos as pautas? — propôs Clovis.

Os assistentes dos dois foram a uma sala de reuniões, para desatar os nós da relação, enquanto os presidentes das empresas tiveram horas de uma conversa definida por Maia como "agradabilíssima". "Com a conversa mais envolvente do mundo e com muita perspicácia, Clovis levou o papo para um plano muito amigável", conta.

Na hora das despedidas, com a resolução de vários problemas já encaminhada, o presidente da Tramontina chegou bem perto do visitante e disse-lhe em voz baixa, quase ao pé do ouvido.

— Posso dizer uma coisa? Vocês são uma rede muito grande e importante, mas não sabem vender panelas. Vocês colocam as panelas em gôndolas iguais às de arroz e batata. Aí ninguém tem vontade de comprar.

Sergio Maia desceu a Serra com os brios feridos. "Vou mostrar para aquele italiano que português sabe vender panela, sim", prometeu a si próprio. Chegou a Porto Alegre, reuniu a equipe de vendas e orientou uma mudança na forma como as panelas eram expostas, reservando a elas espaços diferenciados, que valorizavam o produto.

No encontro seguinte com Clovis, levou planilhas mostrando que as vendas haviam se multiplicado. Dali para a frente, o italiano passou a referir-se sempre ao português como "o melhor vendedor de panelas do Brasil". "Com aquele jeito maroto, conversador, Clovis encaminhou a solução dos nossos problemas e mostrou que poderíamos trabalhar juntos. A Sonae se transformou em um dos maiores vendedores da Tramontina", reconhece Sergio Maia.

A experiência com a Sonae escancarava uma realidade: a Tramontina sabia muito bem o que fazer para vender os produtos da Tramontina. E apontava para um desfecho cada vez mais inevitável: criar no grupo, depois de 100 anos de história, um braço de venda direta ao consumidor.

Clovis relutou antes de dar esse passo. A primeira grande inovação que trouxera à empresa, ainda como gerente da área comercial, havia sido redirecionar as vendas do atacado para as redes de varejo. Agora, tratava-se de ir além, fazendo parte do próprio varejo. O grande temor que ele tinha era o de ser visto pelos principais parceiros, os varejistas, como um concorrente, azedando a relação.

Ao mesmo tempo, ele reconhecia que a Tramontina precisava dar mais visibilidade a sua gama de produtos, que compreendia milhares de itens diferentes. Nenhuma loja, por maior e mais diversificada que fosse, conseguiria expor todo o portfólio da marca, muito menos dar a cada mercadoria a projeção que a empresa acreditava que ela merecia.

> *Mais uma vez, fui o último a ser convencido. Por muito tempo, defendi que abrir uma loja conceito da marca não era necessário. Tinha medo que configurasse uma espécie de conflito de canais. Não podemos concorrer com nossos clientes. Mas fui mudando de ideia. Em 2013, os membros do Conselho demonstraram que dois grandes eventos programados para o Brasil, a Copa do Mundo de 2014 e os Jogos Olímpicos de 2016, representavam a oportunidade ideal de mostrar ao mundo tudo o que a Tramontina produz, qualificando a percepção do nosso portfólio. E, para isso, precisávamos de uma loja da marca.*

A primeira T store, como a loja própria foi batizada, abriu no final de 2013, na Casa Shopping, na Barra da Tijuca, no Rio de Janeiro. Clovis determinou que fossem convidados, para a festa de inauguração, os principais clientes da Tramontina no varejo, para demonstrar que não havia intenção de competir com eles. Todo o modelo das T stores foi desenhado, na realidade, com a ideia de incrementar as vendas dos varejistas parceiros.

> *Nossos parceiros puderam aprender com a loja. Viram novas formas de exibir os produtos e conheceram as novidades do nosso portfólio. Os resultados foram excelentes para todos. Nossos clientes lojistas melhoraram seus pontos de venda e ampliaram o mix de produtos que compram de nós. Nosso objetivo não é que a pessoa vá à T store necessariamente para comprar. As pessoas querem ver, tocar, sentir, experimentar. Vão para aprender e conhecer. A loja serve como inspiração.*

A Tramontina chegou a 2021 com duas dezenas de T stores, dez delas no exterior.

Em 2016, foi revalorizado o conceito de loja de fábrica. A primeira delas, definida por Clovis como "uma Disneylândia", abriu naquele ano em Farroupilha, com o nome de T factory. Tinha três mil metros quadrados, o espaço necessário para apresentar 10 mil itens produzidos pelas 10 fábricas existentes à época.

Dois anos depois, foi a vez de Carlos Barbosa ser palco de uma reconfiguração do conceito de loja de fábrica. A empresa já tinha, desde 1976, um pequeno e despretensioso ponto de vendas na cidade, que foi totalmente remodelado nos anos 2000, e depois em 2018, para receber a nova função. Ficou com quatro mil metros quadrados. Ao longo de 2019, antes da pandemia do coronavírus, a T factory de Carlos Barbosa somou 300 mil visitantes — 10 vezes a população da cidade —, transformando-se em atração para os turistas. Para os ônibus das agências de viagem, tornou-se obrigatório parar no local.

As lojas de fábrica foram concebidas para oferecer ao visitante uma experiência de imersão no universo da Tramontina. Como puxadores das portas, para citar um exemplo, usaram-se talheres da grife. Um serviço exclusivo permite ao comprador gravar o próprio nome, na hora, nas facas adquiridas.

Além disso, as T factories foram idealizadas para servir como um showroom completo e um laboratório para testar modelos e cores nos produtos. "Quando vou à T factory, penso que poderia morar lá dentro por uns seis meses. É uma espécie de Disneyworld das utilidades. Para a minha casa, eu trouxe de carrinho de golfe a máquina de cortar grama, passando por martelo, facas, tábua de churrasco, mesa dobrável e panelas da Tramontina", contou o apresentador de TV Luciano Huck, que fez três visitas à loja de fábrica em pouco mais de um ano.

Uma proposta irrecusável

A entrada no varejo não significou perda de foco em relação àquilo que é a alma da Tramontina: sua vocação industrial. Em 2013, Clovis foi a Recife para tratar de questões relacionadas com a unidade fabril local. De alguma maneira, a informação de que o empresário estava em Pernambuco chegou ao então governador do estado, Eduardo Campos (PSB), que se preparava para lançar sua candidatura à presidência da República.

Por intermédio de um parceiro local da Tramontina, Guilherme Ferreira Costa, Clovis recebeu um convite para encontrar Campos. O empresário pernambucano, superintendente da Ferreira Costa Home, uma rede de lojas fundada nos anos 1880, é um dos clientes mais antigos da Tramontina, desde a década de 1950.

— Mas, Guilherme, eu não tenho nada para conversar com o governador! — reagiu Clovis.

— Que é isso? Vamos lá! Você vai gostar dele, é um sujeito bacana — insistiu Costa.

O executivo gaúcho foi ao Palácio das Princesas, sede do governo pernambucano, imaginando que tomaria um café, trocaria algumas palavras amenas e iria embora depois de uns poucos minutos, mas Campos tinha outros planos. A conversa começou às 15h e se estendeu por três horas, até o anoitecer.

— Seu Tramontina, eu quero uma fábrica de vocês aqui — disse o governante.

— Governador, nós já temos uma fábrica aqui.

— Eu sei, eu sei. Mas eu quero outra. Ofereço terreno, incentivos fiscais e mão de obra. Além disso, tenho um porto aqui que está perto da Europa e da África. Vocês precisam ganhar dinheiro, seu Tramontina!

Clovis estava encantado com a personalidade de Campos, mas não tinha nenhuma intenção de abrir uma fábrica naquele momento. Tentou se desvencilhar, mas Campos não desistia.

— Já estou com o helicóptero aqui no palácio para levar o senhor no terreno, em Moreno — anunciou.

— Mas eu não posso, governador! Tenho um compromisso.

Clovis acabou prometendo que visitaria o imóvel em uma próxima viagem a Pernambuco, o que de fato aconteceu. Sobrevoando o local, convenceu-se de que a proposta do governador, no final das contas, era muito boa. Mas a primeira reação do Conselho da Tramontina não foi favorável. Depois de muita discussão, Ruy Scomazzon ponderou:

— Se o Clovis foi ver e gostou, é porque a coisa não é tão ruim assim. Vamos lá olhar.

Seu Ruy viajou até Moreno com Ildo Paludo e, na volta a Carlos Barbosa, estavam os dois entusiasmados:

— Fecha o negócio! — disseram.

A Tramontina começou a projetar sua nova fábrica, entrando em mais um mercado, o das porcelanas. Pouco depois de acertada a construção da unidade, Campos lançou-se candidato nas eleições presidenciais de 2014. Em agosto, as pesquisas mostravam-no em ascensão, como terceiro colocado na preferência dos eleitores, uma alternativa à polarização entre a então presidente Dilma Rousseff (PT) e o desafiante Aécio Neves (PSDB).

No dia 13, no entanto, o avião em que Eduardo Campos viajava para um ato de campanha caiu em Santos (SP). Ele morreu aos 49 anos de idade.

Uma presidenta e um presidento

Clovis Tramontina estava em Belém do Pará e recebeu uma chamada do Palácio do Planalto. A presidente da República, Dilma Rousseff, queria vê-lo. A petista estava no começo do seu segundo mandato, depois de uma eleição apertada contra Aécio Neves, que rachou o país em duas metades irreconciliáveis. Além do clima de divisão e intolerância, Dilma enfrentava simultaneamente uma grave crise econômica, uma queda abrupta de popularidade e uma relação conflituosa com o presidente da Câmara dos Deputados, Eduardo Cunha (MDB), que levaria ao *impeachment* dela alguns meses depois.

Havia sido o próprio Clovis quem propusera encontrar-se com ela, em um episódio que mostra ao mesmo tempo a sua simplicidade e a estatura obtida como líder empresarial.

Logo após a reeleição, ele ficou incomodado com a sucessão de notícias sobre crimes e violência. Começou a divagar e lembrou que, na infância, era a mãe quem o colocava na linha, nunca o pai. Era da mãe que vinham as duras, as exigências e as eventuais chineladas. "A Dilma pode ser a mãe do Brasil", concluiu. Ele gostava de Dilma, porque, apesar de considerar que lhe faltava jogo de cintura, via nela uma pessoa honesta e trabalhadora.

No mesmo dia, Clovis levou o assunto ao Conselho de Administração da Tramontina. Disse que queria mandar uma carta para a presidente, pedindo para conversar sobre os rumos do país.

— Vai ser uma conversa de surdos — opinou Ildo Paludo, pensando que a reunião colocaria frente a frente duas pessoas famosas pela teimosia.

— Acho que não vai dar em nada — concordou Eduardo Scomazzon, que havia deixado a vice-presidência da empresa e agora ocupava um assento no Conselho.

— Tem de mandar a carta, é uma iniciativa legal — contrapôs Joselito Gusso, que substituíra Eduardo como vice da Tramontina.

Clovis resolveu remeter a correspondência. Mas as semanas e meses se passaram sem que houvesse resposta. Até que o telefone tocou em Belém. Ele garantiu que estaria em Brasília no dia seguinte. Na Capital Federal, conseguiu um terno emprestado com um representante de vendas da Tramontina, porque não tinha levado nenhum traje formal ao Pará e não havia tempo de comprar. Entrou no Palácio pelo acesso privativo da presidente, subterrâneo, e saiu direto no gabinete de Dilma.

— A presidenta vai se atrasar um pouquinho, mas ela pediu para esperar, porque sabe que o senhor não espera — avisou um assessor.

De fato, Clovis não gosta de esperar. Depois de uns 10 minutos, Dilma apareceu. Clovis começou a conversa comentando o uso do termo "presidenta", adotado por Dilma:

— Não concordo! Se a senhora é presidenta, então eu teria de ser presidento — brincou.

— Gosto de presidenta — respondeu Dilma.

Clovis conseguiu passar a mensagem que queria, falando do exemplo da própria mãe e de como Dilma poderia desempenhar um papel semelhante, o que ajudaria o Brasil a superar o momento de grave crise política, econômica e social que estava atravessando.

Foram mais de duas horas de conversa. Clovis alertou Dilma sobre o risco que ela e o Brasil corriam devido ao clima inamistoso entre o Planalto e o Congresso e aconselhou a retomada do diálogo. Defendeu que a presidente precisava ouvir mais. Questionado sobre a concorrência com a China e os desafios que isso impunha ao Brasil, uma especialidade dele, Clovis discorreu sobre as dificuldades da indústria brasileira e concluiu com críticas ácidas aos chineses.

Na saída, o "presidente" da Tramontina presenteou a "presidenta" da República com um exemplar do livro *Mais Esperto que o Diabo*, um *best-seller* assinado por Napoleon Hill, que, segundo a editora Citadel, revela "quem é o diabo", "onde ele habita", "quais suas principais armas", "quem são os alienados e de que forma eles ou elas se alienam" e "quais as armas que nós, seres humanos, possuímos para combater a dominação do diabo".

— Este é um livro que se dá aos amigos — comentou Dilma.

Na imprensa, jornalistas especularam se o livro era um alerta sobre o MDB, que dominava o Congresso, e sobre um dos seus principais expoentes, o vice-presidente Michel Temer, que acabaria ficando no lugar de Dilma em decorrência do processo de *impeachment*.

Clovis preferiu não esclarecer o assunto.

A chegada aos eletroportáteis

Em 2015, Clovis enviou seu filho caçula, Ricardo, em uma missão especial. Algum tempo antes, durante uma feira de utilidades domésticas, o diretor comercial da Tramontina Farroupilha, Darci Friebel, detectara que a fabricante australiana Breville estava em busca de um representante no Brasil. Tratava-se de uma empresa tradicional e importante, especializada na produção de eletroportáteis de qualidade, com presença em mais de 70 países.

Friebel trouxe a ideia de uma parceria com os australianos. Propunha firmar um acordo de *co-branding* — um modelo em que um único produto é associado a duas marcas, que fazem uma aliança estratégica para combinar forças. Ricardo foi o escolhido para comandar as negociações com a Breville.

Ricardo, Friebel e Joselito Gusso, que também era responsável pela área de mercado externo do grupo gaúcho, desembarcaram em Sydney em um anoitecer. A bagagem dos dois primeiros, contudo, não chegou. Havia se extraviado em alguma escala da longa viagem. Pensaram em ir a um shopping center comprar uma roupa decente para a reunião da manhã seguinte, marcada para as 8h, mas o comércio já estava fechado. Levantaram cedo, acharam uma loja, saíram de lá com a roupa nova já vestida e apareceram na sede da Breville com duas horas de atraso.

A reunião foi péssima. Os australianos mostraram-se inflexíveis diante da proposta de *co-branding*. Queriam vender no Brasil apenas com a sua marca. Ricardo saiu do encontro desanimado, desmotivado, convencido de que não havia possibilidade de acordo. Enviou uma mensagem ao pai para relatar a situação.

Osvaldo Steffani, diretor técnico da Cutelaria, costuma dizer que Clovis tem um otimismo tão contagiante que, se o mundo desabar, ele vai propor que a Tramontina produza escoras para segurá-lo. A resposta do empresário ao filho seguiu esse espírito. Ricardo não guardou a mensagem do pai, mas lembra o teor: "Isso aí faz parte. Às vezes a gente dá um passo atrás para poder dar dois para a frente. Tudo conspira para que as coisas aconteçam. Continuem a negociar."

Ricardo afirma ter se sentido encorajado. As reuniões prosseguiram e, no fim, as barreiras que existiam inicialmente foram derrubadas uma a uma. A Tramontina fechou seu primeiro contrato de *co-branding*, por meio do qual passou a ter exclusividade no mercado brasileiro para a venda de 50 modelos de eletroportáteis — fornos elétricos, cafeteiras, liquidificadores, torradeiras —, sob a marca Tramontina by Breville.

Em seguida, o grupo de Carlos Barbosa ainda chegaria às farmácias, com uma linha de produtos dedicados à beleza (lixas para unhas e alicates para cutículas, por exemplo), além de se preparar para abrir a planta de produção de porcelanas em Pernambuco.

Com a trágica chegada do coronavírus, o Conselho determinou que era "hora de olhar ainda mais para as pessoas". A Tramontina desenvolveu então o Ventra, um equipamento de suporte respiratório que foi doado a hospitais de 50 municípios. Produzido na fábrica de Carlos Barbosa, o Ventra foi homologado pela Agência Nacional de Vigilância Sanitária (Anvisa) como alternativa para auxiliar em situações de emergência.

Em 2021, depois de 29 anos sob o comando de Clovis, a Tramontina era a mesma empresa, mas também era uma outra empresa. A essência havia sido mantida, mas sua presença no Brasil ganhara uma dimensão e uma diversificação sem iguais.

Uma pesquisa do Instituto Datafolha revelava que 97% dos brasileiros conheciam a marca.

Nas 10 fábricas do grupo, produziam-se nada menos do que 22 mil itens diferentes.

Um dos empresários mais próximos a Clovis, José Galló, presidente do Conselho de Administração das Lojas Renner, espanta-se com o modelo de negócio único criado na Tramontina, na contramão do que pregam todas as cartilhas de gestão e marketing. O que mais o deixa assombrado é a quantidade de segmentos diferentes e de produtos que a empresa de Carlos Barbosa fabrica. "Qualquer consultor externo que chamassem iria dizer que isso está errado, que tem de racionalizar. No marketing, sempre se diz que não é possível colocar todos os produtos debaixo do mesmo guarda-chuva", observa.

Ao mesmo tempo, Galló acha incrível que Clovis consiga aliar esse gigantismo com um conhecimento minucioso dos mercados e um relacionamento próximo, quase artesanal, com os clientes.

Para ilustrar essa afirmação, Galló cita a ocasião em que estava em sua casa em Xangri-lá, no litoral gaúcho, e foi visitar o amigo, que veraneava na mesma praia. Clovis contou-lhe que, na véspera, havia visitado todos os clientes da Tramontina nos municípios praianos, um por um, ferragem após ferragem, para ver se eles tinham os produtos da marca, se estavam sendo bem atendidos, se expunham os itens da maneira mais adequada. "Acho que a Tramontina é um caso para ser estudado na Universidade Harvard. Não conheço outra empresa no mundo com o mesmo modelo e que consiga uma dominância tão grande nos setores em que atua. Acho admirável", afirma Galló.

PARA ABRIR O ANO

Na década de 1980, a Tramontina criou uma tradição de ano novo que levou Clovis a percorrer milhares e milhares de quilômetros por todo o Brasil: o começo de cada novo ciclo é marcado por um encontro do líder da empresa com as equipes locais de vendas. Esses eventos são conhecidos como Reuniões de Abertura.

Quando foi convidado por Dilma Rousseff para a audiência no Palácio do Planalto, por exemplo, Clovis estava em Belém do Pará para um desses encontros, que tradicionalmente ocupam sua agenda nas primeiras semanas de cada ano. Ele viaja de região em região para apresentar pessoalmente os últimos lançamentos, propor metas e divulgar os incentivos oferecidos à equipe de vendas.

Mais do que apenas um encontro de trabalho, a Reunião de Abertura é um momento de confraternização e descontração.

As edições são temáticas, normalmente aludindo a algum tema em voga, utilizado para passar a mensagem empresarial. Em uma ocasião, Clovis usou a história de Amyr Klink, o navegador solitário que atravessou o Oceano Atlântico a remo, como forma de sublinhar a importância de planejar as ações.

— Para navegar seis meses, são dois anos de planejamento — explicou.

Em 2021, depois de 38 edições presenciais, a Reunião de Abertura foi realizada pela primeira vez de forma 100% remota, uma precaução por causa da pandemia de coronavírus. As palavras de Clovis foram transmitidas on-line para 800 profissionais de vendas espalhados pelo país.

> *Ao longo dos anos, realizamos várias maratonas pelo Brasil no mês de janeiro, porque eu acredito que o início de cada ano deve ser marcado como a passagem para um novo ciclo, em que vamos nos reinventar. Uma das coisas que sempre gostei nas Reuniões de Abertura foi a chance do contato pessoal. Em 2021, pela primeira vez, foi impossível, mas felizmente a tecnologia permitiu que estivéssemos em contato em tempo real. O cenário mudou, mas o espírito se manteve inalterado.*

1, 2 e 3. Convenções anuais com a área comercial.
4. Evento virtual feito no início de 2021, respeitando as regras de isolamento social impostas pela Covid-19.

CONVÍVIO COM A DOENÇA

—09

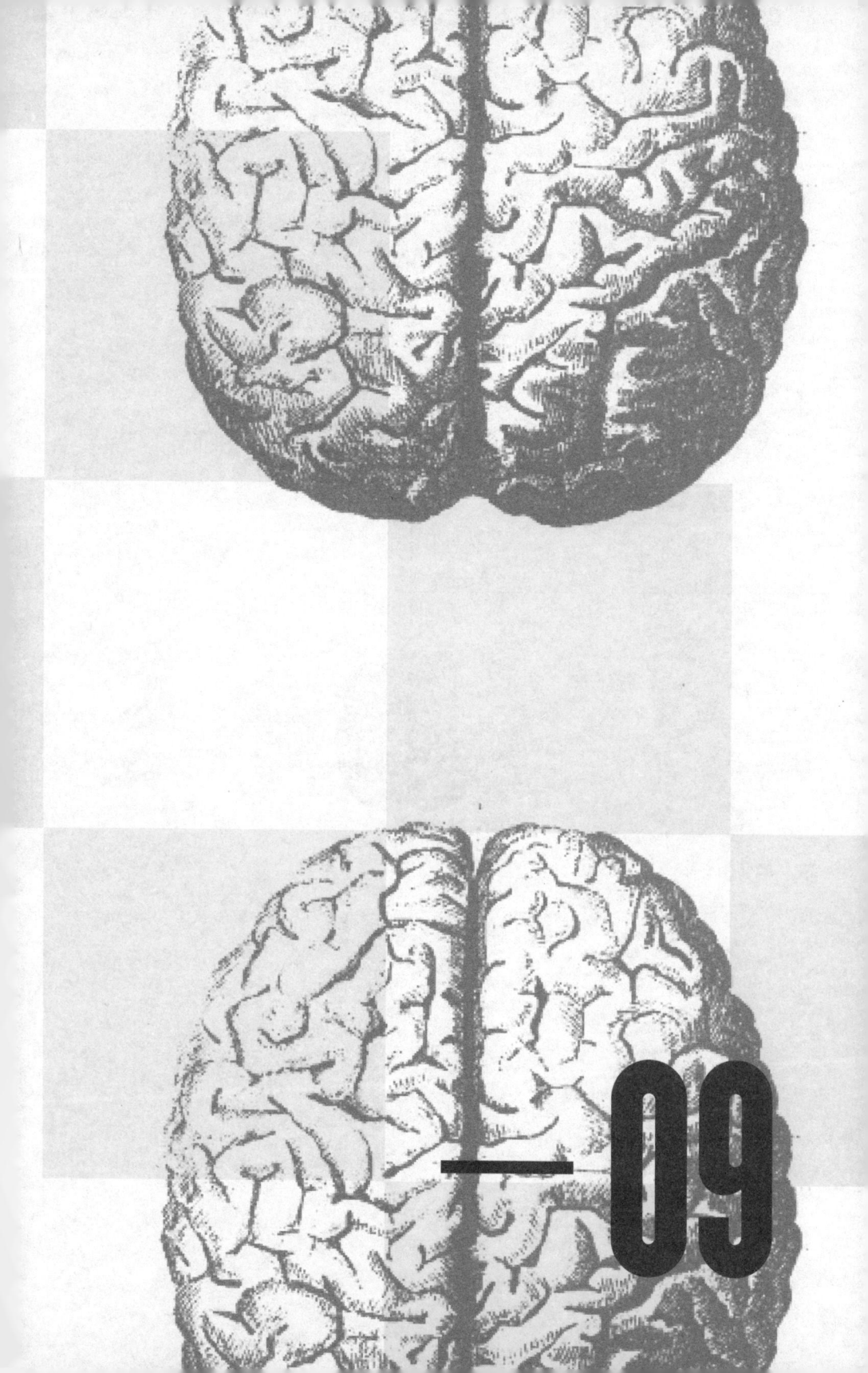

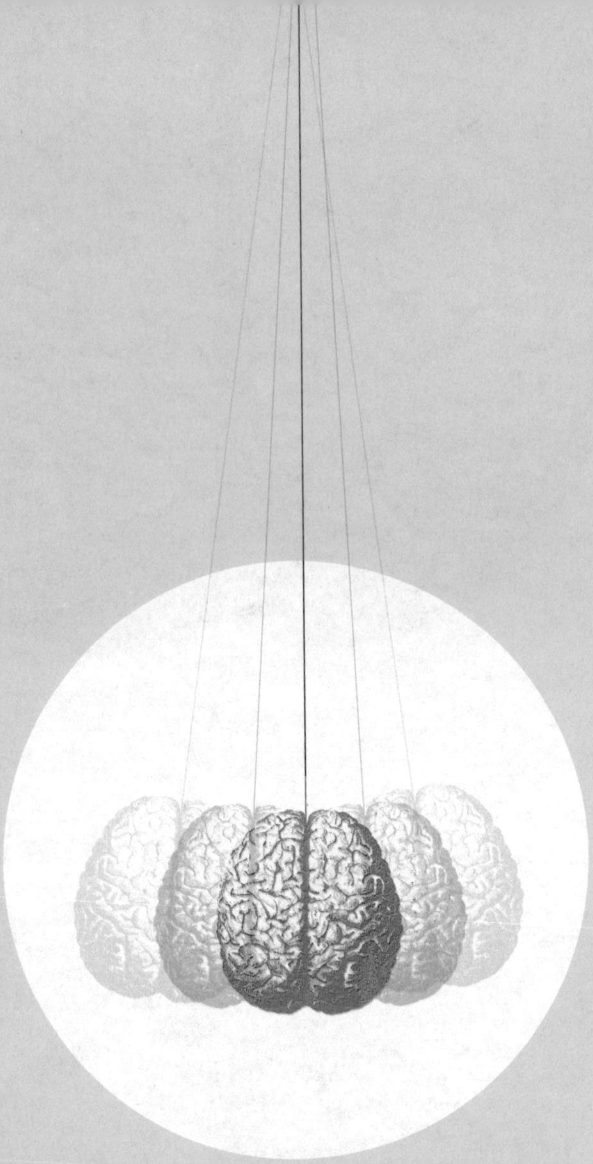

Em certa manhã de 1980, Clovis Tramontina abriu os olhos na cama e não conseguiu enxergar. Confuso, assustado, piscou com força e notou que apenas a vista direita lhe franqueava algumas imagens. Pegou as apostilas, mas não teve condições de estudar. Foi quando a mãe se dispôs a ler para ele, horas a fio, os conteúdos que cairiam na prova da Ordem dos Advogados do Brasil (OAB), marcada para uns dias depois.

O problema foi diagnosticado como neurite óptica no olho esquerdo. Depois de algum tempo, a visão se normalizou.

Em busca de respostas, no entanto, o jovem de 25 anos passou a viajar a Campinas (SP) para consultas e exames em um centro oftalmológico de ponta. Luiz Renato Sganderlla, que trabalhava no escritório de São Paulo e acompanhava o amigo nessas idas à clínica, conta que os médicos esquadrinharam as córneas de Clovis, mas não conseguiram achar uma explicação para os sintomas.

Luiz Renato acredita que o problema de saúde já tinha dado sinais precoces, que passaram despercebidos. Algum tempo antes de acordar e não ver nada, Clovis havia comprado seu flamante Miura esverdeado. Estava entusiasmado com a aquisição e combinou de pegar a estrada para testar o veículo esportivo. Na hora, no entanto, surpreendeu o amigo pedindo que ele conduzisse.

— Não estou me sentindo seguro para dirigir — explicou.

Como os oftalmologistas de Campinas não encontraram uma explicação para a cegueira repentina e a visão se normalizara depois do episódio, Clovis deixou de se preocupar com o assunto.

Casou-se, foi trabalhar em São Paulo, dedicou-se à expansão das vendas da empresa.

Dois anos mais tarde, porém, pouco depois de retornar a Carlos Barbosa para assumir a gerência nacional de vendas da Tramontina, a perda de visão se repetiu, desta vez por um problema no nervo óptico do olho direito. Os médicos concluíram que a causa da neurite era tuberculose e receitaram corticoides. Mais tarde, apareceram algumas dificuldades motoras. Um dia, ao abrir a porta do armário do banheiro, Clovis sentiu um descontrole motor, bateu no vidro do espelho acidentalmente e feriu o braço.

> *Alguns episódios começaram a demonstrar que algo não ia bem. De vez em quando eu ficava sem rumo, sem coordenação. Ia pegar alguma coisa, mas o braço escapava, não obedecia.*

O quadro de Clovis teve um agravamento no verão de 1986, quando ele estava na praia e sentiu o lado esquerdo do corpo ficar amortecido, sem coordenação. Na volta a Carlos Barbosa, o médico do trabalho da Tramontina recomendou buscar um profissional especializado. A escolha recaiu sobre um jovem neurologista de Caxias do Sul, Paulo Ricardo Mattana.

O médico examinou Clovis e de imediato afastou a hipótese de problema oftalmológico.

— Podem ser duas coisas. Ou tu tens um tumor no cérebro, ou tu tens esclerose múltipla.

O jovem paciente de 31 anos gelou.

— Tumor eu não tenho — rebateu.

— Não és tu quem vai dizer isso, são os exames — advertiu o médico.

Mattana requisitou a realização de uma ressonância magnética, que na época precisava ser feita em São Paulo. Clovis preferiu não pensar no assunto. Não havia nada que lhe causasse mais terror do que a morte, e achava melhor não saber, caso tivesse alguma enfermidade fatal. Foi deixando o exame de lado, como se não fosse com ele. Além disso, estava muito ocupado com as questões da Tramontina, dizia a si mesmo.

Os sintomas, no entanto, agravavam-se continuamente. Em uma reunião realizada umas semanas mais tarde em Carlos Barbosa, o publicitário Hector Brenner, da Expressão Brasileira de Propaganda, percebeu que Clovis estava diferente, sem controle sobre os próprios movimentos. Questionou o amigo e ficou a par da situação.

— Vou te levar para ver isso. Não tem discussão — disse.

Brenner acompanhou Clovis ao consultório do neurologista Milberto Scaff, em São Paulo. Sentado detrás da mesa, gravata aprumada, o médico perguntou o que o paciente sentia. Clovis começou a dar opiniões sobre o que tinha, mas o especialista cortou:

— Quem dá diagnóstico aqui sou eu. Por que você não fez o exame que o médico pediu?

— Achei que não precisava — balbuciou Clovis.

— Pois vai fazer agora mesmo.

Scaff marcou uma ressonância magnética no Hospital Albert Einstein. O laudo comprovou a suspeita: era esclerose múltipla.

Estava resolvido o mistério. A esclerose múltipla é uma doença neurológica crônica, na qual as células de defesa do organismo atacam o sistema nervoso central, provocando uma série de efeitos — entre eles o comprometimento da visão, a instabilidade ao caminhar, a falta de coordenação, os tremores e a perda de equilíbrio — que eram vivenciados por Clovis.

> *Hector Brenner foi uma pessoa muito importante na minha vida. Acho que eu estava fugindo do diagnóstico, porque tenho muito receio de qualquer tipo de perda. E imagina o que significa receber esse diagnóstico de esclerose múltipla em 1986, quando a Medicina estava em estágio bem menos avançado.*

O paciente retornou ao consultório de Mattana, em Caxias do Sul, para mostrar os exames. Ganhou coragem e foi direto ao ponto:

— Doutor, eu vou morrer disso?

— Tu não vais morrer disso, mas tu vais morrer com isso — respondeu o neurologista.

Célebre entre os parentes e amigos pelo otimismo a toda prova, Clovis sentiu-se aliviado:

— Está muito bom. Vou aprender a conviver com essa doença — garantiu.

A partir de então, Clovis passou a tratar-se com o neurologista caxiense. Em paralelo, também foi acompanhado durante muitos anos pelo médico norte-americano Victor Rivera.

Sem raiva e com bom humor

Clovis começou a receber corticoides por meio de pulsoterapia, que permite a injeção de altas doses de medicação diretamente na veia, o primeiro de vários tratamentos a que se submeteu. Enquanto isso, familiares, amigos e colegas tentavam lidar com o impacto produzido pelo diagnóstico de uma doença incurável.

Na Tramontina, a questão que circulava nos corredores, aos cochichos, era se a esclerose múltipla comprometia o futuro profissional do jovem promissor. Clovis combatia esses boatos da melhor maneira possível: trabalhando duro.

Em casa, com dois filhos pequenos — Elisa tinha três anos e Marcos ainda era um bebê —, Eunice dividia-se entre dar suporte ao marido e temer as consequências para a vida familiar e doméstica. Em dada altura, começou a ficar encucada: e se a doença fosse genética e os filhos a herdassem? Procurou Mattana para tirar a dúvida. O neurologista tranquilizou-a, afastando a hipótese. Com essa garantia, ela levou adiante os planos de gerar um terceiro filho.

Preocupada, receosa de que os antigos temores em relação à saúde do filho estivessem finalmente para se concretizar, Laura tentava desanuviar o ambiente pesado e doloroso, fazendo brincadeiras:

— Comprou com defeito. Não aceito devolução! — dizia à nora.

Os filhos também sentiam as consequências. Marcos lembra de estranhar que seu pai, diferentemente dos pais dos amigos, não jogava futebol com ele. "Eu estava com uns cinco ou seis anos quando me dei conta de que ele tinha essas limitações. Quem jogava futebol comigo era meu avô materno."

Mais tarde, Marcos acostumou-se a ser usado como uma espécie de bengala. Aos sábados, depois do almoço em família num restaurante, Clovis ia a pé até a casa de Ivo e Laura, para um café. No caminho, havia um pequeno aclive. "Ele me dizia: 'Vem cá, que vou me apoiar em ti'. Daí eu pensava: poxa, ele precisa de ajuda, não consegue caminhar sozinho. Isso era o que mais me impactava", relata Marcos.

Mas o filho aprendeu a admirar o empenho de Clovis em superar suas limitações. Na praia, mesmo com a mobilidade reduzida, ele insistia em entrar no mar para pescar com tarrafa, um prazer antigo. Mas um dia, ao tarrafear, perdeu o equilíbrio e tombou na água. Entendeu o próprio limite e abandonou a prática, mesmo a contragosto. "A força de vontade do meu pai é enorme. Ele sempre mantém o bom humor. Com todos os problemas que tem, continuar bem-humorado é incrível. Outras pessoas com a doença acabam no seu canto, deprimidas. Por isso ele se tornou um exemplo para quem tem esclerose. As pessoas gostam de falar com ele para buscar inspiração", conta Marcos.

> *Nunca senti raiva por causa da doença, nunca me vitimizei. Uma vez, uma menina com esclerose múltipla veio falar comigo, toda nervosa, questionando sobre o porquê de ter a doença, sem aceitar essa condição. Eu disse que tem de aceitar, não tem o que fazer. Sei aonde essa doença pode chegar. Todo paciente se assusta. Mas qual é a alternativa? Não concordo com a esclerose, mas convivo com ela. E não escondo a doença. Nunca tive vergonha de pedir ajuda. Como líder, acho que posso ajudar outras pessoas que têm o mesmo problema a enfrentá-lo de forma mais amena. Claro que tive medo de não ser capaz de tocar a vida por causa da doença, mas sempre me adaptei.*

A busca incansável por alternativas

A esclerose múltipla é uma enfermidade degenerativa. Os tratamentos existentes buscam, além de amenizar os sintomas, retardar a progressão da doença. Mas ela vai pouco a pouco minando as condições físicas do paciente.

Na década de 1990, Clovis e Eunice fizeram uma viagem de passeio a Nova York, acompanhados por outros dois casais, os irmãos Antonio e Darcy Galafassi e suas esposas, Regina e Ester. Em 1986, Antonio havia sido o responsável por indicar o médico norte-americano de Clovis, Victor Rivera. Durante o itinerário por Nova York, ele notou que o amigo se deslocava com dificuldade.

"Era uma programação intensa, com teatros, restaurantes e pontos turísticos, o que exigia longas caminhadas", relata Antonio, que comandava as operações da Tramontina nos Estados Unidos. "Clovis, como sabem os que o conhecem, não quer perder nada, mesmo com as limitações físicas. Mas ele ia naquela velocidade de quase zero por hora, em certas ocasiões com necessidade de se apoiar."

Os irmãos Galafassi decidiram então comprar uma bengala, um tanto receosos, porque não sabiam qual seria a reação do amigo, que nunca usara esse tipo de acessório.

— Aqui está tua independência — disseram, ao entregar o presente.

Clovis adorou a novidade. Dali em diante, Antonio Galafassi tornou-se o fornecedor oficial de bengalas para o chefe e amigo, adquirindo os melhores modelos disponíveis no mercado norte-americano. Clovis alterna entre dois tipos, um fixo e outro dobrável, mais apropriado para as viagens.

Nesse particular, o ano de 1998 foi marcante para o presidente da Tramontina. Durante a Copa do Mundo, na França, além de depender da bengala, ele às vezes tinha de ser carregado pelos amigos, nas distâncias maiores.

Nessa época, começou a tomar Interferon. O remédio se tornou um companheiro de toda a vida, aplicado uma vez por semana. Após a injeção, sobrevém um estado gripal e um pouco de febre. Para não prejudicar a rotina de trabalho na Tramontina, Clovis marca as aplicações para o fim de semana.

Em paralelo ao tratamento padrão, ele começou a pesquisar sobre o assunto e a buscar qualquer modalidade de terapia disponível. Na revista *Veja*, leu sobre um médico de São Paulo que estava testando o uso de células-tronco e marcou consulta. O profissional ficou espantado ao ver Clovis entrar no consultório pelas próprias pernas.

— Pode ir embora. Você está bem, caminhando. Células-tronco eu só uso em doença agressiva. Não é uma terapia garantida.

Nos Estados Unidos, ele procurou a Mayo Clinic, um dos centros médicos mais avançados do mundo, onde os especialistas disseram que continuasse o tratamento prescrito por Mattana. Ficou sabendo, então, de um profissional de Nova York que andava prescrevendo uma terapia inovadora e agendou um horário. O especialista indicou uma espécie de hemoterapia, em que o sangue do próprio paciente é retirado e depois reinjetado nos músculos.

Cauteloso, o empresário questionou Mattana sobre essa possibilidade.

— Isso é muito agressivo. Melhor não fazer. Temos alternativas melhores — desencorajou o neurologista.

Clovis, um curioso nato, também tentou a sorte com uma série de terapias alternativas e sobrenaturais, sem amparo científico. Uma das primeiras experiências foi com uma pajé que atendia em Içara (SC), sugerida pela amiga Nadir Debenetti Baseggio. Sentada em um banquinho, a indígena olhou o doente da cabeça aos pés e, antes que ele dissesse qualquer coisa, começou a descrever em detalhes os problemas que tinha, incluindo até resultados de exames de sangue.

A mulher receitou uma série de chás e banhos de argila. Clovis ficava três horas mergulhado no barro da cintura para baixo, em casa, e depois mais um bom pedaço de tempo sob o chuveiro, para remover toda a argila. Abandonou o tratamento depois de três visitas a Içara.

> *Eu sou um sujeito que procura tudo. Onde me disserem que tem algo que pode me ajudar, eu vou. Isso contribui para eu manter a esperança. Com essa indígena, eu sentia que melhorava, caminhava melhor, ficava com mais ânimo, depois dos chás e dos banhos de argila. Sou pragmático, então acredito que pode ter algum motivo mental para isso. Larguei o tratamento porque perdi a paciência.*

Movido pela curiosidade, Clovis também chegou a consultar com João de Deus, quando o médium ainda era respeitado e não se conheciam as denúncias de abuso sexual que o fizeram ser condenado a mais de 40 anos de prisão. A sugestão veio de um representante da Tramontina em Goiânia (GO), amigo do curandeiro espírita, que atendia numa cidade a 90 quilômetros de distância, Abadiânia.

Aproveitando uma ida a Brasília, o empresário gaúcho pegou a estrada bem cedo, acompanhado de seu irmão Carlos e do gerente Luiz Pedro Bavaresco. Ao chegar à Casa de Dom Ignácio de Loyola, deparou com mais de mil pessoas à espera de atendimento. Foi convidado a entrar em uma área restrita, onde João de Deus realizaria uma série de procedimentos que chamava de cirurgias espirituais.

Clovis foi convidado a atuar como uma espécie de ajudante e recebeu um recipiente de aço inox, um copo de água, um chumaço de algodão e uma faca de churrasco que, casualmente, era da Tramontina —, o que o deixou surpreso, porque nunca imaginara que as facas produzidas pela empresa fossem usadas até mesmo no universo mediúnico.

> *Aí o João de Deus entrou, pegou a faca e começou a fazer cirurgias. Na primeira, ele tirou uma catarata do olho de um paciente, sem esterilização, sem anestesia. Depois, tirou um calo de um dedo e, em seguida, alguma coisa da virilha de uma mulher. Tudo isso com a faca da Tramontina. Foi uma experiência estranha.*

Depois de concluir os procedimentos, João de Deus olhou para Clovis e pediu-lhe que bebesse a água que segurava na mão. O empresário encarou o copo e ficou meio enojado, mas ingeriu um gole pequeno.

— Bebe toda — insistiu o espírita.

Ele relutou, mas obedeceu.

Em seguida, Clovis foi levado a uma sala onde todos os operados estavam deitados sob lençóis brancos, com pessoas ao redor, supostamente transmitindo energias positivas. O passo seguinte foi entrar em uma saleta onde João de Deus fazia atendimentos individuais.

— Você não acredita em mim — disse ele, sem rodeios.

Clovis estava lá por curiosidade, alimentando seu interesse por experiências novas. Não confiava em cirurgias espirituais, descrença que havia reforçado desde que chegara ao centro espírita e vira João de Deus atuar. Mas preferiu mentir:

— Claro que acredito.

O médium mandou trazerem à sala uma mulher que trabalhava na casa. Ela entrou caminhando, aparentemente saudável.

— Como é que você chegou aqui na primeira vez? — questionou o curandeiro.

— De cadeira de rodas — respondeu ela.
— Quanto tempo faz isso?
— Uns cinco anos.
— E qual era a doença?
— Esclerose múltipla.

João de Deus liberou a mulher e voltou-se de novo para o paciente.

— Vou fazer uma cirurgia em ti.

Clovis ficou em silêncio por um tempo. Daí, pensou: "O Mattana estudou 30 anos e não quis me operar. Não vou fazer, nem com faca da Tramontina." Também ponderou que, para cirurgias espirituais funcionarem, o doente precisa acreditar, o que não era o caso dele. Agradeceu, levantou-se e foi embora.

No final, porém, o empresário acabou se submetendo a um procedimento espiritual, mas não com João de Deus. Em uma viagem a São Paulo para o casamento de uma sobrinha de Luiza Helena Trajano, do Magazine Luiza, ele dividiu a mesma mesa com Oscar Motomura, da Amana Key, empresa que atua na formação de executivos.

Motomura contou-lhe que, algum tempo antes, estava para fazer uma cirurgia delicada, mas desistiu porque o risco de morte era alto. Então disseram-lhe que consultasse uma certa Lenira, terapeuta de Curitiba (PR). Ele procurou a mulher, que o teria curado milagrosamente. "Clovis compartilhou comigo os desafios que enfrentava. Sugeri que ele experimentasse terapias alternativas e o ajudei a ampliar sua visão sobre medicinas de diferentes regiões do mundo, passando pela taoísta, pela ayurvédica e pela antroposófica. E o apresentei à doutora Lenira, uma médica espiritualista", conta Motomura.

O próprio fundador da Amana Key acompanhou o amigo ao Paraná, para uma consulta. Lenira deitou o paciente de bruços e fez uma raspagem na sua coluna, com uma espátula.

— Agora você vai para o hotel, coloca um copo com água ao lado da cama e deita sob um lençol branco. Amanhã, não faz esforço, porque vai sentir os efeitos pós-operatórios — orientou.

Clovis seguiu as instruções meticulosamente. Ao despertar, notou que o copo estava vazio, mas não lembrava de ter bebido a água. Ele acredita ter melhorado depois do procedimento.

Contudo, o único terapeuta a quem se manteve fiel, ao longo de quase quatro décadas, foi mesmo Paulo Ricardo Mattana.

O neurologista de Caxias do Sul acredita que a atitude do paciente colabora para que ele se tenha mantido ativo ao longo dos anos: "Clovis sempre reagiu de forma extremamente otimista à sua patologia. Ele é diferente do normal. Nunca se abateu com o diagnóstico que estabelecemos, apesar de sempre buscar a confirmação em instituições como a Clínica Mayo, da Flórida, e o Centro Especializado em Esclerose Múltipla, de Houston, no Texas, e de ter procurado terapias alternativas que não funcionaram ou nas quais ele não acreditou."

Uma demonstração de força

Curiosamente, a imprensa raras vezes mencionou a doença, fazendo apenas algumas eventuais referências às limitações físicas de Clovis, como se fosse um tabu, algo que não devesse ser abordado. Essa reação não atendia a nenhum pedido de Clovis, que jamais escondeu a enfermidade e fez inúmeras aparições públicas apoiando-se em bengalas ou acomodado em cadeiras de rodas.

Essa atitude aberta que ele decidiu adotar tem sido importante para demonstrar que um portador de esclerose múltipla, apesar das dificuldades que precisa enfrentar, pode ser um membro ativo e produtivo da sociedade, oferecendo contribuições inestimáveis mesmo nos cargos e funções mais exigentes e desgastantes.

Sem se deixar abater ou vencer pela doença, e apesar da rotina pesada de tratamentos e fisioterapia, Clovis continuou a ser o incansável caixeiro-viajante da Tramontina, percorrendo o mundo, agora amparado em uma bengala ou correndo de um lado para o outro de cadeira de rodas.

Em 2012, por exemplo, ele fez uma viagem de negócios em que passou, ao longo de um mês, por várias cidades da Índia, da China, de Taiwan, da Rússia e do Oriente Médio. Três anos depois, em abril de 2015, andou por Catar, Filipinas, Singapura, Indonésia, Austrália e África do Sul.

No Irã, paralisou o trânsito caótico de Teerã, ao atravessar uma das principais avenidas da cidade em câmera lenta, por causa das limitações motoras. "Ele estendia a mão e sorria para os motoristas incrédulos, que paravam para ele passar", descreve Cesar Vieceli, que o acompanhava. Em cada um desses destinos, Clovis vai a consulados, embaixadas, empresas de consultoria e agências de comunicação. Acima de tudo, visita cliente por cliente.

Ricardo Tramontina, o filho caçula, relata que é inclusive difícil acompanhar a vitalidade de Clovis. "Fico louco nas viagens com ele, porque ele não para, quer visitar clientes das 8h às 20h. Apesar da doença, ele mantém um ritmo que nem os mais jovens aguentam. Meu pai não abre mão das coisas. Faz turismo, viagens de negócios e visitas a clientes, como se enfrentasse apenas uma pequena dificuldade."

Há muitos relatos desse tipo entre pessoas próximas. Depois de uma viagem com Clovis aos Estados Unidos e ao México, que incluía visitas a feiras e lojas de clientes, a diretora de marketing Rosane Mesturini Fantinelli voltou a Carlos Barbosa exausta.

Ruy Scomazzon perguntou a ela como o chefe havia aguentado a maratona.

— Seu Ruy, o Clovis diz que a esclerose múltipla provoca fadiga. Mas é nos outros, não nele — respondeu Rosane.

Mais recentemente, Clovis teve um ganho importante em mobilidade e autonomia. Durante uma viagem de lazer aos Estados Unidos, em 2017, Antonio Galafassi, que já havia presenteado o amigo com a primeira bengala anos antes, recebeu-o com uma cadeira de rodas elétrica dobrável, para facilitar os deslocamentos por Santa Fé, Chicago e Las Vegas. "Em Las Vegas, sentado em seu novo meio de transporte, Clovis disparou em velocidade e desapareceu no meio do cassino, sem deixar rastros. Saímos à sua procura e o encontramos divertindo-se nas máquinas caça-níquel", conta Galafassi. "Ele é sempre quem tem mais energia, deixando os outros todos para trás."

A capacidade de tocar a vida apesar da esclerose é um motivo usual de admiração no meio empresarial. Mariê Camicado define Clovis como um exemplo de superação. Para Nelson Sirotsky, do Grupo RBS, ele é "insuperavelmente forte". Jorge Gerdau Johannpeter acredita que a firmeza de propósito é o segredo: "Ele tem tanta convicção, que nada o detém, nem suas limitações físicas".

Luciano Huck, apresentador da TV Globo que conheceu Clovis de maneira fortuita, em 2013, diz que ficou marcado por aquele encontro. "Quando a gente sentou para conversar, logo percebi que ali, dentro daquele corpo, morava alguém diferente e que, mesmo com as dificuldades de locomoção, era alguém muito rápido, muito ágil."

Hélio Sendoda, que foi colega do empresário de Carlos Barbosa em um curso de MBA na Fundação Dom Cabral, conta que o amigo nunca faltou às aulas. "Foram 18 meses, com 25 dias de aulas presenciais, e ele sempre lá, cheio de otimismo", relata.

> *A esclerose múltipla me mostrou frágil. Mas, ironicamente, me fez forte.*

Anjo da guarda do marido, Eunice diz ser uma pessoa caseira, ao contrário de Clovis, que nem mesmo com a doença aprendeu a compartilhar o gosto da esposa pela vida doméstica. "Clovis não para. Só quer viajar e ir a outros lugares", diz ela.

Em 2020, Nice começou a se dedicar ao projeto de um lar perfeitamente adaptado às necessidades de um portador de esclerose múltipla. O apartamento terá ainda mais comodidades do que a atual moradia.

Nice espera que, no novo apartamento, em Carlos Barbosa, o marido se sinta mais confortável — e sossegue um pouco. Clovis acha graça. Os que o conhecem sabem que, se há um sinal de trânsito que ele não respeita, é o de "Pare".

MUITO ALÉM DA ÁRVORE

—10

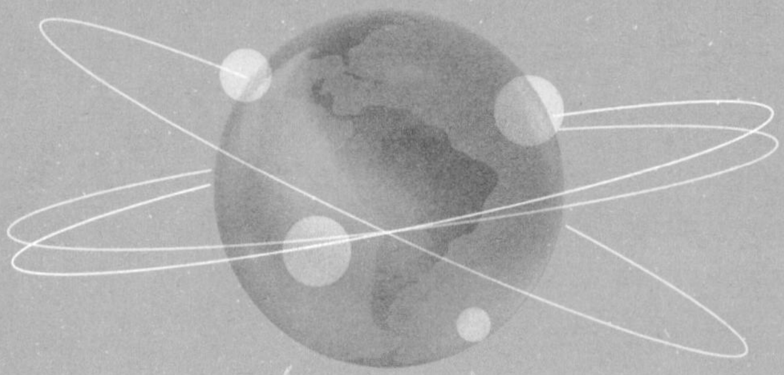

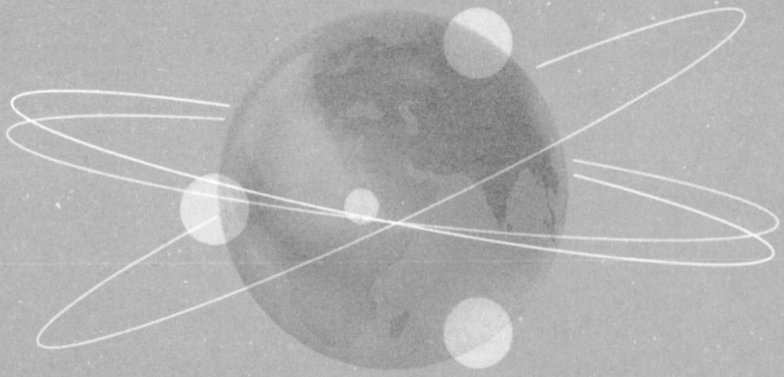

Um dos episódios da história da Tramontina evocados com maior frequência pelos colaboradores é aquele em que, num momento de dificuldade, Valentin e Elisa tentavam animar um ao outro, sonhando com um futuro mais auspicioso para sua modesta oficina de facas e canivetes.

— Vai vir o dia em que a minha ferraria vai ser a mais grande do Rio Grande — dizia o marido.

— Nossa fábrica vai crescer além da árvore — acrescentava a mulher.

A razão para essa história ser sempre relembrada é que, retrospectivamente, os anseios do casal ganham um certo ar de profecia. Mas, principalmente, porque esses anseios revelam uma saborosa ingenuidade. Como se sabe, a realidade suplantou o sonho, e a empresa se expandiu muito além da árvore no quintal.

Coube a Clovis, o neto do casal de pioneiros, um papel importante nesse processo. Dos exíguos limites do Rio Grande, ele ajudou a ampliar o sonho para a vastidão do mundo, na condição de presidente da empresa.

Foi um processo trabalhoso. Até o meio da década de 1980, a presença internacional da Tramontina era tímida. A empresa havia realizado uma primeira exportação em 1969, para o Chile, promovera uma venda de vulto para o Paraguai, em 1975, mantinha negócios regulares com a Argentina e fazia vendas esporádicas, instáveis, para alguns outros mercados secundários. Nos Estados Unidos, tinha somente dois representantes independentes, um deles em Nova York. Ou seja, o foco era basicamente o mercado brasileiro, com algumas incursões externas, principalmente em países vizinhos.

A saída era bater perna pelo mundo, amostras debaixo do braço, em busca de mercados inexplorados. A primeira experiência desse tipo que Clovis teve foi aos 24 anos, quando ainda estava na faculdade de Direito. Ele e Eduardo Scomazzon foram chamados a acompanhar Ruy Scomazzon em um périplo que passava por Europa e África. A primeira etapa, europeia, revelou-se um deleite, com restaurantes bons e hotéis aconchegantes.

Mas a África foi um choque. Clovis espantou-se com a pobreza e a estrutura precária. Na Nigéria, passou mal numa das primeiras noites, por causa de uma amigdalite, decorrente de alguma infecção viral ou bacteriana que havia apanhado por lá. Ele dividia o mesmo quarto com Eduardo e seu Ruy, que saiu à rua de madrugada, em busca de uma farmácia onde pudesse comprar antibióticos — o que se revelou perda de tempo.

Na visita a um dos principais clientes em potencial, uma loja localizada em um mercado popular, Clovis tomou um susto. Sentado diante do executivo da empresa, sobressaltou-se ao perceber que a mesa do homem começara a se mexer, como se algum fenômeno paranormal estivesse em curso. Dali a pouco, saiu um menino de sob o móvel. Ele havia invadido o escritório, ninguém sabia como.

Depois de fechar pedido de uma remessa de martelos com a loja da Nigéria, o trio da Tramontina seguiu para Acra, capital de Gana. Ficaram em um quarto de hotel precário. Na rua, era comum verem pessoas fazendo suas necessidades à frente de todos. Também foram ao Senegal e à Costa do Marfim.

Naquela época, a Tramontina não era nada, não estava no mesmo nível que as melhores marcas. Nós viajamos a esses mercados menos servidos em busca de alguma oportunidade de venda. Dentro do passaporte, guardávamos uma fotografia do Pelé, que era o que as pessoas conheciam do Brasil e abria muitas portas. A África mudou e progrediu muito desde então, mas na ocasião vimos coisas terríveis, era tudo primitivo. Estudamos muito o mercado de lá e compreendemos que o continente africano tinha um bilhão de pessoas, ficava próximo de nós, a apenas seis dias de barco, e estava com tudo por fazer. A Tramontina tinha de estar lá com seus produtos.

O aprendizado nas feiras

Algum tempo depois, já na década de 1980, Eduardo e Clovis viajaram sozinhos aos Estados Unidos com a incumbência de prospectar negócios. Desembarcaram em Los Angeles e foram a uma reunião na West Coast, um grande atacado. Levaram três produtos de baixo preço para oferecer. Como Eduardo dominava o inglês, comandou as negociações com um certo Mr. Zimmermann.

Ele mostrou o primeiro item ao americano, explicou suas características, enumerou vantagens.

— *How much?* — atalhou Mr. Zimmermann, seco.

— *Three dollars* — respondeu Eduardo.

— *Too expensive!*

Os brasileiros se entreolharam.

— A coisa vai ser feia — disse Eduardo, em português.

Ele então desembalou o segundo produto e se esmerou ao máximo na apresentação. O resultado não foi diferente:

— *How much?*

Eduardo informou o preço. Mr. Zimmermann foi brutal de novo:

— *Too expensive. Next?*

Antes que Eduardo passasse para o último produto, Clovis, que já estava irritado, disse ao companheiro:

— Oferece pela metade do preço, só para ver o que acontece. Ele não vai querer mesmo.

Dito e feito. Zimmermann perguntou uma vez mais o preço, Eduardo apresentou um valor irrisório, e o sujeito disse que era caro demais.

— *Next!* — vociferou.

Eduardo e Clovis não tinham mais nada para mostrar. Saíram dali assustados, cabisbaixos, quase humilhados.

Em Nova York, foram recebidos por um frio de congelar. Encapotados, com amostras de um cepo com seis pequenas facas de churrasco, apanharam o trem para visitar um cliente. A recepção não foi das mais amigáveis.

— *Tramontina es una mierda* — foi logo dizendo o comprador, em espanhol.

Eduardo tentou amenizar o clima, convidando o cliente para um café. Depois de quebrado o gelo, veio a explicação para a má vontade dele: um problema com a entrega de um pedido anterior. A dupla de Carlos Barbosa conseguiu apagar o incêndio e ainda tirou um novo pedido.

A viagem incluiu também a visita a uma importante feira em Chicago, marcada por um contratempo. Clovis acordou de madrugada no quarto dividido com Eduardo, tropeçou e caiu sobre a mala cheia de amostras. Pôs a mão à frente, para amortecer o impacto, e acabou rasgando a pele na lâmina de uma das facas da Tramontina.

No dia seguinte, a feira começou na enfermaria, onde lhe fizeram um enorme curativo na mão. Pelo menos conseguiu vender de cara, e pelos preços originais, os três itens que haviam sido desprezados por Mr. Zimmermann em Los Angeles.

Para a Tramontina daquela época, contudo, a lógica de visitar as grandes feiras internacionais não era tanto vender. Os emissários da empresa iam a esses eventos para conhecer os novos produtos que chegavam ao mercado, atualizar-se sobre os materiais utilizados pelos fabricantes, familiarizar-se com outras técnicas de produção e acabamento e observar as tendências de *design* — tudo isso com um único fim, o de reproduzir em Carlos Barbosa o que havia de melhor no mundo. Em outras palavras, copiar.

Dessa forma, Clovis e Eduardo percorriam corredor por corredor do McCormick Place, o maior centro de convenções do mundo, localizado à margem do Lago Michigan, na zona central de Chicago, para entregar seus cartões e recolher catálogos. No fim do dia, sentavam-se no quarto do hotel para examinar as pilhas de material impresso. As páginas que interessavam eram arrancadas, para ser levadas à Serra Gaúcha, onde seriam estudadas meticulosamente.

— Um dia vamos chegar aqui — diziam, olhando para as imagens dos produtos que mais invejavam.

Um dos estandes que visitaram foi o da Regent Sheffield, fabricante inglesa de facas com quase 200 anos de história. Engravatados, com crachás da Tramontina no peito, Clovis e Eduardo se demoraram na observação de um cepo de plástico para facas. Olhavam, tomavam notas, discutiam a peça. Um alto executivo da empresa britânica estava no estande e reparou no interesse da dupla.

— Vocês gostaram do cepo? — questionou.

— Muito. Vamos copiar — respondeu Eduardo.

No outro dia, quando Clovis e Eduardo voltaram à feira, o cepo não estava mais em exibição.

Nesses anos de aprendizado, Clovis também esteve na feira de utilidades domésticas de Chicago para acompanhar seu pai. Quando chegaram ao centro de eventos, Ivo Tramontina, que não falava inglês, orientou:

— Em cada estande, tu pegas o cartão deles e anotas as informações que eles passarem.

— Não preciso anotar. Vou lembrar de tudo — garantiu o jovem.

De fato, Clovis não tomou nenhuma nota. À noite, no hotel, depois de um dia inteiro percorrendo corredores repletos de estandes, o pai chamou-o:

— Bom, agora vamos fazer as nossas anotações. O que tu tens do estande tal?

Na mente de Clovis, tudo o que havia era um borrão formado por imagens desencontradas de dezenas de estandes visitados. Não lembrava de nada específico.

> *No dia seguinte, meu pai me fez visitar todos os estandes de novo. Em cada um, ele dizia para eu explicar por que estava repetindo a visita, pedir desculpas e dessa vez anotar as informações. Foi uma lição para mim. Passei a tomar nota de tudo dali em diante. Não deixo passar nenhum detalhe nas feiras.*

As incursões por esse tipo de evento também tinham como objetivo preparar a Tramontina para uma entrada mais agressiva em âmbito internacional. Seu Ruy e o filho, Eduardo Scomazzon, pregavam que a melhor estratégia seria conquistar espaço no mercado dos Estados Unidos, o mais importante do planeta. Acreditavam que essa seria uma porta de entrada para o mercado globalizado, uma espécie de base de lançamento para a posterior conquista de outras partes do globo.

Clovis, que tinha em mente o modelo da Coca-Cola, empolgava-se com a proposta. Ele chegara a pensar em buscar um estágio ou uma experiência profissional na multinacional norte-americana, para aprender como transformar a Tramontina em sinônimo de utilidades domésticas, assim como a Coca-Cola era sinônimo de refrigerante.

> *Seu Ruy e o Eduardo sempre tiveram essa visão do mercado internacional, enquanto eu era mais do mercado brasileiro. Aliás, Seu Ruy sempre foi visionário. Ele está à frente do seu tempo. Eu brinco que ele enxerga além das paredes. Ele vê o futuro.*

A conquista da América

Essa foi a origem da Lasso Corporation of America, como era chamado o escritório da Tramontina inaugurado em Houston, no Texas, em 1986. O nome original da empresa não foi usado, num primeiro momento, porque os americanos tinham dificuldades na pronúncia. Mas, em 1992, a companhia foi rebatizada como Tramontina USA, usando a sigla TUSA.

O objetivo desse primeiro braço internacional do grupo era inserir a marca de Carlos Barbosa no varejo dos Estados Unidos, alavancando as exportações e elevando a empresa a um novo patamar. O profissional encarregado da missão foi escolhido com cuidado. Era necessário que fosse um vendedor tarimbado, mas também alguém que tivesse uma visão estratégica e vestisse a camiseta da empresa. Clovis concluiu que Antonio Galafassi era essa pessoa.

Originário da Serra Gaúcha, Galafassi ingressara na Tramontina em 1974, aos 17 anos, como auxiliar de escritório no setor de vendas. Uma de suas atribuições era fazer periodicamente a viagem de ônibus entre Caxias do Sul e São Paulo, para entregar ao único representante local, em mãos, a lista atualizada de preços da marca. Era uma função importante do ponto de vista da receita, porque os valores subiam constantemente, como consequência da inflação alta.

Em 1978, Galafassi viajou pela enésima vez a São Paulo, mas não apanhou o ônibus de volta. A empresa resolvera abrir um escritório na cidade, e ele foi designado para a subgerência, como braço direito do gerente Carlos Alberto Antunes. Em 1981, Antunes deixou o cargo, e Clovis foi o escolhido pela direção para substituí-lo, assumindo as vendas na maior metrópole do país. Galafassi, que ambicionava o posto de gerente, aceitou uma proposta tentadora feita pela Zivi-Hercules, a principal concorrente da Tramontina.

Apesar de estar na concorrência, ele e Clovis desenvolveram uma relação próxima, nutrida pela admiração mútua. Encontravam-se com alguma frequência, principalmente em aeroportos, nas viagens para a Serra Gaúcha, e nessas ocasiões o novo gerente de São Paulo sempre tentava trazer Galafassi de volta para a mesma trincheira. Seguindo a prática estabelecida por Seu Ivo e Seu Ruy, Clovis achava importante colocar em postos-chave profissionais que tivessem iniciado a carreira na Tramontina. Nesse sentido, Antonio Galafassi era uma espécie de ovelha desgarrada.

A oportunidade perfeita para concretizar o plano de readmissão surgiu no começo de 1983. De volta a Carlos Barbosa, promovido a gerente nacional de vendas, Clovis chamou o amigo para uma reunião. Ruy e Eduardo Scomazzon também participaram do encontro. Eles propuseram ao ex-funcionário o retorno ao escritório paulista da Tramontina, agora como gerente-geral, o cargo que ele desejava. Galafassi topou na hora.

Foi o desempenho exitoso nessa função, em que se reportava diretamente a Clovis, que motivou o convite para iniciar o projeto nos Estados Unidos. Em junho de 1986, Galafassi e a mulher, Regina, estabeleceram-se em Houston. O enviado da Tramontina sequer sabia falar inglês. Clovis brinca que as únicas palavras que ele conhecia no idioma de Shakespeare eram "McDonald's" e "Coke".

— Não te preocupes. Com esse conhecimento, fome e sede tu não vais passar — incentivou o presidente da empresa.

Mas Galafassi se virou, deu um jeito de se comunicar com os norte-americanos e estruturou a Lasso, que a princípio era apenas um humilde escritório. Começou a trabalhar com um estoque de US$ 800 mil em facas enviadas pela Tramontina Cutelaria. Com o passar do tempo, o portfólio passou a incluir outros produtos da marca, como panelas e ferramentas.

A Lasso nasceu em parceria com uma empresa de distribuição baseada em Houston. A sociedade facilitou a implantação do projeto, mas logo ficou claro que os objetivos não eram compartilhados. A distribuidora tinha os seus próprios negócios e prioridades, e alavancar a Tramontina não estava no topo da lista. A Tramontina comprou a parte do parceiro e passou a administrar a Lasso em voo solo.

Galafassi lembra que, durante os preparativos para a abertura do escritório, ele visitou a grande feira de Chicago acompanhado por Ivo Tramontina e Ruy Scomazzon. Para aproveitar ao máximo o tempo, os dois sócios não queriam nem parar para comer. Por fim sentaram-se e, depois de horas observando a gama quase infinita de produtos expostos, chegaram a uma triste conclusão:

— A Tramontina não tem nada para mostrar aqui. Não temos nada de único ou de diferente.

Galafassi, no entanto, achava que a empresa brasileira tinha um diferencial que estava em falta no mercado global: atenção ao cliente. Ele propôs direcionar a isso os esforços do escritório de Houston. "Construímos a empresa em volta de serviço, agilidade e eficiência", explica.

O primeiro grande fruto dessa estratégia amadureceu em 1989, quando a Tramontina conseguiu entrar no Walmart, rede de hipermercados que era na ocasião o terceiro maior varejista dos Estados Unidos, com mais de 1,2 mil lojas. Vendia à cadeia norte-americana panelas, facas e outros utensílios de cozinha fabricados na Serra Gaúcha.

Essa parceria acabou sendo fundamental para a expansão da marca brasileira, que pegou carona no crescimento acelerado do Walmart, que caminhava para se tornar o maior varejista dos Estados Unidos. A Tramontina virou um dos três maiores fornecedores do gigante e chegou a ser eleita fornecedor do ano em utilidades domésticas.

A expansão nos Estados Unidos exigia a chegada de reforços. O escolhido para auxiliar Galafassi foi Luiz Renato Sganderlla, que acompanhara Clovis nas aventuras de juventude e estava atuando no escritório de São Paulo. Em julho de 1993, ele desembarcou em Houston. No ano seguinte, já bem instalado, mandou a família vir do Brasil.

Em 1998, o escritório alugado em Houston teve de ser fechado. Estava pequeno demais. As operações foram transferidas para uma cidade da região metropolitana, Sugar Land, onde um grande centro de distribuição foi construído.

Da América para o mundo

Como previram Seu Ruy e Eduardo, o sucesso nos Estados Unidos serviu de ponte para o mundo. Depois de conquistar seu próprio país, o Walmart se esparramou pelo planeta, passando de 11 mil pontos de venda em dezenas de países, e levou a marca brasileira junto com ele.

> *Os Estados Unidos foram o grande mobilizador das vendas externas da Tramontina. Elevaram a marca no mercado internacional e agregaram valor ao produto.*

Não foi apenas por meio do Walmart que isso aconteceu. Na década de 1990, a TUSA tornou-se fornecedora de outra gigante do varejo, a Cotsco, com mais de 500 pontos de venda nos Estados Unidos e outros 300 fora do país. As prateleiras da Cotsco em países como Austrália, Coreia do Sul, Japão, México, Canadá, Reino Unido, França, Espanha e até mesmo Islândia encheram-se de produtos Made in Carlos Barbosa.

Além de aproveitar a ponte para o mercado internacional, favorecida pelas grandes cadeias varejistas norte-americanas, Clovis apoiou outras iniciativas da equipe responsável pela internacionalização, liderada por Eduardo Scomazzon e, depois, por Joselito Gusso.

Entre essas iniciativas estava a abertura de unidades de distribuição da Tramontina na Alemanha (1994), no México (1997), na Colômbia (1999), no Chile (2000), nos Emirados Árabes Unidos (2004), no Peru (2005), na China (2005), no Equador (2011), no Panamá (2012), em Singapura (2013), na África do Sul

(2013), no Reino Unido, no Caribe (2016), na Austrália (2017), na Letônia (2017), no Canadá e na Malásia (2021).

Essa multiplicidade de mercados gerou situações curiosas. Nos anos 1990, enquanto visitava uma feira nos Estados Unidos, Adilson Formentini, um gerente da Tramontina, deparou com uma pá para recolher neve, feita de alumínio e de grandes dimensões. Sugeriu a fabricação do item para o mercado norte-americano, o que foi feito, mas com resultados pífios. A pá quase não vendia e ficou encalhada.

O próprio Formentini, em uma viagem posterior ao Caribe, percebeu que a indústria pesqueira local utilizava pás daquele tipo, porque elas não oxidavam em contato com a água salgada. As pás de neve foram então redirecionadas ao tropicalíssimo mercado caribenho — e a produção finalmente começou a escoar.

Esses aprendizados foram se multiplicando na medida em que a Tramontina explorava os novos territórios. Em 2001, Clovis e Joselito Gusso estiveram em Nova Délhi e reuniram-se com o representante de vendas da empresa na Índia. Ravi Gupta convidou os visitantes para jantar e serviu um prato de frango. Clovis procurou uma faca para trinchar a carne, mas só havia garfos e colheres na mesa. Ficou um pouco confuso, até perceber que os convivas partiam o frango com as mãos. Para quem exportava talheres, era um aprendizado nada desprezível.

> *Para exportar, é necessário entender a cultura local. Tem de conhecer as pessoas de cada lugar, saber quais são os seus costumes e entender o que elas querem comprar. Entregamos essa tarefa aos* traders, *um grupo de profissionais responsáveis por estreitar nossas relações lá fora e abrir novos mercados.*

Assim como o jantar de Clovis com Ravi Gupta mostrou o que não valia a pena tentar exportar para os indianos, outras incursões no país asiático apontaram para oportunidades a explorar em um mercado com um bilhão de potenciais consumidores. Em uma visita posterior à Índia, Joselito descobriu que a classe média local estava aderindo às máquinas de lavar louça, uma novidade trazida do Ocidente. Reagiram rapidamente, vendendo para o país talheres especiais, com cabos de madeira tratada para resistir a esse tipo de lavagem.

Joselito Gusso protagonizou outra situação peculiar na Índia. Em fevereiro de 2002, em uma viagem para prospecção de negócios, ele teve sua atenção despertada por uma imagem na TV do quarto de hotel: em uma cena de telenovela, um ator fervia leite em uma panela e depois usava uma concha para servi-lo em uma xícara.

A partir daí a Tramontina introduziu aos maravilhados indianos um produto inovador: uma leiteira, que além de tudo era antiaderente.

No mesmo ano, um *trader* da empresa viajou à remota Papua Nova Guiné, um dos países menos urbanizados do mundo, onde populações aborígenes mantêm há milênios o mesmo estilo de vida, em meio a selvas quase intocadas. O enviado descobriu que, por lá, não há instrumento mais fundamental e básico do que um facão. A ferramenta é usada para tudo: desbravar caminhos, desbastar matagais, abrir cocos, cortar alimentos, defender-se. Surgiu um novo mercado, tão bem-sucedido que Clovis resolveu fazer uma visita ao país e conhecer o revendedor local da Tramontina, Brian Bell, do Brian Bell Group. Soube nessa ocasião que o chamavam na Papua Nova Guiné de "rei dos facões". "Tudo é uma questão de investigar para descobrir quem precisa do quê", observa Eduardo Scomazzon.

No começo do século 21, a Tramontina fez também tentativas de entrar no mercado chinês. Clovis viajou várias vezes ao país, onde a empresa abriu um escritório em 2005. Nessa ocasião, viveu um episódio curioso. Durante visita à embaixada brasileira em Pequim, sentiu-se incomodado porque não lhe serviram café, bebida que ingere vorazmente, da manhã à noite.

A gafe lhe parecia especialmente grave porque o café, um dos nossos principais produtos de exportação, deveria ser uma espécie de cartão de visitas do Brasil. Em dado momento, perdeu a paciência e disse ao embaixador, com sarcasmo:

— Desculpe interromper nossa conversa, mas vou ali no outro lado da rua, na embaixada da Colômbia, para ver se arranjo um cafezinho.

A experiência na China impôs dificuldades. A Tramontina, que importava produtos chineses para revendê-los nos Estados Unidos, percebeu que era muito difícil chegar com preços competitivos ao mercado local. Uma tentativa de ingresso envolveu o então vice-presidente do Carrefour no país asiático, o brasileiro Claudio Gouveia. Em uma visita a Porto Alegre, em 2006, Gouveia encontrou-se com Clovis e fez uma brincadeira:

— Clovis, tu tens de vender no Carrefour da China.

Brincadeira ou não, ele não perdeu a deixa. Em abril do ano seguinte, desembarcou em Pequim acompanhado de Cesar Vieceli, carregado de caixas com amostras e munido de planilhas com propostas de fornecimento à rede de origem francesa.

Gouveia, que contava apenas com uma visita informal, de cortesia, ficou espantado com a chegada do empresário, carregado de documentos e materiais. Acabou convocando seus gerentes e compradores para uma reunião com Clovis. As conversas avançaram, mas o negócio não saiu. Não por falta de acordo com o Carrefour, mas porque a logística para levar o produto de Carlos Barbosa até o país oriental, que teria de ser assumida pela Tramontina, revelou-se impraticável.

Dessa forma, a presença da marca no mercado chinês é canalizada pelas parcerias com o Walmart e a Cotsco, que mantêm lojas no país e comercializam os produtos da parceira brasileira por lá. Além disso, o escritório local da Tramontina tem uma característica diferente dos que são mantidos em outras partes do mundo. Em lugar de estar focado nas vendas e na distribuição, as suas finalidades são desenvolver fornecedores de matéria-prima e buscar a complementação de produtos.

A Tramontina, aliás, seguiu rumo oposto ao do mercado no que diz respeito à China. Nos anos 2000, as indústrias do setor de utilidades domésticas passaram a transferir as suas unidades de produção para o país asiático, fechando as fábricas nos países de origem. A finalidade era reduzir os custos de produção e ganhar competitividade. Os estudos feitos pela empresa brasileira, no entanto, indicavam que fabricar na China e depois exportar para os Estados Unidos, seu principal mercado fora do Brasil, não se justificava do ponto de vista financeiro.

Depois da consolidação nos Estados Unidos e na América do Sul, Joselito Gusso, que dedicou grande parte de sua carreira na Tramontina ao mercado externo, mesmo na condição de vice-presidente da empresa, ficou encarregado de prospectar e abrir mercados emergentes. A estratégia adotada foi a de implantar escritórios e centros de distribuição em países que funcionam como polos regionais, de forma que essas unidades atendessem a vários países ao mesmo tempo.

Essa fase começou em 2004, com a inauguração de um escritório nos Emirados Árabes Unidos, para atender o Oriente Médio, onde a Tramontina se tornou uma marca popular. Na década seguinte, com a entrada na África do Sul, em Singapura e na Austrália, passaram a ser atendidos os mercados da África, do Leste Asiático e da Oceania. "Os poucos negócios que tínhamos nessas regiões eram imprevisíveis e instáveis. Então abrimos filiais em países com mais predominância comercial", explica Joselito Gusso.

Depois disso, o foco se voltou para a Europa, onde se abriram novas representações na Inglaterra e na Letônia. A unidade da Alemanha, com mais de duas décadas de existência, foi reposicionada no mesmo período, com ênfase nos produtos para churrasco.

A ideia foi seduzir os alemães com o típico assado brasileiro: os estandes da Tramontina nas feiras germânicas ofereciam picanha suculenta, farofa e caipirinha. Hoje, a marca está presente em cerca de mil pontos de venda na Alemanha. Os espetos estão entre os produtos mais vendidos. "O churrasco teve papel preponderante para abrir essas portas", observa Joselito.

> *A Tramontina decidiu que concentraria as fábricas no Brasil e que teria unidades de distribuição junto aos mais diversos mercados, para conhecer o comportamento e as peculiaridades locais.*

A importância do marketing

A ideia de servir picanha para vender produtos da Tramontina aos europeus tem o espírito de marketing que Clovis procurou trazer para a empresa desde que atuava no escritório regional de São Paulo. Essa filosofia, materializada na forma de publicidade agressiva, foi fundamental para a expansão internacional da marca.

Em 2002, por exemplo, o grupo gaúcho investiu em anúncios na traseira dos ônibus que circulavam pelos principais pontos turísticos de Paris, uma forma de atingir um público selecionado das mais variadas nacionalidades. Em simultâneo, *outdoors* e painéis foram espalhados pela Europa, em 15 idiomas diferentes, conforme o país.

Em muitos casos, as campanhas publicitárias foram feitas sob medida para determinado público. Na Argentina, por exemplo, onde Tramontina é sinônimo de facas para churrasco, havia dificuldade para vender uma panela de aço inoxidável com fundo triplo, mais cara do que os demais itens existentes no mercado. Para lidar com o problema, a empresa brasileira desenhou uma campanha de TV que incluía o patrocínio a um programa de culinária popular — Cucina del 9, com o *chef* Ariel Rodríguez —, para explicar ao consumidor argentino por que valia a pena pagar mais pela panela.

No Peru, a marca associou-se ao programa Aventuras Culinarias, do *chef* Gastón Acurio, considerado internacionalmente um gênio da gastronomia, responsável por divulgar a cozinha peruana e transformá-la em uma das mais populares do planeta. No México, a abordagem foi diferente. A população foi estimulada a enviar fotos com algum produto da Tramontina, para concorrer a viagens ao Brasil. A empresa de Carlos Barbosa também patrocinou programas de TV de sucesso em países como a Rússia e a Letônia.

Em muitas outras ocasiões, a mensagem é global. Um único comercial produzido no Brasil é dublado para as mais variadas línguas e exibido mundo afora. Isso aconteceu com um filme feito em 2020, que tinha a pandemia de Covid-19 como pano de fundo e explorava o conceito de "importância da casa" — uma forma de incentivar as pessoas a manter o isolamento doméstico e reduzir as transmissões do coronavírus. A peça foi veiculada pela Tramontina em mais de 20 países.

Com todos esses esforços, a aventura internacional da Tramontina resultou em números robustos, que raras empresas brasileiras conseguem equiparar, deixando o grupo gaúcho em condições de atingir o objetivo que havia traçado: ser a maior marca de utilidades domésticas do mercado. Em 2021, a empresa mantinha 17 centros no exterior, em todos os continentes, com exceção da Antártica, e vendia seus produtos em mais de 120 países.

O mercado externo absorvia 30% da produção das fábricas. Os Estados Unidos, onde a jornada começou, respondia por metade dessas exportações. Lá, a Tramontina estava presente em 15 mil pontos comerciais, em cadeias como Walmart, Sam's Club, Costco Wholesale, Meijer, Pricesmart, Williams Sonoma, BJs Wholesale Club, Bed Bath & Beyond, Ace Hardware, TJMaxx e Marshalls.

A ferraria de Valentin e Elisa havia ido muito além da árvore.

> *Sempre aconselho: deixem de se preocupar com a cotação do dólar e se concentrem na qualidade do serviço. Para vender no mercado internacional, é preciso muito mais do que mercadoria barata. No nosso caso, a presença e a constância dos nossos* traders *é decisiva.*

A FORÇA DAS DINASTIAS

A Tramontina se espraiou pelo mundo, mas nunca perdeu o sotaque de Carlos Barbosa. Onde quer que mantenha uma fábrica ou escritório, no Brasil ou no exterior, é quase certo que os gestores terão vindo da Serra Gaúcha, onde começaram na empresa pelas funções mais básicas. Muitos deles foram amigos de infância ou de juventude de Clovis.

Cerca de 90% das funções de gerência ou chefia são ocupadas por profissionais que fizeram carreira na empresa, algo que se tornou possível porque a Tramontina costuma crescer na faixa dos dois dígitos anuais, abrindo constantemente novos postos de liderança.

As exceções são poucas. Em 2021, das 18 unidades mantidas pelo grupo fora do Brasil, apenas oito não eram comandadas por pessoas oriundas do entorno das fábricas no Rio Grande do Sul: Estados Unidos (com o CEO paulistano Marcelo Lopez Borges de Oliveira e o gerente-financeiro paulista Marcos Signorini Neves), Colômbia (gerenciada pela colombiana Marta Inés Aguirre), Riga (sob o comando da letã Linda Rode), Canadá (com o gerente-geral canadense Tim Casey), Peru (gerenciada pelo colombiano Carlos Alberto Grisales Vásquez), Chile (Karen Deichler Piñeiro, gerente administrativa chilena) e Panamá (Luiz Alfonso Guzmán Melo, gerente comercial colombiano).

Clovis se define como o mais ferrenho defensor dessa insólita política de recursos humanos. Entende que ela gera profissionais que atuam como se fossem um pouco donos da empresa. Não se deslumbra com os diplomas conferidos por universidades famosas, que no entendimento dele podem resultar na contratação de pessoas sem identificação e comprometimento com a companhia.

> *A prata da casa é um diferencial para a Tramontina, porque as pessoas têm o senso de pertencimento. Elas fazem o seu projeto de vida dentro da empresa.*

Essa aposta no talento local — a prata da casa, como Clovis costuma dizer — é uma singularidade marcante, mas é só a ponta do iceberg. A empresa ainda oferece espaço amplo para que se formem autênticas dinastias em seus quadros funcionais. É comum várias pessoas de uma mesma família, de diferentes gerações, desempenharem funções nas fábricas e nos escritórios.

Essa peculiaridade, contrária aos manuais de gestão seguidos pela maioria das companhias, é uma marca gerencial da Tramontina — e, acredita Clovis, um dos segredos de seu sucesso.

O ex-diretor industrial Manoel Bragagnolo é um exemplo disso. Seu pai, Luiz Alfredo, foi um dos primeiros trabalhadores da Tramontina, produzindo canivetes em casa. Dois dos seus quatro filhos atuaram na empresa. "Eu sempre digo que a Tramontina compra o *hardware*, mas o *software* ela mesma faz", define Bragagnolo.

Antonio Galafassi e Luiz Renato Sganderlla, os dois pioneiros da empresa nos Estados Unidos, também são exemplos bem acabados dessa original política de recursos humanos.

Galafassi, que se aposentou em 2020, depois de ocupar as funções de CEO nos Estados Unidos e de integrante do Conselho de Administração, fez carreira na Tramontina em paralelo com o irmão, Darcy Galafassi. Os dois ingressaram na empresa na década de 1970.

No caso de Darcy, o início foi em 1979, em Farroupilha, como auxiliar de cobrança, quando o irmão já atuava no escritório de São Paulo. Tinha 19 anos. Logo em seguida, foi para a unidade do Rio de Janeiro e, aos 23 anos, assumiu a gerência de vendas em Porto Alegre. Nos sábados, subia até a Serra Gaúcha para levar os pedidos da semana ao Escritório Central. Depois, reunia-se com Clovis para o almoço, que muitas vezes consistia nos famosos bifes preparados na chapa por Dona Laura. Esse convívio resultou em uma relação de amizade e confiança entre os dois. Quando Darcy se casou com Ester, Clovis e Nice foram os padrinhos, ampliando a relação de proximidade entre os casais. Em 35 anos de carreira, Darcy chegou a diretor comercial do Centro de Distribuição da Região Sudeste, em São Paulo, depois de uma longa passagem por Recife (PE).

O exemplo de Luiz Renato, que ganhou a confiança de Clovis no tempo em que era tesoureiro do Real, o time de futsal da turma de amigos, envolve ainda mais gente. O pai dele, Guido Sganderlla, trabalhou na Tramontina por 62 anos, chegando a diretor da Multi, fábrica de ferramentas agrícolas. Guido teve dois filhos e duas filhas. Os dois varões seguiram os passos profissionais do pai.

Um dia, em julho de 1968, Guido chegou em casa para o almoço e contou que Clovis teria de se dedicar mais aos estudos e não poderia continuar trabalhando como mandalete, o nome que se dava na época aos *office boys*. Por isso, Ruy Scomazzon estava precisando de um outro garoto para a função. Guido ofereceu o trabalho a Luiz Renato, que tinha então 11 anos. "Era para ir ao colégio de manhã, almoçar em casa e depois passar a tarde no escritório. Claro que aceitei. Eu fazia meus temas escolares no escritório, enquanto esperava as tarefas. Mandavam eu ir ao correio, ao banco, entregar documento a alguma pessoa. Era como uma brincadeira", relata Luiz Renato, que chegou a vice-presidente de operações da Tramontina USA, em Houston.

No começo da década de 1970, o irmão mais novo de Luiz Renato, Marcos, também ingressou na Tramontina para uma carreira longeva, que o levou a gerente da área de Tecnologia da Informação. Um dos genros de Guido, Rosalino Postinguer, aposentou-se em 2019 como gerente de produção da TEEC, fábrica de pias e cubas de aço inox.

Na década de 1980, quando Luiz Renato trabalhava no escritório regional de São Paulo ao lado de Clovis, eles sentiram necessidade de uma pessoa para cuidar das contas a receber. Trouxeram para a função uma jovem chamada Carmen, que havia ganho experiência nessa área nas fábricas de Garibaldi e Farroupilha. Carmen tornou-se a mulher de Luiz Renato.

Na geração seguinte, a tradição persistiu. Um filho de Rosalino se empregou no Escritório Central, em Carlos Barbosa. E dois filhos de Marcos também entraram na empresa — onde um deles continua.

Luiz Renato Sganderlla, por sua vez, contribuiu com Carla, a filha que nasceu e sempre viveu nos Estados Unidos. Ela se tornou gerente de mídias sociais na TUSA e se envolveu no lançamento da loja on-line da marca. "Em outras empresas, isso é uma razão de discórdia. Na Tramontina, faz parte da essência", afirma Luiz Renato.

O caso da família Baldasso, em que sete de oito irmãos ingressaram na Tramontina, é um dos mais curiosos. O patriarca da família, o ferreiro Ernesto Baldasso, era amigo de Ivo Tramontina e trabalhou na empresa antes de abrir sua própria ferraria em Carlos Barbosa. Ele teve seis filhos e duas filhas. Apenas a mais velha, Ivone, não atuou na Tramontina. Os demais (Ivo, Ildo, Ari, Rui, Ivani, Irineu e Júlio), na medida em que chegavam à adolescência, começavam a ajudar na Cutelaria, primeiro em funções simples, depois em cargos de responsabilidade.

Cinco deles saíram de Carlos Barbosa por causa da empresa, um após o outro. "A vida é assim", conformava-se a mãe, Maria Armelin. Ivo se aposentou pela Tramontina em Salvador (BA). Ari abriu o escritório do Rio de Janeiro e também se aposentou por lá. Rui passou por várias regiões e trabalha no Recife (PE), como diretor executivo da Tramontina Delta. Irineu começou por São Paulo e hoje é vice-presidente de vendas na unidade da Tramontina nos Estados Unidos. Júlio também correu o Brasil e atualmente é gerente geral da Tramontina Sudeste, em São Paulo. Embora Ivone tenha sido a única irmã a não entrar para a empresa, seu filho, Matheus, para compensar, faz parte dos quadros. "Seu Ivo, Seu Ruy e o Clovis conheciam o nosso pai, sabiam da índole dele, e por isso confiavam em nós", explica Ari. "Nós retribuímos essa confiança fazendo um bom trabalho."

Um caso exemplar de como relações familiares, profissionais e de amizade se embaralham na Tramontina é o de Elisabete Sfoggia Odibert. O pai dela, Hermilio Sfoggia, e os tios, Herenia, Osvaldo Sfoggia e Luiz Modesto Sfoggia, começaram a trabalhar para a Cutelaria nos primeiros anos da empresa. Com exceção de Osvaldo, que entrou depois, os outros ingressaram quando a empresa ainda estava sob o comando de Elisa Tramontina e tinha apenas uma dúzia de empregados. Eles fabricavam as facas e canivetes em casa e mantinham uma relação de amizade muito próxima com a matriarca e com o filho dela, Ivo.

Quando a fábrica cresceu e passou a funcionar dentro de um galpão de chão batido, Hermilio começou a trabalhar lá. A residência da família era no mesmo terreno. Na hora da merenda, a pequena Elisabete ia até o meio do maquinário para entregar um lanche e um café ao pai.

Ela começou a trabalhar na Tramontina aos 11 anos, em 1960. Ficou 54 anos, até se aposentar. Começou na expedição, fazendo embalagens manualmente — nessa função, ensinou Clovis, que era apenas alguns anos mais novo, a fazer a finalização das caixas dos produtos.

Depois, Elisabete fez um curso técnico de Contabilidade e virou contadora da Cutelaria. Durante um período, foi professora de Clovis no Colégio Santa Rosa. "Uma das coisas que eu gostava no trabalho era que seu Ivo vinha conversar comigo, para contar das pescarias que fazia com meu pai, que já havia falecido", conta ela.

O elenco familiar na Tramontina incluía ainda uma série de primos e sobrinhos. Mais tarde, a engenheira elétrica e de segurança Sílvia, filha de Elisabete, também entrou para a empresa, atuando no setor de segurança do trabalho. A própria Elisabete, apesar de já se ter aposentado, não cortou os laços. Continuou a fazer as declarações de Imposto de Renda de Clovis.

1. Com Joselito Gusso, na Índia.
2. Em Dubai.
3. Na China, com Cesar Vieceli.
4. Em visita a ponto de venda, na Índia.
5. Na China, analisando produto da concorrência.

1. Viagem ao Chile, para inauguração
da primeira T store no exterior
(Ildo Paludo, Darci Friebel,
Eduardo Scomazzon, Clovis Tramontina,
Cesar Vieceli, Joselito Gusso,
Riccardo Bianchi e Marcos Grespan).
2 e 3. No Japão.

CIDADÃO E AMIGO

No calor do abraço.

—11

*Histórias de pescador com o
melhor amigo, Bolívia.*

O diretor da Tramontina Farroupilha Lourival Dalmás se surpreendia com os frequentes jantares de Clovis em uma oficina de chapeação, com graxa por todo lado e cheiro de tinta automotiva.

"O Clovis estava lá toda semana, comendo churrasco e pinhão. Ele é um cara extremamente simples e autêntico."

A oficina a que Dalmás se refere, mais recentemente convertida em uma fábrica de móveis, pertence a Sergio Chies, o Bucha, e é nela que se reúne há mais de duas décadas uma turma de amigos barbosenses, a Turma do Bucha. Clovis é um dos frequentadores assíduos. Uma das coisas que aprecia nesses encontros é que, ali, ele não é tratado como o presidente da Tramontina, mas apenas como mais um dos amigos que jogam conversa fora e se enfrentam no escovão, um jogo de cartas popular na Serra Gaúcha. Ninguém lhe pede favores ou poupa-o das brincadeiras.

Em uma ocasião, na década de 1990, quando Fernando Henrique Cardoso e Luiz Inácio Lula da Silva disputavam a cadeira de presidente da República, Clovis costumava defender diante da turma que a melhor opção era eleger o candidato do PSDB. Só para provocá-lo, os amigos combinaram de simular uma eleição na oficina mecânica. E votaram todos em Lula. Clovis ficou furioso e deu início a um discurso sobre por que o seu candidato representava o melhor para o país. Só se calou quando os amigos, sem conseguirem sustentar a farsa por mais tempo, caíram na gargalhada.

Além de integrar a Turma do Bucha, Clovis participa de um outro grupo de amigos, formado por diretores e conselheiros da Tramontina, aos quais se somam algumas figuras queridas de Carlos Barbosa. As reuniões, normalmente nas noites de terça-feira, ocorrem na casa do cunhado Ildo Paludo. Por causa do local dos encontros, essa é a turma do Kioske do Paludo. As atividades costumam incluir carteado, futebol na TV e jantares preparados pelo amigo Ezelindo Migotto, o antigo professor de Matemática que havia marcado Clovis durante o ginásio.

Joselito Gusso oferece uma descrição detalhada desse convívio divertido: "Falamos de Inter e Grêmio, em tom de flauta e provocação, o que termina em gargalhadas. Depois vem a política e, na sequência, o momento de nostalgia, onde florescem memórias da cidade de Carlos Barbosa, dos velhos amigos e das aventuras da juventude. Depois do jantar, aplaudimos. Para finalizar a noite, aguardamos o tradicional discurso do nosso anfitrião Paludo, que, com suas frases de efeito, explica detalhadamente os segredos e mistérios contidos em cada garrafa de vinho ali consumida."

Em 2020, quando essa confraria completou 25 anos, a vinícola Almaúnica, de Bento Gonçalves, preparou um rótulo especial, o Ultra Premium Don Paludo, para marcar as comemorações.

Mas nem sempre o Kioske foi lugar de festa. Há uma noite chuvosa que os convivas não conseguem esquecer. Clovis, Paludo, Cesar Vieceli, o então delegado de polícia Leônidas Augusto Reis, Ezelindo Migotto, o dentista José Cecatto e Rui Mantovani estavam concentrados em uma partida de escovão, quando um homem mascarado bateu na porta de vidro, exibindo uma arma de fogo.

— Que brincadeira é essa? — sobressaltou-se Clovis.

— Não é brincadeira, é um assalto — disse o homem.

Ele invadiu a sala e, atrás dele, apareceram mais dois bandidos armados. Clovis puxou a carteira e depositou R$ 1 mil na mesa, que ele recém havia sacado, porque viajaria ao Rio de Janeiro no dia seguinte.

— Isso não é nada! Queremos muito mais! — disse um dos assaltantes.

Os criminosos ordenaram que todos deitassem no chão. Só Clovis não se mexeu. Não conseguia se erguer. Os bandidos ficaram furiosos.

— Tenho problemas de saúde. Não vou conseguir deitar — explicou.

Deixaram que ele ficasse em uma cadeira. Um dos participantes dos encontros, Darci Friebel, diretor da Tramontina Farroupilha, chegou nessa hora e também foi mandado para o piso. O grupo permaneceu duas horas sob a mira das armas, enquanto um dos assaltantes vasculhava a casa com Paludo, recolhendo todos os objetos de valor.

> *Quando terminaram a limpa, nos prenderam em uma sala onde ficava a caldeira de calefação. Até hoje não descobrimos quem eram os bandidos. Eles levaram até nossas alianças de casamento. O principal é que ninguém se machucou. Foram apenas danos materiais. Mantivemos o bem mais precioso, a vida.*

Episódios violentos à parte, grupos como a Turma do Bucha e o Kioske do Paludo representam um aspecto da vida ao qual Clovis dá a máxima importância: as amizades. Ao longo da sua trajetória, ele aproveitou para construir uma grande quantidade delas, e de tipos variados. Aos amigos de infância, com quem convive há décadas, somaram-se relações construídas na Tramontina, no futsal, nas instituições de ensino que frequentou, nas pescarias, nas viagens e no empresariado.

Em 2015, ele reuniu 33 desses amigos e levou-os para um hotel-cassino em Punta Cana, uma das praias mais famosas do Caribe, na República Dominicana. O objetivo era tê-los ao redor durante as comemorações do seu sexagésimo aniversário. Sua filha, a *designer* Elisa, criou um nome para o grupo — Os Incrivéios — e desenhou as camisetas alusivas ao evento, uma festa da amizade.

> *Tenho um lema: "Onde tem gente está quente". Para mim, quanto mais pessoas, melhor. Fico triste quando estou sozinho. Os meus amigos são pessoas simples, como eu.*

Amizades com contraditório

Entre os amigos mais próximos está também um dos mais antigos, Rui Mantovani, o Bolívia. Nascido em 1954, um ano antes de Clovis, ele morava do outro lado dos trilhos que dividiam Carlos Barbosa ao meio. Desde os sete ou oito anos de idade, atravessava a linha férrea para ir brincar no porão da casa dos Tramontina.

Bolívia conheceu o galo Chico e o circo de Clovis, jogou com ele as peladas de infância, ajudou na criação da ACBF e deu apoio na hora da doença. Esteve ao lado do amigo em todos os momentos importantes, ao longo de meio século.

O nascimento dessa amizade foi favorecido pela proximidade das famílias. Além de cortar o cabelo dos Tramontina (incluindo o do pequeno Clovis), o pai de Bolívia, o barbeiro Balduíno, associou-se a Seu Ivo e a Ruy Scomazzon para abrir a primeira loja de eletroeletrônicos da cidade, a Casa Rádio, em 1959.

Depois de dois ou três anos, Balduíno comprou a parte dos sócios e ficou sozinho no empreendimento. Bolívia lembra de Seu Ruy aparecer no fim do dia, para ajudar na contabilidade do estabelecimento comercial, e oferecer lições valiosas:

— Balduíno, tem três coisas que tu nunca deves esquecer e que tens de cumprir sempre. Em primeiro lugar, pagar os funcionários corretamente, porque eles estão doando o trabalho deles e precisam disso. Depois, pagar os impostos em dia. Se tu deixares de pagar um mês ou dois meses, vai virar uma bola de neve e no final tu vais quebrar. Por fim, sempre respeita o cliente, sempre, em qualquer circunstância. Se tu fizeres essas três coisas, vais ter sucesso nos negócios.

Balduíno seguiu as recomendações à risca, e a loja existe até hoje, agora sob o comando de Bolívia. O que também persiste é a amizade com Clovis, baseada numa cumplicidade sem outras exigências além do prazer de estarem um com o outro. "As pessoas se surpreendem com a nossa relação de afeto desinteressado", diz Rui Mantovani. "Não vejo o Clovis como o presidente da Tramontina. Para mim, ele é só o Clovis."

O empresário confirma que, entre as várias virtudes que o fazem apreciar essa amizade, está o fato de Bolívia não se intimidar com seu sucesso nos negócios, o que significa que não se inclui no rol dos bajuladores, aqueles que douram a pílula e só dizem o que acham que Clovis quer escutar.

Pelo contrário, os dois costumam brigar e falar um ao outro, com franqueza, as verdades mais difíceis de ouvir. Motivo para discussão é o que não falta. Clovis é colorado. Bolívia, gremista. Clovis está mais para a direita política. Bolívia, para a esquerda. Clovis é antitabagista. Bolívia, fumante inveterado.

> *Apesar das nossas diferenças de ponto de vista, que às vezes fazem a gente discutir, nós dois temos uma relação baseada na alegria. Sempre que estamos juntos, é um momento de alegria. O Bolívia é muito verdadeiro. Se eu tiver um problema, é ele quem eu chamo. É para ele que eu conto os meus segredos, e sei que ele não comenta o que eu digo nem com a Marisa, mulher dele.*

No começo da década de 1980, quando Bolívia se casou com Marisa Sganderla e Clovis, com Eunice Milan, a amizade estendeu-se para os casais. Em 1989, os quatro fizeram uma viagem de férias por vários estados do Brasil. Clovis ficou maravilhado com o entrosamento e tomou uma decisão: sempre que viajasse, proporia levar Bolívia e Marisa como convidados.

Os dois casais já foram juntos aos Estados Unidos, à Europa, à África, à Rússia e à Tailândia. Nessas ocasiões, Clovis se diverte com a dificuldade do amigo para se comunicar em inglês. Uma vez, em Singapura, Bolívia se atirou na piscina do hotel e esparramou água sobre o jornal de um homem que estava lendo perto da borda.

— *Congratulations! Congratulations!* — disse ele, atrapalhado, sem lembrar as palavras corretas para pedir desculpas.

É na casa de Bolívia e Marisa que Clovis se hospeda quando Eunice vai para o litoral, durante o verão. Ele normalmente prefere ficar em Carlos Barbosa, mas tem medo de dormir sozinho. Por isso, é acolhido como hóspede na residência dos amigos.

Esse temor de passar a noite sem companhia é sequela de uma situação ocorrida quando Clovis tinha 14 anos. Numa noite em que estava sozinho em casa, ele acordou com barulhos na porta. Era alguém forçando a entrada. O adolescente correu ao telefone e discou para a central que redirecionava todas as ligações feitas em Carlos Barbosa.

— Acho que querem me assaltar! — comunicou.

A telefonista Alzira Nicolini ligou para amigos de Clovis, que correram até a casa dos Tramontina e começaram a fazer estardalhaço na rua. Assustados, os arrombadores fugiram — mas o trauma ficou.

Outro velho amigo que, a exemplo de Bolívia, sente-se à vontade para contestar os pensamentos e as convicções de Clovis é Diogo Guerra, funcionário aposentado da Empresa de Assistência Técnica e Extensão Rural (Emater). Neto do marceneiro que construiu o telhado da estação ferroviária de Carlos Barbosa e filho de um agricultor, Diogo é um homem intelectualizado e com posições políticas marcadamente de esquerda.

Na década de 1970, ele deixou a enxada e a roça para estudar na Universidade Federal do Rio Grande do Sul (UFRGS), em Porto Alegre, onde descobriu a literatura, o cinema europeu e a militância estudantil. Morador da Casa do Estudante, compareceu com um grupo de ativistas à inauguração do Restaurante Universitário, feita pelo presidente Emilio Garrastazu Médici. Como forma de protesto contra a ditadura militar, os estudantes levavam nas mãos exemplares de *O Capital*, de Karl Marx, obra que está na base do marxismo.

Até hoje com fama de comunista em Carlos Barbosa, Guerra mantém uma relação afetuosa com Clovis, um dos empresários de maior sucesso no capitalismo brasileiro. Por causa das visões ideológicas opostas, os encontros entre eles costumam derivar para acalorados debates políticos. "Clovis não se fecha num mundinho onde todos concordam com ele. É alguém que tem um extremo respeito pelo diferente e que busca esse diferente, porque quer compartilhar e crescer", afirma Diogo Guerra. "Ele escuta os argumentos e muda de opinião quando se convence de que não está certo. Isso é uma característica dos democratas, que sabem dialogar."

As conversas entre Clovis e Diogo Guerra também costumam enveredar por temas mais filosóficos. Em uma ocasião, discutiram sobre a possibilidade de haver vida após a morte. Chegaram à conclusão de que essa hipótese é pouco provável. Clovis se diverte ao lembrar o que o amigo disse, pondo fim à discussão:

— A questão é que para mim, Clovis, morrer não é nenhum problema. Mas imagina morrer com tudo o que tu tens... Que desgraça!

> *Admiro muito o Diogo Guerra. Ele fez um trabalho importante de valorização do papel das mulheres da colônia. É sempre muito bom conversar com ele sobre História, porque ele vai além do que está nos livros. Nós sempre respeitamos o espaço um do outro. Acredito que as nossas conversas são inteligentes e fazem os dois crescerem.*

Também de esquerda era um outro velho amigo de Clovis, Agostinho Facchini, falecido em 2013. Na juventude, ele jogava no Coroinhas e era um dos maiores talentos do futsal em Carlos Barbosa. Foi o primeiro atleta que Clovis contratou em sua carreira de dirigente esportivo. Ofereceu ao amigo um par de tênis para que assinasse com o Real. Facchini aceitou — mas nunca recebeu o calçado.

Deu o troco anos depois. Artista talentoso — redesenhou o escudo da ACBF para incluir nele a conquista da Tríplice Coroa —, ofereceu como presente de casamento a Clovis e Nice um quadro, que jamais pintou. Sempre que o encontrava, Nice cobrava o presente.

Além de esquerdista, Facchini era gremista e fumante — o perfeito oposto de Clovis. Ainda assim, os dois tinham uma relação de proximidade e respeito, marcada pelas discussões sobre política, filosofia e religião.

> *Facchini foi mentor do jornal* Contexto. *Não foi fácil inserir um veículo com as posições fortes que ele tinha numa cidade como Carlos Barbosa, mas ele conseguiu e deixou um legado e muita saudade. Foi um verdadeiro amigo.*

Oportunidades para descontrair

Em 1994, Clovis convidou sua irmã Rejane e o cunhado, Ildo Paludo, para umas férias em família nos Estados Unidos. Depois de alguns dias na Flórida, ele achou que devia fazer uma visita de cortesia a um grande amigo que vivia no país: Antonio Galafassi. A questão é que Galafassi vivia em Houston, no Texas, a 1,2 mil quilômetros de Miami. Não importava. Clovis alugou uma van espaçosa, embarcou as sete ou oito pessoas do grupo e pegou a estrada.

Para Galafassi e sua mulher, Regina, que hospedaram os visitantes em casa, foi uma oportunidade para conviver com Clovis em um ambiente doméstico e aconchegante, o que lhes revelou facetas menos conhecidas do amigo. Regina lembra, sobretudo, do bom humor. "Primeiro, ele ri muito da própria piada que vai contar. Só depois ele conta. É alguém que está sempre disposto, alegre e cheio de garra para prosseguir, contra todas as circunstâncias físicas", observa.

Para Galafassi, foram marcantes as brincadeiras e provocações. Por exemplo, feliz por receber Clovis em sua casa, ele resolveu inaugurar uma churrasqueira recém-comprada.

— Essa não faz fumaça — anunciou, orgulhoso.

A conversa estava tão animada, no entanto, que ele esqueceu de cuidar do assado. Produziu-se um fogaréu e uma grande fumaceira.

— Tu só sabes fazer churrasco *al carbon*, queimado e defumado — zombou Clovis.

Um outro ambiente em que Clovis se solta entre amigos são as pescarias amazônicas, uma atividade que ele descobriu de forma tardia e que se tornou uma de suas modalidades preferidas de lazer. O responsável por apresentá-lo às delícias da pesca foi um cliente de Belém do Pará, Fernando Yamada. "No Norte, a conversa sempre acaba tratando de pescaria", observa Luiz Ongaratto, que foi responsável durante anos pela unidade de Belém da Tramontina. "Uma vez, estávamos falando com o Yamada e ele contou sobre as expedições de barco que fazia nos rios da região. Quando Clovis disse que nunca havia participado de uma pescaria daquele tipo, Yamada nos convidou para pescar na companhia dele."

Não se apanhou nada de peixe naquela primeira vez, ao que consta porque a lua não era propícia, mas mesmo assim foi uma experiência transformadora para Clovis. Dentro do barco, em algum rio ou igarapé no meio da Floresta Amazônica, distante de tudo, ele se encontrou consigo mesmo. "É um momento em que eu vejo o Clovis descontraído, feliz. Duas horas depois que ele sai do porto de Manaus, desaparece sinal de telefone, energia elétrica, tudo. Ele fica quatro dias sem contato com ninguém, e aí é o momento de reflexão, de descontrair, de voltar ao que era o mundo dos anos 1970, 1980", descreve Ongaratto. "E o cara ainda tem sorte e pega uns peixes!"

A partir da primeira experiência, na década de 1990, Clovis passou a organizar pescarias anuais com os amigos na Amazônia. Esses eventos costumam ser agendados para outubro ou novembro, depois da estação das chuvas, quando os rios estão mais baixos e vários lagos temporários se formam, condições perfeitas para apanhar tucunarés, uma espécie típica da Bacia Amazônica que atrai os pescadores por causa das dificuldades que impõe à captura.

O grupo de convidados de Clovis sobe o Rio Amazonas em uma embarcação de porte, que acomoda os participantes. Todas as noites, no meio da floresta, entre conversas e jogos de carta, são definidas as duplas que, na manhã seguinte, vão sair em pequenas canoas para os locais de pesca. Cada uma dessas duplas permanece o dia inteiro isolada, em meio à natureza e aos anzóis.

É nessas ocasiões que Clovis escolhe, para acompanhá-lo, um ou outro funcionário que quer observar melhor ou com quem quer ter conversas mais reveladoras. "Isso é uma coisa interessante do Clovis. Ele percebeu que nessas situações há muito tempo para falar e que a pessoa se solta", afirma Ongaratto.

O mais usual, no entanto, é que as saídas para pescar sejam um momento de descontração entre amigos. Havia um deles, o médico José Felicetti, que Clovis convidava havia anos. Felicetti recusava sempre, por não saber nadar. Depois de muita insistência, acabou concordando, relutante. Foi parar no Rio Negro, maior afluente da margem esquerda do Amazonas. "Clovis disse que eu não precisaria sair do barco, que eu poderia lançar as linhas do convés. Pensei: 'Estou salvo'. Mas daí vi os equipamentos e as roupas que me deram, notei as embarcações menores atreladas à maior e senti que ia sobrar para mim. Depois de Clovis aprontar com tanta gente, chegara a minha vez", relata o médico.

Essa certeza cresceu porque Felicetti foi o escolhido para acompanhar Clovis rio acima, em um dos barcos pequenos. Além disso, o barqueiro que guiaria a dupla tinha a fama de ser o menos habilidoso dos que haviam sido contratados — certamente mais uma tramoia para colocar o médico num aperto. Por via das dúvidas, Felicetti achou mais prudente vestir dois coletes salva-vidas, um sobre o outro e bem amarrados ao corpo. "Clovis estava com sua bengala clássica e sem salva-vidas. Não pode, mas ele foi assim mesmo", relata.

O médico conta que, no meio da mata, o amigo empresário se mostrava falante, que sabia até o nome da sogra do barqueiro e que jogava o anzol de um lado para o outro, despreocupado e animado.

— Deve ser grande! — anunciou de repente, ao sentir uma fisgada na linha.

Puxou com força e colocou para dentro do barco um peixe enorme.

— É uma piranha. Vai querer levar? — questionou o barqueiro.

— Claro! — respondeu Clovis.

Felicetti olhou para o peixe de afiados e numerosos dentes em formato triangular e sentiu a espinha gelar. "Tem piranha aqui? E desse tamanho? Se eu cair na água, o salva-vidas não vai servir de nada", pensou. Estava apavorado. Nesse momento, viu um tronco de grandes dimensões boiando perto do barco. Pensou que, em caso de emergência — se o barco virasse, por exemplo —, poderia subir na tora e se salvar. Mas, quando o tronco se aproximou um pouco mais, percebeu que se tratava de um jacaré.

— O problema é esse salva-vidas. As piranhas só vão conseguir comer as tuas pernas. Vai ser bem sofrido. Já o jacaré come o corpo todo, não vai doer tanto. Eu tenho a bengala, que dá para travar a boca do bicho — disse Clovis, aumentando ainda mais o desespero do amigo.

Felicetti só conseguiu tranquilizar-se ao notar a aproximação de uma outra embarcação, mais robusta. Era uma lancha do Instituto Brasileiro do Meio Ambiente e dos Recursos Renováveis (Ibama), com três fiscais armados a bordo. Quando se aproximaram, Clovis notou que um deles, uma mulher, portava uma grande faca.

— É da Tramontina? — perguntou.

Seguiu-se uma amigável conversa. "Foram beijos, fotos e abraços. Esse é o meu amigo Clovis Tramontina, alguém que sabe a hora de ser um menino e a hora de ser um homem", afirma Felicetti.

Depois de uma dessas pescarias no Amazonas, por volta de 2006 ou 2007, Clovis voltou para o Rio Grande do Sul com uma considerável quantidade de tambaquis, espécie saborosa que só perde em tamanho para o pirarucu entre os peixes com escamas dos rios brasileiros. Resolveu prepará-los para um jantar com amigos em sua casa de praia em Xangri-lá, município do Litoral Norte gaúcho.

Cada um que encontrava, por aqueles dias, ele convidava para o banquete. No dia combinado, havia uma pequena multidão à sua porta. Acabou faltando peixe. Discretamente, Clovis pediu ao amigo Bolívia que realizasse o famoso milagre da multiplicação — ir até a peixaria do supermercado mais próximo para trazer uma quantidade de pescado suficiente para alimentar todo mundo.

Apesar desse imprevisto, a confraternização foi memorável, e Clovis transformou em tradição pessoal realizar todos os anos, na casa de praia, o Jantar do Peixe, para o qual convida pessoas próximas, muitas delas empresários conhecidos, como José Galló (Lojas Renner), Nelson Sirotsky (Grupo RBS), Eduardo Bier (Cervejaria Dado Bier), Mércio Tumelero (Jornal do Comércio), Germano Grings (LF Máquinas e Ferramentas), Carlos Konrath (Opus Produções), Geraldo Ferreira Lopes (Opus Produções), Claudio Zaffari (Companhia Zaffari), Jorge Logemann (Ferramentas Gerais, depois SLC), Ricardo Vontobel (Vonpar), Antônio Cesa Longo (Agas), Sandro Luiz Benoit (Benoit), Décio da Silva (WEG) e Flávio Sérgio Wallauer (Grupo Vibra).

Uma outra tradição que Clovis criou na residência praiana de Xangri-lá são as festas de réveillon à fantasia. A primeira delas foi inspirada pela virada do ano 2000. O empresário achou que era preciso festejar à altura a data redonda e significativa.

Talvez para contrastar com a entrada no terceiro milênio, com toda a promessa de conquistas tecnológicas que ela embutia, ele resolveu celebrar a Idade da Pedra. Em combinação com Bolívia, organizou uma homenagem aos Flintstones, famosos primeiro como desenho animado e depois como filme. Clovis vestiu-se de Fred, Nice de Wilma, Bolívia de Barney e Marisa de Beth.

As festas de réveillon de Clovis só foram impedidas, desde então, pela Covid. Em cada edição, ele define um tema específico, e os convidados têm de se fantasiar de acordo.

O francês, a fortaia e uma árvore

Entre os amigos de Clovis, há dezenas de empresários, nomes importantes do PIB. Um deles é o português naturalizado francês Firmin António, fundador no Brasil da Rede Accor, gigante do setor hoteleiro. Eles se conheceram por casualidade, em um aeroporto, a caminho dos Estados Unidos para assistir à Copa do Mundo de 1994. Na fila para despachar as bagagens, Clovis e Eunice cumprimentaram um outro casal. Eram Firmin e sua mulher, Anne-Marie. A conversa engrenou, continuou dentro da aeronave e não parou mais. Os dois casais acabaram viajando juntos pelos Estados Unidos. "No final, o Brasil foi campeão, e o Clovis vibrou demais", lembra Firmin.

Quatro anos depois, as duas famílias decidiram repetir a dose e foram juntas para a Copa do Mundo da França. Dessa vez, quem festejou não foi Clovis, mas o casal de franceses, que viu o time da casa vencer o Brasil por 3 a 0 na final. Para consolar o casal brasileiro, Firmin franqueou-lhes o acesso aos pratos mais sofisticados da gastronomia local. "Eu achava incrível que, nos restaurantes, nas lojas e nos hotéis, Clovis ficava muito feliz quando encontrava algum produto da Tramontina. Vibrava como se fosse pela Seleção Brasileira", conta Firmin.

Um outro amigo com grande projeção no mundo dos negócios é Guilherme Loureiro, que foi presidente da Walmart no Brasil entre 2013 e 2016, quando assumiu o cargo de CEO da empresa no México e na América Central. Uma vez, durante uma visita do executivo a Carlos Barbosa, Clovis levou-o para jantar no Alambique, um restaurante de estilo rústico, mas um dos melhores da cidade. O estabelecimento pertence a João Fabrin, filho de Valdemar Fabrin, o homem que ganhou a rifa de um quadro do Sagrado Coração de Jesus e devolveu-o para ser rifado de novo, colaborando para a compra do primeiro fardamento do Real, o time de futsal que Clovis fundou na infância. Valdemar aposentou-se como porteiro na Tramontina.

João Fabrin mantém um restaurante conhecido pela perícia no preparo de vários pratos clássicos, mas tem uma personalidade um tanto ranzinza. Por exemplo, há uma iguaria que ele se nega a servir a qualquer cliente, reservando-a àqueles que passam em um teste cujos critérios só o próprio Fabrin conhece. Trata-se da fortaia, uma espécie de omelete tradicional italiana, feita com ovos e queijo. Clovis está entre os privilegiados que têm acesso ao item.

A caminho do Alambique com Loureiro, ele foi contando maravilhas sobre a fortaia e disse que o executivo precisava experimentá-la. Estava convencido de que, se ele próprio recebera permissão para pedir o prato, um amigo que convidasse para jantar no restaurante também seria agraciado com essa honra. Mas Fabrin não aprovou.

— A fortaia é só para pessoas muito importantes — disse, fechando a cara.

Clovis argumentou que Loureiro era importante.

— Nada disso. Só preparo esse prato para quem tem mais de 8 mil funcionários — respondeu o cozinheiro, numa alusão ao número de colaboradores que a Tramontina tinha à época.

— Bom, eu tenho 70 mil — revelou Loureiro.

Apanhado no contrapé, Fabrin não perdeu a compostura:

— Se é assim, vou servir umas sete.

Presidente da Aperam, uma das principais fornecedoras de aço inoxidável e de aços especiais da Tramontina, Frederico Ayres Lima também tem uma história curiosa para contar. Durante uma visita de Clovis à usina da Aperam em Timóteo (MG), Frederico pediu ao amigo gaúcho que plantasse uma árvore no terreno da empresa, como parte de um projeto de reflorestamento e proteção ao meio ambiente. Explicou que era uma tradição da qual todos os visitantes ilustres participavam. Cercado de pompa, Clovis procedeu ao plantio de uma muda.

Anos depois, em uma segunda visita à fábrica, repetiram o convite e as explicações. Queriam que o presidente da Tramontina plantasse uma árvore, sem lembrar que ele já o fizera anteriormente. Clovis achou a situação engraçada e resolveu fazer uma provocação:

— Se as árvores que eu planto são tão importantes assim, então me mostrem a que eu plantei da outra vez.

Frederico reconhece que esse desafio o deixou em uma situação difícil. Ele não fazia a menor ideia de como localizar a tal árvore. Acabou chamando um dos funcionários mais antigos, com décadas de casa e conhecedor da história da Aperam. Depois de um bom tempo de espera, Clovis e Frederico foram conduzidos pelo homem até o meio do bosque, onde, diante de um exemplar já frondoso, uma pequena placa trazia o nome de Clovis Tramontina.

O visitante não se convenceu da autenticidade.

— Essa placa está nova. Vocês fizeram agora e colocaram em uma árvore qualquer — disse.

A questão permanece em aberto até hoje.

A transformação de colegas de aula em amigos

No ano 2000, Clovis ingressou em um MBA que a Fundação Dom Cabral, de Belo Horizonte, ofereceu no sul do Brasil para empresários com posições de liderança. O curso teve um ano e meio de duração, com aulas presenciais e à distância. Da parte dos colegas, Clovis era visto como uma das atrações do MBA.

Apesar de a turma ser formada por executivos, vários deles de empresas fortes e tradicionais, nenhum tinha atrás de si um grupo econômico com a dimensão da Tramontina. Os colegas admiravam Clovis pela trajetória de sucesso e queriam aproveitar a oportunidade para aprender algo com ele, mesmo temendo que, pelas responsabilidades e preocupações, o executivo pudesse não ser tão acessível.

Entre esses colegas de curso estava Jorge Hoelzel Neto, presidente da Mercur, uma fabricante de produtos de borracha fundada em 1924 — apenas 13 anos depois da Tramontina. Conhecida pelas borrachas para uso escolar, a empresa havia se diversificado, mas era um empreendimento relativamente modesto, na comparação com a Tramontina.

Hoelzel ficou surpreso com a receptividade de Clovis. "Eu achava que ele não iria me dar atenção, por causa do tamanho e da importância da empresa dele. A surpresa, para mim e para os demais integrantes da turma, é que, desde o primeiro dia, o Clovis foi superaberto e simpático, sempre disponível para compartilhar experiências conosco. É uma das pessoas mais incríveis que eu já conheci", diz Hoelzel.

Durante a festa de formatura, em dezembro de 2001, Clovis disse que os 26 colegas não podiam se dispersar. Convidou-os para um churrasco já no mês seguinte, em sua casa de praia em Xangri-lá, e prometeu promover um encontro no local em todos os verões dali para a frente. Nos 19 anos que se seguiram, os churrascos na praia ocorreram 19 vezes (até serem interrompidos em 2021 por causa da pandemia de Covid). Os alunos da Dom Cabral também começaram a se reunir várias vezes por ano, cada vez na casa de um dos integrantes. Foram 74 encontros até 2020. "Era uma turma de MBA e virou uma irmandade", diz o empresário Hélio Sendoda.

Dez anos depois do MBA, em 2011, Clovis matriculou-se em outro curso, o Programa de Gestão Avançada (PGA), ministrado pelo Institut Européen d'Administration des Affaires (Insead), uma das melhores escolas de gestão do mundo, com sede em Fontainebleau, nas imediações de Paris. A experiência rendeu mais um punhado de amigos. Frederico Ayres Lima, da Aperam, um dos 30 empresários que fizeram o curso naquela ocasião, conta que no primeiro dia de aula Clovis foi eleito presidente da turma. "Ele tem uma liderança natural. Chega e já se sobressai", justifica.

Outra colega do PGA que se tornou amiga, Paula Bellizia, vice-presidente de marketing do Google para a América Latina, ficou impressionada que Clovis, um empresário já consagrado, ainda buscasse aprimorar sua formação. "Ele tem muita vontade de aprender sobre o que desconhece, o que não é uma qualidade comum em tantos líderes", observa.

Como havia feito antes, Clovis incentivou os colegas que foram à França a continuarem próximos. Eles passaram a reunir-se uma vez por ano, quase sempre nas instalações da Tramontina em Barueri (SP).

Um namoro com a política

Em 1984, quando tinha 29 anos e era gerente nacional de vendas da Tramontina, Clovis viajou a trabalho pelo interior de Pernambuco e da Paraíba, na companhia de um colega chamado Paulo Moraes, irmão de Felisberto Moraes. A região era assolada na época por uma das maiores secas da história, que se prolongava desde 1979. João Figueiredo, último presidente do regime militar, chegou a dizer então que a única coisa que restava a fazer era rezar para que chovesse. A grande seca arrasou as lavouras, matou o gado e disseminou a fome. Estima-se que tenha matado 3,5 milhões de pessoas, a maior parte crianças, vítimas da desnutrição.

Foi esse cenário de desespero e miséria que Clovis testemunhou no sertão pernambucano. Era uma realidade muito diferente daquela com que estava acostumado em Carlos Barbosa, uma cidade próspera, com padrão de vida elevado. Entre uma visita e outra aos clientes do Nordeste, ele comprava donativos para entregar aos mais necessitados. Um dia, parou diante de uma escola para distribuir alguns cadernos e lápis entre os alunos. O piso da sala de aula era de terra, e o quadro-negro não era retangular, nem quadrado, mas um pedaço de pedra irregular fixado à parede.

Quando Clovis e Paulo apareceram, as cerca de 15 crianças se encolheram no fundo da sala, com medo dos forasteiros. Depois, uma menina muito magra, trajando um vestido de chita, aproximou-se para oferecer o próprio corpo em troca de qualquer coisa. Clovis ficou assombrado.

Uns dias depois, em Campina Grande, na Paraíba, ele presenciou uma conversa telefônica entre um cliente local e um deputado. Foi um novo choque.

— Não, senhor deputado, o bom é que a seca continue, porque aí nós recebemos recursos... — dizia o homem.

A viagem ao interior nordestino foi uma das experiências que acentuaram em Clovis a preocupação com as questões sociais e que despertaram nele a ideia de intervir como cidadão. Durante muito tempo, ele cogitou entrar para a política. Não era uma ideia totalmente nova. Anos antes, já havia discutido com o amigo Agostinho Facchini a criação de um partido. A inspiração seria o Partido Verde alemão, que havia sido fundado em 1980 e chamava a atenção da juventude pela defesa das causas ambientais.

> *Nós fazíamos as reuniões em um apartamento que eu tinha. Era uma coisa meio rebelde, nós lá discutindo política, porque ainda era o tempo do regime militar. Eu era liberal, mais para a direita, mas tinha preocupação com as causas sociais.*

O partido político ambientalista projetado nos tempos de universitário nunca passou da fase de discussões, mas em diferentes momentos dali para a frente Clovis pensou seriamente em se candidatar a um cargo público. Nesse papel, gostaria de se colocar como alguém à direita, mas que não sente nenhum complexo em adotar as ideias boas da esquerda. Apesar de desejar um Estado mais enxuto, defenderia a existência de empresas estatais — o que ele mudaria seria acabar com a estabilidade do funcionalismo, que no seu entendimento não incentiva o empenho profissional. Embora liberal, lutaria por uma sociedade igualitária. Investiria no combate à pobreza, na educação e na construção de moradias.

O projeto mais concreto de Clovis, nesse sentido, foi planejar uma candidatura a prefeito de Carlos Barbosa. Ele delineou o plano de cercar-se de sete ou oito pessoas qualificadas, que se dedicassem integralmente ao município durante os quatro anos do mandato. A finalidade seria mudar a cultura política local e estabelecer uma espécie de modelo para outras cidades.

> *Queríamos montar uma sociedade diferenciada em Carlos Barbosa, criar um modelo que depois poderia ser multiplicado. Eu queria implantar aquele modelo do Orçamento Participativo, que o PT tinha. Ou seja, ouvir das pessoas o que elas necessitavam. Então nós faríamos isso setorialmente, discutiríamos o que seria possível fazer e entregaríamos.*

Em Carlos Barbosa, não faltavam apoios. Clovis é visto como alguém verdadeiramente dedicado à cidade. "Se ele enxerga uma lâmpada queimada na rua, já liga para a prefeitura, para avisar que é preciso realizar a troca, o que ele faz movido pelo espírito público", conta o ex-prefeito Evandro Zibetti. Armando Gusso, outro ex-prefeito, era um dos apoiantes: "Eu estava torcendo para ele se candidatar, porque o município precisava de alguém com conhecimento e capacidade de tocar as coisas para a frente. E o Clovis sempre teve uma relação de respeito, de cumplicidade com Carlos Barbosa. O apego dele pelas pessoas da cidade chama muito a atenção."

Vários partidos sondaram Clovis ao longo dos anos, mas ele foi adiando o projeto político. Quando esteve mais perto de colocá-lo em prática foi na ocasião em que resolveu marcar uma reunião com Marina Silva. Ministra do Meio Ambiente de Lula entre 2003 e 2008, ela havia deixado o cargo por divergências com diretrizes do governo que prejudicavam sua área. Desfiliou-se do PT, entrou no Partido Verde e candidatou-se à presidência em 2010. Ficou em terceiro lugar, com 19 milhões de votos.

Clovis achou interessante procurá-la por entender que o PV, além de remeter para o projeto ambientalista que ele havia idealizado com amigos durante o período na universidade, poderia ser um partido diferente — jovem, inovador, não dogmático. Mas a reunião com Marina Silva não atendeu a tais expectativas.

O empresário avaliou que, apesar de projetar uma imagem distinta, ela seguia a cartilha tradicional da política brasileira, burocratizada, rígida e apegada a dogmas. Além disso, concluiu que o PV não era o partido diferenciado que ele buscava. Deixou o encontro convencido de que não havia, no sistema político-partidário brasileiro, uma agremiação onde ele pudesse se encaixar.

> *Eu disse à Marina Silva: "Muito obrigado pelo encontro, mas não vou fazer parte disso". Foi assim que decidi que o meu negócio é mesmo ser do PT, o Partido da Tramontina. Se todas as empresas tivessem a responsabilidade social da Tramontina, nosso país já seria muito melhor.*

UMA CARTA PARA ARMANDO

Em maio de 2021, Clovis perdeu o amigo Armando Gusso, uma das principais figuras políticas de Carlos Barbosa, prefeito de 1977 a 1983 e de 1989 a 1992. Pai de cinco filhos, sendo dois deles funcionários da Tramontina, Joselito Gusso e Clovis Gusso (gerente comercial da Tramontina Sul), Armando morreu aos 82 anos, de um ataque cardíaco.

Essa perda, em um momento no qual o Brasil chorava centenas de milhares de mortes decorrentes da pandemia de coronavírus, provocou forte emoção em Clovis. Ele reagiu escrevendo uma carta em homenagem ao amigo:

Amigo Armando:

Lembro quando, ainda jovem, te conheci e estavas concorrendo a prefeito. O teu oponente naquela eleição era o Dr. Helmo, amigo do meu pai, que era do MDB. E eu, como era filiado ao PDS, tomei a iniciativa de fazer alguns movimentos.

Não sei se isso ajudou ou influenciou em algo na eleição, mas o candidato eleito foi Armando Gusso. Como prefeito, fizeste grandes obras na cidade.

Para mim, foste sempre um líder. Com teu jeito bem-humorado, do bem, alegre e divertido, fizeste história em Carlos Barbosa.

Ainda antes da pandemia, te visitei no hospital. E, por último, numa oportunidade com o nosso diretor Roberto Aimi, chegamos de surpresa em tua residência. Na frente da casa, encontramos a tua esposa, Davina. "Vim convidar o Armando para sermos prefeito e vice de Carlos Barbosa nas próximas eleições", brinquei. Ela respondeu, rindo: "Podem ir embora!". Tomamos um café e, entre muitas risadas, relembramos histórias do passado.

São tantas boas lembranças de ti, amigo Armando, todas bem guardadas e que ficarão comigo para sempre.

Fica a saudade do grande amigo, de risada solta, e a grande admiração por teres colocado a cidade de Carlos Barbosa entre as 20 mais felizes do Brasil. Tenho de dizer que perdemos um líder daqueles que não se repetem e que deixam frutos para além da existência.

A ti, querido Armando, meu muito obrigado!

1. Kioske do Paludo.
2. Turma do Bucha.
3. Os pescadores.
4. Clovis e Nice com Marisa e Bolívia em réveillon temático.

1. Incrivéios na comemoração dos 60 anos de Clovis.
2. Rejane, Renato, Raquel e Clovis celebrando os 90 anos do patriarca.
3. Turma do MBA.

CLOVIS E A CONSTRUÇÃO DE UMA MARCA

TRAMONTINA

— 12

Faça mágica acontecer
TRAMONTINA
Difícil é não lembrar
TRAMONTINA
Melhor destino: Sua casa de praia.
FINALMENTE UM MARTELO QUE NÃO PERDE A CABEÇA.
Os martelos profissionais Tramontina garantem maior segurança e durabilidade.
• Cabos de marfim, fixados em epoxi.
• Acabamento polido.
• Têmpera diferencial.
• Dureza: face - 53 a 55 RC
unha - 48 a 53 RC
TRAMONTINA
a qualidade do aço
UMA TRAMONTINA QUE CABE NO SEU NEGÓCIO.
TRAMONTINA
ERRADO É NÃO FAZER DO SEU JEITO.
Não cante vitória antes da hora.
Regras para comemorar seu jogo?
TRAMONTINA
não existe regra para fazer bonito
Garagem não combina com ateliê de pintura.
TRAMONTINA
A beleza é fundamental. Mas o fundo quíntuplo é sensacional.
TRAMONTINA
5 DE JUNHO | DIA MUNDIAL DO MEIO AMBIENTE
trans for ma
TRAMONTINA
FAZENDO BONITO HOJE PARA TRANSFORMAR O AMANHÃ.
TRAMONTINA
A Tramontina tem estilo, classe e linha, até fora da cozinha.
não existe regra para fazer bonito
Tem tradição que nunca muda.
Tudo fica fácil com
TRAMONTINA
a qualidade do aço
Tenha sempre à mão as facas mais afiadas da cozinha brasileira. Tramontina. É qualidade de fio a pavio.

O setor de engenharia ocupava uma das maiores salas do Escritório Central da Tramontina, em Carlos Barbosa. Vários engenheiros trabalhavam no espaço amplo, desenvolvendo obras civis e ambientais. No começo dos anos 2000, quando passava por ali, Clovis costumava anunciar para sua assessora, Rosane Mesturini Fantinelli:

— Aqui vai funcionar o marketing da Tramontina.

Era uma proposta um tanto inovadora, levando em consideração o contexto. Durante décadas, Ivo Tramontina e Ruy Scomazzon haviam gerido os negócios sob a influência de um traço cultural muito arraigado na comunidade de origem italiana: uma austeridade feita de discrição e modéstia. De acordo com essa mentalidade, ostentar e autopromover-se é proibido, até vexatório. Ainda hoje, causam desconforto entre os líderes da empresa afirmações de grandeza, como referir que a Tramontina é a maior fabricante de cutelaria do Ocidente, por mais que isso seja rigorosamente factual.

Para Seu Ivo e Seu Ruy, o que importava era o produto, e não se vangloriar dele. Em outras palavras, a Tramontina era engenharia, não propaganda. Eles acreditavam que a qualidade se vendia por si mesma.

Isso explica por que o projeto de criar um setor de marketing e ainda por cima instalá-lo no espaço reservado aos engenheiros — uma espécie de declaração de princípios, apontando para a centralidade de saber vender-se — não era algo banal.

Mas o clima para uma mudança nesse sentido foi preparado por Clovis ao longo de vários anos. Desde que assumira o escritório de São Paulo e, pouco depois, a gerência nacional de vendas, uma das suas principais batalhas havia sido alargar os estreitos limites impostos à publicidade e ao marketing pela cultura da Tramontina.

Nessa fase, no começo da década de 1980, a marca já costumava investir em anúncios estampados nas revistas de prestígio, como *Manchete, Claudia* ou *Veja*. "Eu dizia para ele não gastar aquele dinheiro todo em propaganda, para usar os recursos em outras coisas", recorda Celso Sá, que era representante de vendas em São Paulo. "Então ele respondia que a marca da Tramontina era o mais importante de tudo e que os anúncios iriam perpetuá-la. É importante lembrar que, naquela época, a empresa tinha sete ou oito concorrentes muito fortes e estava no rol dos pequenos. A Tramontina era vista como uma fábrica de latinhas, uma visão pejorativa que nos enfurecia. O certo é que, com essa visão do Clovis sobre a importância da construção da marca, esses concorrentes todos desapareceram ou foram superados, e a Tramontina ficou."

O passo seguinte, depois das revistas, foi a televisão. Vencendo as resistências internas, Clovis havia contratado a Expressão Brasileira de Propaganda, agência de publicidade com perfil mais agressivo, que produziu o primeiro anúncio da marca veiculado na TV. O comercial, que passou na Globo, divulgava o conjunto de garfo e facas A-007. Clovis também fizera uma parceria com a Varig para colocar os talheres da Tramontina nas aeronaves, com a visão de que a principal companhia aérea brasileira, sinônimo de sofisticação, funcionaria como vitrine.

Com espalhafato inédito na história da empresa, começara ainda a realizar agitadas convenções anuais de vendas. Quando a Tramontina completou 75 anos, em 1986, quis seguir a mesma lógica performática, rompendo o silêncio que marcava as passagens de aniversário da companhia.

O resultado foi uma campanha institucional que teve como estrela a atriz Irene Ravache, à época protagonista de novelas da Globo. Gravado na Serra Gaúcha, o filme contava a trajetória da Tramontina e projetava um futuro de sucesso.

> *Poder contar com o aval de uma atriz extraordinária como Irene Ravache foi importante, por associar a marca Tramontina a alguém que inspirava confiança em todos os brasileiros.*

Talvez uma das grandes provocações, tendo em vista o quanto Seu Ivo se escandalizava com o custo de veicular um comercial na TV, tenha vindo em 1990. Em um movimento ousado e raro no mercado nacional de propaganda daquele período, que deve ter parecido ao pai um esbanjamento, Clovis resolveu que valia a pena enviar uma equipe ao exterior para gravar comerciais de talheres e baixelas. Os filmes, cheios de *glamour*, foram rodados nas três cidades mais icônicas da Itália: Veneza, Roma e Florença.

Todo esse retrospecto na área da promoção da marca deixava claro que, com a chegada de Clovis à presidência, o marketing se tornaria um dos principais setores da Tramontina. Faria muito mais do que apenas ocupar uma sala nobre no escritório da empresa.

As parcerias com Globo e Band e o marketing de guerra

As estratégias adotadas por Clovis na área do marketing previam uma forte presença na televisão, que ele identificava naquele momento como o meio capaz de fazer a marca chegar ao maior número de lares brasileiros. Foi a partir dessa percepção que nasceu uma longeva parceria da Tramontina com duas grandes redes nacionais de televisão, a carioca Globo e a paulista Bandeirantes, que mais tarde abreviou o nome para Band.

Com a Globo, maior rede de TV do país, a relação foi marcada no início por uma aposta arriscada de Clovis: contrapondo-se às opiniões internas, ele resolveu patrocinar os programas eleitorais da emissora em 1989, ano do primeiro pleito direto à presidência depois do regime militar.

Entusiasmados com a possibilidade de votar pela primeira vez para o cargo máximo do país, os brasileiros acompanharam eletrizados a disputa. O patrocínio à cobertura da emissora do Rio rendeu enorme projeção para o nome Tramontina.

> *Esse foi um ato solitário. Todo mundo estava contra, mas eu achava que seria bom para a Tramontina, porque daria visibilidade. Naquela época, ninguém falava em ter isso, mas eu achava fundamental. Eu dizia: a Tramontina tem de se mostrar, tem de se posicionar, tem de falar com a imprensa.*

O grande trunfo da emissora carioca eram as telenovelas, uma paixão nacional, acompanhadas com avidez por grande parte da população, especialmente o público feminino. Clovis entendeu a importância de associar a marca a artistas globais de prestígio, que combinassem com a imagem que a Tramontina queria reforçar. Assim, muitos dos atores e atrizes mais amados do país foram chamados para atuar como garotos-propaganda.

> *Acertamos em cheio, por exemplo, ao contratar Antônio Fagundes, o galã da época, que no comercial falava diretamente com as mulheres.*

Se a Globo tinha as novelas, a Band apostava nos esportes, que entusiasmavam o público masculino. Na década de 1980, o canal paulista exibia aos domingos o Show do Esporte, comandado por Luciano do Valle (1947-2014) e até hoje considerado o programa de mais longa extensão já realizado na TV aberta.

Essa vocação esportiva aproximou Clovis dos irmãos Ricardo Saad e Johnny Saad, executivos da rede e filhos de João Saad, o fundador. No final da década de 1980, quando Clovis era gerente nacional de vendas, a Band adquiriu pela primeira vez, depois de 12 anos de jejum, os direitos de transmissão de uma Copa do Mundo, a de 1990, que ocorreria na Itália.

Para bancar o projeto, os Saad correram atrás de patrocinadores. Empolgado com a oportunidade, Clovis acertou com Dalton Machado, diretor comercial da emissora, os detalhes para a Tramontina adquirir uma das cotas.

> *Eu percebi o poder da TV desde a primeira campanha. Como amo futebol e sou apaixonado por marketing, achei que patrocinar a Copa de 1990 era uma grande chance. Sabia que meu pai e Seu Ruy discordavam, mas batalhei por aquilo em que eu acreditava.*

Para fechar o negócio, Dalton foi a Carlos Barbosa acompanhado de Ricardo Saad. A dupla foi recebida com toda a cordialidade por Ivo Tramontina e Ruy Scomazzon, que estavam no final do seu período como comandantes da empresa.

Os dois veteranos examinaram o acerto alinhavado por Clovis e jogaram água gelada na fervura. Vetaram o patrocínio de cara. "Apesar daquela decepção, Dalton voltou a tentar algum tempo depois, o que deu início a uma parceria muito longa entre a Band e a Tramontina, que patrocinou outras Copas do Mundo e vários Jogos Olímpicos. Viramos grandes parceiros", diz Ricardo Saad.

Naquela mesma época, Clovis acompanhou o time da ACBF em uma viagem a Erechim, uma das principais cidades do norte gaúcho. À espera da partida, ele e Luiz Renato Sganderlla, que respondia pela gerência comercial do Rio Grande do Sul, passeavam pela cidade e trocavam ideias. Começaram a discutir como a Tramontina poderia incrementar as vendas em locais com tanto potencial como Erechim.

— Tínhamos de invadir a cidade — comentou Clovis.

A menção a uma invasão fez a dupla se lembrar de um *best-seller* recente, *Marketing de Guerra*, dos norte-americanos Al Ries e Jack Trout. Lançado alguns anos antes, em 1986, o livro propunha o uso de princípios e conceitos bélicos para ocupar territórios, derrotar concorrentes e conquistar clientes.

Foi a inspiração para a Semana Tramontina, uma ação em que a empresa enviava suas tropas, convocadas em todos os seus quartéis no país, para ocupar uma cidade ao longo de 15 dias. A trincheira eram as lojas locais, por onde os soldados da Tramontina se dispersavam para apresentar os produtos da marca, oferecidos em promoção, o que atraía multidões de consumidores. A primeira invasão, até por uma questão de justiça, aconteceu em Erechim, mas depois a Semana Tramontina se espalhou pelo Brasil.

No verão de 1989 aconteceu uma situação parecida. Marcos Grespan, chamado de São Paulo por Clovis, desembarcou em Porto Alegre em pleno verão e foi atrás dos clientes, mas não achava ninguém. Estava todo mundo no litoral. Os negócios não andavam, e a equipe de vendas ficava ociosa. "Se está todo mundo na praia, nós também temos de estar", pensou.

Grespan levou essa ideia a Clovis. No verão seguinte, o de 1990, a empresa lançava a Temporada Tramontina. Às sextas-feiras, as equipes apanhavam um carro de som e passavam o fim de semana percorrendo a orla gaúcha. O projeto se transformou em uma das mais marcantes iniciativas de marketing orquestradas por Clovis e equipe. Desde então, todos os anos, a Tramontina "veraneia" nas praias do Rio Grande do Sul e de Santa Catarina, levando para a beira-mar promoções, atividades de esporte e lazer, ações ambientais, distribuição de brindes e decoração especial no comércio.

Desde o início, Clovis acompanhou a Temporada de perto. Costumava receber em sua casa de praia a equipe de promotores de vendas, para se informar em detalhes sobre a reação dos lojistas e dos consumidores.

> *Me entusiasmei com a Temporada Tramontina. O Litoral tem muito potencial, com parceiros excelentes. Muitos dos nossos produtos foram desenvolvidos ou lançados pensando nesse momento de lazer, em que as pessoas estão mais tranquilas. Tenho saudade das primeiras edições, quando passávamos com o carro de som, fazendo alvoroço, e as pessoas saíam de dentro de casa para nos mostrar que tinham produtos da Tramontina.*

Clovis veste Prada

Filha de um funcionário da Tramontina, Rosane Mesturini Fantinelli contrariava a regra geral em Carlos Barbosa e não pensava em trabalhar na principal empresa da cidade. Preferiu ingressar no magistério. Entre seus alunos, coincidentemente, estava Elisa, filha mais velha de Clovis e Eunice.

Mas logo no início da carreira, apesar de gostar das crianças, Rosane começou a questionar sua vocação para a docência. Sentia-se desencantada. Na mesma época em que questionava a escolha profissional, Eunice, mulher de Clovis, estava à procura de alguém para ajudá-la na recém-criada Associação Tramontina de Funcionários (ATF). A professora foi indicada para a vaga e aceitou a proposta, começando a trabalhar como atendente na associação, voltada a dar assistência a colaboradores e dependentes nas áreas de educação e saúde.

Dois anos depois, em 1991, durante uma festa de casamento, ela encontrou Eunice e aproximou-se para cumprimentá-la. Clovis estava junto e disparou à queima-roupa:

— Queres vir trabalhar comigo?

Apanhada de surpresa, Rosane não respondeu na hora. A impulsividade e a impaciência de Clovis revelavam uma personalidade indomável. Ainda assim, depois de alguns dias de reflexão, ela resolveu aceitar o convite e assumiu o cargo de assessora do jovem executivo. "Eu mal sabia o que me esperava. Migrar de atendente da Eunice para assessora direta do Clovis foi como mudar do dia para a noite, de forma repentina e desafiadora. Meus primeiros anos na função foram como *O Diabo Veste Prada*", compara, numa referência ao filme de 2006 em que Meryl Streep interpreta uma chefe para lá de exigente.

Como assistente, Rosane tornou-se uma testemunha do estilo de trabalho de Clovis, obsessivo, incansável e com um senso de urgência que poucos conseguem acompanhar. Sua ida para o Escritório Central foi especialmente tensa porque coincidiu com o momento em que Clovis passava da condição de gerente nacional de vendas para a de presidente do Conselho de Administração da Tramontina, cheio de vontade de colocar suas ideias em prática e de mostrar seu valor. Rosane tinha de se virar para acompanhar o ritmo louco e as exigências dele. A jornada de trabalho de Clovis era de segunda a segunda.

Apesar da pressão e da exigência, ela conseguiu se adaptar e se firmar. "Fui prestando atenção aos pequenos detalhes e compreendendo a personalidade complexa do Clovis. Aos poucos, consegui conquistar a confiança dele."

Rosane trabalhou diretamente com Clovis ao longo de 14 anos. Durante esse período, expandiu suas funções na empresa. Acompanhava-o nas viagens, em visitas a clientes e especialmente nas reuniões com agências de publicidade e veículos de comunicação. Tornou-se o braço direito do executivo nos assuntos que envolviam o marketing.

Assim, quando Clovis cumpriu a promessa de criar uma gerência de marketing corporativa e de instalá-la na sala da engenharia, ele já tinha uma pessoa preparada para o setor: era Rosane. Primeiro gerente e atualmente diretora da área, ela recebeu a missão de colocar em prática os planos para a consolidação da marca.

> *A Rô é especial. Tem sensibilidade para perceber e analisar os momentos difíceis e trazer sugestões. Tem muito cuidado com as pessoas. Eu percebia isso desde que ela era professora da minha filha, Elisa. O começo dela como minha assistente não foi fácil. Sou uma pessoa muito exigente, de posições fortes. E eu estava numa época de afirmação, logo seria o presidente. Quando eu elaborava projetos mais arrojados de comunicação e marketing para apresentar ao meu pai e ao Seu Ruy, ela me ajudava com os*

> *argumentos que usaríamos para defender os projetos. No início, a Rô era tímida, hoje tem uma presença forte. Ela pegou o meu jeito. Não precisamos nem falar.*

Um cliente detalhista e exigente

Tramontina, qualidade de aço. Tramontina aproxima. Tramontina é Tramontina. Tramontina faz bem pra você. Tramontina, o prazer de fazer bonito. Esses slogans, que se tornaram conhecidos pelos brasileiros, resumem a trajetória do marketing da empresa nas últimas três décadas. O que não revelam é que, por trás deles, há um trabalho que Clovis acompanhava muito de perto, algo pouco usual para o presidente de uma grande empresa.

Por temperamento e pela importância que dava ao marketing, ele queria participar de todas as fases de desenvolvimento das campanhas e não ficava satisfeito com facilidade. Costumava envolver-se em decisões sobre os menores detalhes, até mesmo a cor das camisetas que seriam usadas em determinada convenção. "Ele se exaltava quando achava que uma ideia ou uma campanha eram muito fracas ou muito fora da realidade", relata Rosane. "Também havia discussões homéricas sobre custos e fornecedores".

Em um primeiro momento, a Tramontina era atendida pela Expressão Brasileira de Propaganda, onde trabalhava Hector Brenner, um dos mentores de Clovis na área do marketing.

Mais tarde, teve início uma das relações mais longevas da Tramontina, com a DCS, que cuidou da publicidade da empresa por 14 anos, até encerrar suas atividades. O primeiro contato ocorreu em 1999. Então sócio da agência, o publicitário Antônio D'Alessandro apareceu para a reunião com Clovis carregando uma pasta recheada com portfólios, lâminas e propostas enfeitadas com *passe-partouts*. Em vez de examinar o material, Clovis começou a conversar, olho no olho. Falaram de estratégias de comunicação, da marca, da concorrência, do cenário econômico.

Depois de uma hora e meia, D'Alessandro comentou que o papo estava tão bom que nem havia mostrado o material produzido especialmente para a ocasião.

— Não preciso ver nada. Já nos entendemos — respondeu Clovis.

Uma vez por mês, Clovis e Rosane compareciam à sede da DCS, em Porto Alegre. A equipe dos sócios D'Alessandro e Roberto Callage passava dias se aprontando para a ocasião. Preparava análises de mercado, pesquisas sobre a marca e tendências de consumo. O momento era tão solene e importante que até ganhou um nome: "Clovis Day". "Ele fazia um *briefing* muito vivo, que tinha um lado engraçado, que deixava a reunião leve, mas também puxava muito para a questão profissional", descreve D'Alessandro. "As pessoas queriam participar, não só o primeiro time da agência, mas também o segundo time, porque era um momento de inspiração, que dava um foco para nós e trazia a cultura da Tramontina para dentro da nossa realidade".

— Propaganda que não causa buchicho não serve — repetia Clovis, provocando os publicitários a desenvolverem trabalhos que gerassem repercussão.

Uma das campanhas que atenderam com folga a esse requisito foi elaborada em 2002. Clovis estava havia 10 anos à frente da empresa e achava que faltava dar o "pulo do gato". Buscava um conceito que estivesse à altura da qualidade dos produtos, que chamasse a atenção para o fato de a Tramontina não ser só mais uma fabricante no mercado, que deixasse claro o patamar mais elevado da empresa na comparação com as concorrentes asiáticas que entravam no Brasil.

A DCS começou o trabalho encomendando uma pesquisa nacional sobre a percepção dos brasileiros a respeito da marca Tramontina. Identificaram que os consumidores a associavam a qualidade, beleza e sofisticação. Acima de tudo, diziam que a marca inspirava confiança. O time da agência de publicidade começou a buscar uma ideia que resumisse tudo isso.

Por fim, acertaram no alvo: Tramontina é Tramontina.

O slogan acabou entrando para o imaginário popular brasileiro. Passou a figurar no grupo seleto dos que ficam, como *Se é Bayer é Bom*, *Não é uma Brastemp* ou *Tomou Doril, a Dor Sumiu*.

Nesse período, uma pesquisa do Instituto Gallup revelou que os esforços de marketing estavam dando certo. A Tramontina era conhecida por 94% dos brasileiros.

Tem de ser festão

Uma forma de promover a marca da Tramontina que entusiasmava Clovis era a realização de grandes eventos. Em uma empresa marcada pela cultura de austeridade e comedimento, ele foi responsável por investir em shows, celebrações e festas grandiosos, planejados para atrair multidões e gerar repercussão. É possível que esse empenho tenha sido estimulado por uma primeira experiência frustrada.

No começo da década de 1970, na adolescência, Clovis propôs uma novidade: realizar um baile de casais com características inéditas em Carlos Barbosa. Convocou os amigos — Lauro Cignachi, Rui Mantovani, Agostinho Facchini e João Zani — e promoveu um evento glamuroso no Cruzeiro, o tradicional clube social da cidade. A mãe dele, dona Laura, supervisionou os guris, para não deixar passar nenhum detalhe.

A ambição desmesurada, no entanto, comprometeu o sucesso da iniciativa. Os rapazes contrataram um desfile de fantasias desenhadas pelo famoso figurinista e carnavalesco Evandro Castro Lima (1920-1980), do Rio de Janeiro, vencedor de vários concursos de fantasias realizados na época. No final, os ingressos para o baile ficaram tão caros que acabaram encalhando.

— Prejuízo por prejuízo, os participantes terão bebida liberada a noite toda — determinou Clovis.

Naquela época, a turma adorava o clube e estava sempre por lá, ajudando nas promoções. O envolvimento era tanto que, alguns anos depois, Clovis chegou à presidência da entidade, empenhando-se na promoção de uma infinidade de bailes, festas e eventos sociais.

Comemorar com pompa e circunstância, portanto, era algo entranhado nele. Clovis herdou esse gosto do pai e nunca abriu mão de marcar as datas familiares importantes com festanças de arromba. Na condição de presidente da Tramontina, era de se esperar que usasse essa inclinação celebratória como importante ferramenta do marketing, superando com folgas o fracasso do baile de casais.

A primeira oportunidade apareceu em 1996, nos 85 anos de fundação da Tramontina. Não era uma data tão redonda assim, mas não importava. Empossado presidente quatro anos antes, Clovis estava disposto a compensar pelas décadas transcorridas em branco, sem comemorações à altura. A cantora Simone, uma das mais populares do Brasil, foi contratada como principal atração da festa. Velas acesas nas mãos, a população de Carlos Barbosa, espremeu-se na praça central da cidade e acompanhou a cantora num coral de 10 mil vozes.

Para o aniversário de 95 anos, Clovis desejava um evento de caráter nacional, que marcasse também o lançamento da Tramontina Design Collection, linha de produtos premium. Decidiu oferecer uma sessão especial para convidados da superprodução musical *O Fantasma da Ópera*, marcada para 20 de julho de 2006, em São Paulo.

Ele encarregou a equipe de marketing de organizar o evento e viajou à Alemanha para acompanhar a Copa do Mundo realizada naquele ano. Nesse meio tempo, os problemas começaram a aparecer. A Varig, que era a maior companhia aérea brasileira, entrou com pedido de falência e ficou com suas aeronaves no solo. O caos aéreo resultante significava para a Tramontina que muitos dos convidados não teriam como chegar a São Paulo.

Em paralelo, a maior metrópole do país estava traumatizada pela onda de ataques promovida pela organização criminosa Primeiro Comando da Capital (PCC). Ninguém queria ir a São Paulo, e quem estava em São Paulo não queria sair à rua.

Por fim, a data do espetáculo musical coincidia com as férias escolares de inverno, e muitos dos convidados da Tramontina estavam com viagens em família já agendadas.

Rosane telefonou a Clovis para dizer que não haveria como preencher os 1,5 mil lugares do Teatro Abril, onde ocorreria a apresentação.

— Nossa ideia é fechar o mezanino. Daí, sobram 800 lugares, que conseguimos ocupar — disse ela.

Direto da Alemanha, entre uma partida e outra da Seleção, Clovis não quis saber do plano B:

— **Não sou homem de meios termos. Não quero saber de mezanino fechado. Quero teatro lotado. Coloquem capacidade máxima.**

Rosane diz que a perspectiva era de desastre. "Tinha tudo para dar errado, totalmente errado." Mas continuou a trabalhar.

Enquanto isso, em Frankfurt, Clovis frustrava-se ao ver o Brasil ser eliminado pela França nas quartas de final, um 1 a 0 definido no detalhe.

Uma semana mais tarde, em Berlim, na final da Copa, ele viu o craque francês Zinedine Zidane ser expulso depois de uma cabeçada no zagueiro italiano Marco Materazzi e aplaudiu o tetracampeonato mundial da Itália, obtido nos pênaltis.

Passados uns dias, em São Paulo, Clovis adentrou o Teatro Abril e festejou a vitória que mais esperava: as 1,5 mil cadeiras estavam totalmente ocupadas por clientes e parceiros da Tramontina.

Se para comemorar datas menos chamativas, como os 85 e os 95 anos, o presidente da Tramontina já colocou o sarrafo bem no alto, pode-se imaginar o que ele ambicionava para o centenário da empresa, comemorado em 2011. O ano todo foi de festa, mas Clovis queria concluir as celebrações de forma espetacular, com 30 mil pessoas na rua. Desde o ano anterior, ele vinha pensando na atração que ofereceria à comunidade e formara uma convicção: o nome incontornável era a baiana Ivete Sangalo, a cantora mais popular do Brasil, famosa pelas performances eletrizantes.

— Tem de ser ela, pela energia, pela beleza e pela alegria de viver. Ivete é o símbolo da alegria que nosso povo almeja e merece — determinou.

O show foi contratado com antecedência, para o dia 11 de dezembro. Um terreno de grandes dimensões, para onde estava projetada a construção de uma nova fábrica, foi preparado para acolher a estrutura do espetáculo, que incluiria um palco de tamanho e sofisticação inéditos na cidade, e comportar a multidão esperada.

Naqueles dias, o show era o grande assunto. A expectativa podia ser sentida no ar.

Faltando uma semana, porém, numa noite de domingo, Rosane recebeu uma chamada de Carlos Konrath, sócio da Opus Entretenimento, que produzia o show. "Quando ele me cumprimentou, já percebi que as coisas não estavam bem", relata ela. Sombrio, Konrath contou que Ivete Sangalo havia contraído meningite e estava fora de combate. Não haveria show, pelo menos não dela, na festa do centenário. "Senti o mundo girar", descreve a diretora de marketing.

Na manhã seguinte, bem cedo, Rosane entrou na sala de Clovis para dar a notícia ruim, esperando uma reação exaltada, já que o grande momento sonhado por ele se transformara em um pesadelo de última hora. Levava consigo uma compilação de possíveis substitutos: Roberto Carlos, Paula Fernandes, Rita Lee, Victor e Léo.

Para surpresa dela, Clovis permaneceu imperturbável, mal interrompendo seus outros afazeres. Sem demonstrar qualquer interesse em examinar a lista de suplentes, disse, com voz serena:

— O que foi que nós prometemos aos nossos funcionários? Vamos trazer a Ivete Sangalo. Não podemos frustrar as pessoas. A Ivete vem assim que estiver recuperada.

Dessa forma, o grande evento do centenário da Tramontina acabou acontecendo em 17 de março de 2012, quando a empresa já se aproximava dos 101 anos.

> *Para mim, comemoração não pode ser mais ou menos. Tem de ser festão. Esse é o Clovis.*

Por trás do Caldeirão e do MasterChef

No ano seguinte, em outubro de 2013, Clovis foi ao Rio de Janeiro para inaugurar a primeira T store e se hospedou no Hotel Windsor Barra, que era próximo da loja. Um dia, no saguão do hotel, avistou o apresentador da Globo Luciano Huck e foi falar com ele. O animador de TV aproveitou a deixa:

— Se os talheres do Windsor forem da Tramontina, isso significa que vamos trabalhar juntos — disse.

Huck virou o talher que havia em uma mesa próxima — e era da Tramontina. Clovis achou a brincadeira divertida e propôs iniciarem negociações para um patrocínio ao Caldeirão do Huck, programa do apresentador transmitido nas tardes de sábado.

No dia seguinte, a diretoria comercial da Globo entrou em contato propondo um almoço no Projac, como era chamado na época o complexo de estúdios que a emissora mantém em Jacarepaguá, não muito longe do hotel, também na zona oeste do Rio.

A refeição aproximou de vez o apresentador e o empresário. "Clovis é um homem simples, mas que lê as situações com muita perspicácia, sempre enxergando como transformar as coisas em algo muito maior. Foi só sentar com ele para perceber isso", afirma Huck.

A Tramontina, que estava fechando o planejamento de marketing para 2014, acertou o patrocínio do quadro Lar Doce Lar, que se encaixava perfeitamente no perfil da empresa, por envolver a qualificação do ambiente doméstico, relacionando-a às histórias familiares dos brasileiros. Nessa atração, famílias eram escolhidas para ter a casa reformada. A empresa gaúcha oferecia uma infinidade de eletrodomésticos, móveis e utensílios que ajudavam a renovar os lares.

> *Sempre gostei do Luciano Huck e acho que nosso encontro no hotel não foi acaso. Nós já sonhávamos em trabalhar juntos e em falar dos nossos produtos para o seu público imenso, ainda mais em um quadro com viés social.*

Com o passar dos anos, pela própria natureza dos seus produtos, a Tramontina incorporou em suas ações de marketing uma estreita proximidade com o universo da gastronomia — que vivia um *boom*, favorecido pelo fenômeno conhecido como "gourmetização". Na TV aberta brasileira, ninguém explorou melhor o filão culinário do que a Band, com o lançamento do MasterChef Brasil, em 2014.

Ecoando a viagem feita 25 anos antes, na tentativa frustrada de acertar um patrocínio para a Copa de 1990, os irmãos Saad marcaram uma reunião em Carlos Barbosa. Depois de voar de São Paulo, Ricardo e Johnny saíram de Porto Alegre bem cedo, acompanhados pelo motorista e por um diretor da emissora na Capital gaúcha. Como chegaram muito antes do horário da reunião, marcada para as 10h, estacionaram o carro nas proximidades de uma farmácia e ficaram na calçada, conversando sobre a Tramontina e seu presidente.

Quando finalmente se apresentaram na portaria do Escritório Central, já eram vigiados pela cidade inteira, incluindo as forças policiais locais, todos em alerta por causa da notícia sobre quatro elementos rodeando a Tramontina e falando sobre Clovis — que havia sido devidamente alertado para o risco à sua segurança.

Impressionados com a consideração da população ao empresário, e depois de dar algumas boas risadas com a situação, os irmãos Saad apresentaram a Clovis a ideia do MasterChef Brasil, um programa em que três chefes reconhecidos (o francês Érick Jacquin, o brasileiro Henrique Fogaça e a argentina Paola Carosella) avaliariam os talentos culinários de uma série de postulantes a *chef*, para no final premiar o melhor deles.

A Tramontina passou a ser patrocinadora do programa, um dos maiores sucessos da década na TV brasileira.

O consumidor como protagonista

Nos últimos anos, depois do fechamento da DCS, em 2013, Clovis decidiu pulverizar a conta da Tramontina entre várias agências, como a Wunderman Thompson e a W3Haus, tendo em vista o tamanho e a diversificação que a empresa alcançou, a necessidade de falar com públicos cada vez mais segmentados e a possibilidade de aproveitar a criatividade de um universo maior de profissionais.

Essa nova etapa representou uma mudança significativa na forma de se comunicar. Clovis e sua equipe perceberam que, mais do que falar sobre os produtos da marca, o fundamental era travar uma conversa com o consumidor. Não se tratava mais de fazer um discurso único e unilateral, apenas por meio de um comercial de TV ou rádio que atingisse milhões de brasileiros.

O mundo havia mudado, e o marketing precisava mudar também, acompanhando as transformações na mídia e na sociedade. Embora se definisse como um analfabeto digital, Clovis enxergou que o público já não estava apenas nos meios em que a Tramontina anunciava tradicionalmente, mas havia se espraiado pelos novos canais surgidos com a internet. Assim como havia lutado para colocar a marca da empresa na TV, três décadas antes, agora Clovis via a necessidade de levá-la às redes.

Esse entendimento fez a Tramontina investir em um leque mais amplo de canais de comunicação, valendo-se das redes sociais, de novas plataformas digitais e de parcerias com influenciadores.

Mas não bastava estar presente na *web*. Era preciso se adaptar às novas linguagens e compreender que os meios digitais colocavam em xeque os modelos tradicionais de marketing, na medida em que mudavam completamente a relação com o público, cada vez mais ativo e interativo. No mundo das redes, todos têm voz e participam do diálogo. Por isso, o consumidor já não aceita uma comunicação vertical. As marcas precisam entrar em diálogo, de igual para igual, com ele.

Em sintonia com essa concepção, foi desenvolvido um novo posicionamento: "Tramontina, o prazer de fazer bonito". "Esse posicionamento significa falar sobre prazer, emoção e inspiração, iniciando uma conexão com os públicos", explica Rosane. "Foi disruptivo para a empresa compreender que a estrela não é somente o produto e que o consumidor é que está no centro do universo".

Desde 2014, todas as campanhas da marca estão alinhadas com essa nova visão, que reconhece o protagonismo do consumidor. Projetos de marketing como "Receitas que Brilham" ou "Bíblia do Churrasco", por exemplo, apostaram na abertura para que o público apresentasse suas próprias narrativas.

Um paradigma do novo caminho adotado foi a iniciativa batizada como *Flavor of Songs*, em parceria inédita com o Spotify. Com o objetivo de mostrar a versatilidade de sua linha de panelas inox, a Tramontina promoveu na plataforma de streaming uma mistura entre paladar e audição: por meio de inteligência artificial, um banco de dados que associava notas musicais a ingredientes permitiu que o público, a partir da música, chegasse a receitas novas e originais.

Esse protagonismo do consumidor pressupôs, da parte da empresa, o respeito à diversidade, à pluralidade e à liberdade, de forma que cada um utilize os produtos à sua maneira, com autonomia, prazer e criatividade, o que a Tramontina enfatizou com a ideia de que "não existem regras para fazer bonito".

Mais uma vez na trajetória de Clovis, a aposta em um marketing inovador e sintonizado com a modernidade rendeu resultados. Uma pesquisa do Datafolha mostrou que a proporção de brasileiros que conheciam a Tramontina havia subido para 97% no fim da década de 2010. A mensagem e a marca haviam chegado onde Clovis sempre sonhara.

> *A Tramontina sempre usou muito a inteligência na área do marketing, pela qual sou apaixonado. Nós procuramos nos adaptar às tendências, aos comportamentos do consumidor e às mudanças de cenário, e as agências sempre desempenharam papel importante para nos ajudar nessas adaptações. A campanha "Tramontina é Tramontina" foi um divisor de águas. Mas também precisamos evoluir e olhar para o consumidor. Ele é o protagonista, ele é quem deve dizer o que a marca significa. Atualmente, usamos o posicionamento "o prazer de fazer bonito", que traduz a nossa essência, que é fazer bem feito de acordo com os desejos dos consumidores. São eles que fazem bonito através dos nossos produtos.*

OS MARCOS DA MARCA

Uma das grandes contribuições de Clovis para a Tramontina foi a construção de uma marca forte, conhecida por todos os brasileiros e também fora do país. Alguns pontos altos dessa história:

Posicionamentos

Ao longo das décadas, a Tramontina se apresentou ao mundo com posicionamentos que buscavam transmitir a mensagem que a empresa achava necessária, de acordo com a realidade e a sensibilidade de cada momento. Esses posicionamentos eram resumidos em slogans simples, que traduziam a essência da empresa. Muitos ficaram na memória dos brasileiros:

- *Tramontina, Qualidade de Aço*
- *Tramontina, Classe Internacional*
- *Tramontina Aproxima*
- *Tramontina é de Confiança*
- *Tramontina Viva 2000*
- *Tramontina Faz Bem Pra Você*
- *Tramontina é Tramontina*
- *Tramontina, o prazer de fazer bonito*

Parceria com celebridades

Clovis percebeu que se ligar a personalidades com imagem associada aos valores da empresa era uma importante ferramenta de construção da marca. Por isso, muitos atores e atrizes atuaram como garotos-propaganda. Em 1994, dois grandes astros da TV Globo estrelaram campanhas independentes. Antônio Fagundes gravou um comercial de panelas em aço inoxidável, e Patrícia Pillar, outro de baixelas. O comercial de Fagundes era da linha Solar, que existia havia mais de uma década e, a partir daquele momento, impulsionada pelo carisma do artista, estourou no mercado, tornando-se o produto de maior sucesso de vendas na história da Tramontina.

Muitas outras celebridades, como Paulo Goulart, Débora Bloch, Vladimir Brichta e Ivete Sangalo, também participaram das campanhas. Em anos mais recentes, a empresa diversificou sua parceria, comunicando-se também por meio de influenciadores das redes sociais.

Grandes eventos

A partir do momento em que se tornou presidente da Tramontina, Clovis aproveitou os aniversários da empresa para realizar celebrações que ajudaram a consolidar a relação da marca com as comunidades onde ela se insere:

1996
Nos 85 anos de fundação da Tramontina, a cantora Simone, uma das mais populares do Brasil, foi levada a Carlos Barbosa como principal atração da festa de aniversário, realizada em 20 de dezembro. Um ano antes, ela havia lançado o *single Então é Natal*, um megassucesso em todo o país.

2001
Nos 90 anos da Tramontina, Clovis encarregou sua equipe de trazer o padre Marcelo Rossi para a missa de aniversário. O sacerdote-cantor havia se tornado um fenômeno, com milhões de CDs vendidos em toda a América Latina, e acabava de lançar o álbum *Paz*, indicado ao Grammy. A missa ocorreu em uma noite de maio de 2001, no Ginásio Municipal de Carlos Barbosa. Para

que todos os interessados pudessem acompanhar, telões tiveram de ser instalados do lado de fora.

2006

Nos 95 anos, foram realizados vários eventos em Carlos Barbosa, incluindo uma palestra do ex-jogador de vôlei e técnico multicampeão Bernardinho. Em nível nacional, Clovis decidiu promover em São Paulo uma apresentação especial do musical *O Fantasma da Ópera*.

2011

No centenário da empresa, o ano todo foi de comemorações, eventos, homenagens e presentes para colaboradores e clientes. Na entrada de Carlos Barbosa, um painel eletrônico com foto de todos os funcionários foi instalado para fazer a contagem regressiva dos 100 anos. Alessandro Ruffinoni, bispo de Caxias do Sul, veio para uma missa de ação de graças que contou com participação do cantor Osvaldo Montenegro. Foram lançados livros e produtos especiais, incluindo uma réplica do canivete Santa Bárbara, primeiro item produzido pela empresa, pelas mãos de Valentin Tramontina.

Ações sociais

Além de promover a marca da Tramontina, Clovis também considerava importante colaborar na projeção de ações sociais. Nesse setor, uma das principais iniciativas foi o apoio, a partir de 2007, do Criança Esperança, uma tradicional campanha de mobilização em favor da infância, voltada principalmente a ajudar os mais desfavorecidos. Esse projeto, que tem a chancela do Unicef e da Unesco, agências das Nações Unidas voltadas à criança e à educação, contou com o suporte da Tramontina ao longo de uma década.

> *Participar do Criança Esperança nos encheu de orgulho e satisfação. Acredito que só vamos evoluir socialmente se garantirmos que as crianças tenham educação de qualidade, condições dignas de vida e carinho.*

Feiras

Um espaço privilegiado para o marketing da Tramontina são as feiras. Com longa experiência nesses eventos, Clovis aprendeu que é necessário se destacar. Por isso, a regra é usar de criatividade para virar o centro das atenções. Na edição de 2005 da Gift Fair, maior feira de utilidades da América Latina, a Tramontina estava relançando a linha Servir e teve a ideia de levar para o pavilhão mulheres que representassem os diferentes públicos visados. A escolha recaiu sobre as atrizes Mariana Ximenes, Maria Fernanda Cândido e Ângela Vieira, que simbolizavam, respectivamente, a consumidora jovem, a sofisticada e a madura. Os visitantes formaram filas enormes para tirar foto com as atrizes.

Apesar de não ter o mesmo apelo popular que as estrelas da Globo, Clovis também é presença constante nos estandes. Ele acha o olho no olho essencial e gosta de apertar a mão do cliente, conhecê-lo melhor e projetar a marca.

> *Estar com as pessoas é o meu forte. Sempre fiquei entusiasmado às vésperas das feiras, pensando em qual seria o fato inusitado que criaríamos para surpreender os clientes. Agitei muito, no bom sentido, levando artistas, apresentando estratégias, inovando na forma de negociar, mas sem perder a essência, porque nas relações tem gente por trás.*

1. Rosane Fantinelli e Clovis.
2. Evento de lançamento da Tramontina Design Collection, em São Paulo.
3. Prêmio Top Of Mind – Revista Amanhã: Clovis Gusso, Rosane e Felisberto Moraes.
4. Celebração do padre Marcelo Rossi.

1. Luciano Huck cativado pelo produto, pela empresa e por Clovis.
2. Com o chef Erick Jacquin.
3. Rui Zignani e Clovis Gusso, gerentes comerciais da Tramontina, no Prêmio Marcas de Quem Decide – Jornal do Comércio.
4. O fã e a estrela Ivete Sangalo.

Epílogo

— OLHANDO PARA TRÁS E PARA A FRENTE

Quando adoeceu, em 2008, Laura Giacomoni Tramontina passou uma temporada prolongada na casa de Rejane, sua filha. Clovis ia visitá-la com frequência. Nessas ocasiões, Dona Laura sempre parecia animada e vigorosa.

Era encenação. Um dia, Rejane contou ao irmão que a mãe só se mostrava bem quando ele entrava no quarto. Era o ato final de superproteção ao filho mais velho.

> *Com as minhas irmãs, ela se revelava frágil. Mas melhorava quando eu chegava perto. Ela não queria mostrar fraqueza para mim, porque tinha medo de que isso me enfraquecesse. Era o cuidado de sempre. Ela perdeu quatro filhos antes de eu nascer, então continuava tendo aquela coisa de que eu era frágil e que tinha de ser protegido.*

A doença de Dona Laura era um agressivo câncer abdominal. Depois de algumas cirurgias e tratamentos, os médicos constataram que não havia como salvá-la. Clovis rezou e rezou, pedindo apenas que a mãe não sofresse.

Quando ela morreu, uma situação estranha se repetiu várias vezes. Seguindo um velho hábito, Clovis deixava o escritório no final da tarde e, antes de ir para casa, passava na residência da mãe para dar um alô. Só quando chegava lá se apercebia que Dona Laura já não estava. Havia partido, definitivamente. O filho sentia um baque, um vazio imenso.

> *Ela era a minha amiga e a minha inimiga número 1. Nós nos xingávamos todos os dias, mas nos amávamos profundamente. Minha mãe era meu porto seguro, meu equilíbrio. Dela, só lembro de coisas boas, das risadas, que eram fantásticas, da firmeza nas posições e também da brabeza.*

A morte da mãe foi um abalo que Clovis custou a superar. Para ele, sempre havia sido difícil lidar com as perdas e, em especial, com a morte — tinha medo dela, pensava que a vida era curta demais e que aproveitá-la intensamente era a única alternativa.

Quase uma década depois, ele voltou a se confrontar com essas questões. Em dezembro de 2017, Ivo Tramontina foi internado no Hospital São Roque, em Carlos Barbosa, o mesmo onde Clovis fora a primeira criança a nascer, seis décadas antes. O patriarca tinha 92 anos de idade e estava com a saúde debilitada.

Na manhã do dia 23, antevéspera do Natal, o quadro de Seu Ivo se agravou muito. Ele ainda mantinha a consciência, mas não conseguia falar e respirava com ajuda de aparelhos. Era a aproximação do fim.

— Não quero ver meu pai morrer — anunciou Clovis.

Eunice insistiu que deveriam ir ao São Roque. O marido acabou concordando. No quarto do hospital, ao redor do leito, reuniram-se os cinco filhos de Seu Ivo. Também estavam lá as noras Eunice e Cristiane, o genro Paludo e o sobrinho Celso Luiz Guerra (Quito).

O padre Jailton de Oliveira Lino, que seria ordenado bispo alguns dias depois em Farroupilha, orou e fez uma bênção. Sentado ao lado da cama, Clovis segurava o braço do pai, sem soltá-lo em nenhum momento. Sentia que Ivo estava calmo e tranquilo. De repente, notou alguma diferença. Depois de um tempo, anunciou:

— Gente, acho que o pai se foi.

> *Aí nós todos demos uma salva de palmas para ele. Lembro muito bem desse momento, uma salva de palmas. Depois rezamos um Pai-Nosso, uma Ave-Maria e saímos. Esse foi um dos momentos mais duros da minha vida, muito difícil de superar.*

Ruy Scomazzon, que se aproximava dos 90 anos, foi logo avisado sobre a morte do sócio, com quem havia convivido por mais de seis décadas.

— Perdi meu grande amigo — desabafou.

O coronavírus e um momento de reflexão

No começo de 2020, o mundo sofreu um abalo profundo por causa da grave crise sanitária, econômica e social provocada pela pandemia de coronavírus. As atividades não essenciais foram paralisadas, a vida de todos mudou drasticamente, as empresas enfrentaram desafios gigantescos. Coube a Clovis comandar a resposta da Tramontina a esse cenário sem similar em sua trajetória como executivo.

Criou-se um comitê de gestão de crise e foram tomadas medidas emergenciais e bem-sucedidas para proteger os funcionários do risco de infecção. Mais uma vez, assegurou-se que seria mantida a política de evitar demissões, se necessário reduzindo as margens de lucro, para não deixar desamparadas as famílias que dependem da empresa.

Foi um período difícil, mas a empresa não apenas resistiu, como continuou a crescer e contratar, em contraste com o que ocorria no mercado. Mesmo assim, as dificuldades que via ao redor sensibilizaram e mobilizaram Clovis. Uma de suas preocupações foi com os fornecedores da Tramontina. Com o avanço descontrolado da Covid, a demora na aquisição de vacinas e a multiplicação das mortes, muitos empresários parceiros ficaram com os negócios a perigo.

> *Fiquei muito preocupado com o coronavírus e suas consequências. Um dia, um fornecedor telefonou para mim e disse: "Clovis, vou ter de demitir se as obras que tenho com vocês pararem". Eu prometi a ele que faríamos de tudo para mantê-las, que só adiaríamos algumas obras não essenciais. E foi isso que fizemos.*

A Tramontina também se esforçou, durante a pandemia, para garantir apoio às comunidades onde está inserida. Além do Ventra, aparelho de suporte respiratório desenvolvido pelos engenheiros das fábricas e entregue a mais de 60 hospitais, a empresa doou utensílios e cestas básicas e realizou aportes financeiros a instituições do Rio Grande do Sul, do Pará e de Pernambuco.

Clovis ainda procurou mobilizar o empresariado, propondo uma ação conjunta para enfrentar com bom senso "um momento perigoso, em que o Brasil precisa antes de tudo salvar vidas e, em seguida, empregos".

No plano pessoal, o coronavírus alterou a rotina de Clovis. Durante muitos anos, o cotidiano dele consistiu em comparecer ao Escritório Central de segunda a sexta-feira, às 9h em ponto. Ao meio-dia, fazia um intervalo para almoçar em casa. Depois, retornava à empresa, para mais um período de trabalho, até às 19h.

Com a pandemia, viveu um longo período de isolamento domiciliar. Permaneceu a maior parte do tempo recluso na sua casa em Xangri-lá, no litoral gaúcho, viajando a Carlos Barbosa apenas para as reuniões mensais do Conselho de Administração da Tramontina. Para Nice, que gosta da vida doméstica e não sente grande atração por eventos sociais, o confinamento não pesou, mas Clovis, que necessita do contato pessoal e do movimento, sentiu-se enjaulado e inquieto. Para ele, foi um sacrifício.

— Não me deixam sair de casa para nada — queixou-se, em abril de 2021, ao jornalista Ernesto Yoshida, da *Folha de S. Paulo*.

Esse isolamento acabou sendo, para Clovis, um período para refletir e fazer um balanço sobre a própria trajetória. Pensou na fragilidade da vida, naquilo que já construíra e em tudo o que ainda queria fazer. Como resultado desse processo, chegou a uma conclusão importante: era hora de deixar a presidência da Tramontina para se dedicar a outros projetos.

Em entrevista concedida em dezembro de 2020 ao *Jornal do Comércio* de Porto Alegre, tornou pública a decisão. Falou sobre seus motivos ao editor Cristiano Vieira:

— Este 2020 foi um ano em que repensamos nossas vidas, perdemos muitas pessoas, aprendemos a valorizar o tempo, que é preciso e que passa muito rápido, sem fazer tudo o que gostaríamos. Houve uma perda de liberdade com o isolamento social. Pessoalmente, essa reflexão chegou à minha vida profissional. Vi que não sou onipotente, temos que saber a hora de sair da empresa. Eu pensei muito e, então, deixarei a presidência, ficando apenas no Conselho de Administração — revelou Clovis.

No primeiro semestre de 2021, ele fixou a data para sua saída: janeiro de 2022. Faltava definir quem ficaria em seu lugar.

Por um antigo acordo feito entre os acionistas, a presidência do grupo caberia sempre a um representante da *holding* da família Tramontina. Os Scomazzon indicariam o vice-presidente. Conversas que se desenrolaram entre as duas famílias, no entanto, levaram a um novo modelo de sucessão.

Ficou decidido que, a partir do momento em que Clovis se retirasse, depois de três décadas na posição, o presidente da Tramontina passaria a ter um mandato fixo, de quatro anos. O posto seria ocupado alternadamente por um representante de cada *holding* familiar. A primeira indicação ficaria a cargo dos Scomazzon.

Eles escolheram Eduardo Scomazzon, que havia deixado a vice-presidência em 2008, para dedicar-se à gestão da BEMPAR, a *holding* da família. Eduardo seria o novo presidente da empresa, no período 2022-2025. Marcos Tramontina, filho de Clovis, ocuparia a vice-presidência. Eles assumiram em janeiro de 2022.

Liberado da responsabilidade de dirigir um dos maiores grupos empresariais do Brasil, Clovis vai se dedicar à educação. Ele chegou à conclusão de que é importante disseminar os conhecimentos e a experiência que acumulou ao longo de sua trajetória. Vai fazê-lo, em parte, por meio de um curso de formação de líderes. Durante a pandemia, aproveitou para estruturar a ideia e iniciar conversações com universidades interessadas em associar-se à iniciativa.

> *Oferecer um curso de liderança é um sonho antigo meu. Acho muito importante desenvolver talentos nessa área, porque o Brasil está precisando de pessoas com capacidade de liderar. O foco não serão apenas lideranças empresariais, mas também políticas. Precisamos formar pessoas que acreditem nos seus projetos, que não tenham medo de errar. Além disso, quero trabalhar em projetos ambiciosos para garantir educação gratuita e de qualidade às crianças e aos adolescentes.*

A certeza do legado

Renunciar ao trabalho de uma vida não é uma decisão fácil, mas a perda dos pais e o período de isolamento social levaram Clovis a fazer um mergulho interior, a olhar para trás e para a frente e a fortalecer a convicção de que já havia construído um legado na Tramontina e que poderia dedicar o resto da existência a outros desafios.

Ao fazer um balanço da própria trajetória, ele tinha poucos motivos de arrependimento. Lamentava ter sido impulsivo. Como na ocasião em que demitiu um bom amigo, por causa do comportamento dele fora da Tramontina. Clovis avalia que a demissão era necessária, mas preferia não ter sido tão tempestuoso e não a ter realizado às vésperas das festas de final de ano.

No todo, porém, o saldo era muito positivo. Questionado sobre quais haviam sido suas grandes conquistas pessoais, aquelas de que ele mais se orgulhava, respondeu de pronto:

— A maior de todas foi a família. A Nice é uma grande mulher, sempre presente ao meu lado e no cuidado com os nossos filhos. Em 40 anos de casamento, pude contar com ela em todos os momentos, com uma cumplicidade enorme, dividindo todas as preocupações. E os meus filhos são também um grande orgulho para mim, todos eles trabalhadores, éticos e com famílias de valores sólidos.

Depois, como segunda grande conquista pessoal, Clovis citou o futsal, que ele elevou a outro patamar. Movido pela defesa dos interesses da modalidade, havia conversado com o presidente da República, Jair Bolsonaro, sobre sua visão para o esporte. Clovis lembrou Bolsonaro da carta que havia remetido algumas semanas antes, pedindo o apoio presidencial ao seu projeto de incorporar o futsal aos Jogos Olímpicos. O presidente da República deu a resposta que Clovis buscava: assumiu o compromisso de se juntar à causa.

Se esse sonho olímpico se concretizar, será o coroamento de um trabalho único a favor da modalidade, do qual Clovis tem imenso orgulho. É um dos raros momentos em que ele deixa a modéstia de lado.

Eu mudei o futsal. Isso é uma conquista pessoal e intransferível.

A terceira grande conquista pessoal citada por Clovis diz respeito à Tramontina. Na empresa, ele entende que aquilo que veio dele, que realmente tem a sua essência, é a aposta no marketing, a paixão pelas vendas, a formação de pessoas e a consequente consolidação da marca.

Mas é óbvio que seu papel foi além disso. Clovis teve a felicidade de estar à frente de um dos maiores fenômenos da história empresarial brasileira, a transformação de uma empresa de valores sólidos em um grupo com 10 fábricas, mais de 900 mil metros quadrados de área construída, 20 Centros de Distribuição (cinco no Brasil e 15 no exterior), sete Escritórios Regionais de Vendas, duas dezenas de lojas, portfólio de mais de 22 mil itens diferentes e presença em mais de 120 países.

E, claramente, havia o dedo dele nisso tudo, ao trazer para o empreendimento familiar uma perspectiva nova de inserção no mercado, sempre com endividamento controlado e sem gastos supérfluos, reinvestindo o lucro na inovação e na ampliação dos negócios.

Mais do que quaisquer adjetivos, são os números que melhor definem a dimensão dessa trajetória exitosa. Em sua primeira década como presidente, Clovis estabeleceu como meta que a Tramontina alcançasse um faturamento anual de R$ 1 bilhão. Diretores e gerentes achavam o número uma utopia, mas em 2001 a empresa chegou lá.

Em 2020, faturou R$ 8,3 bilhões, um crescimento de 39% em relação ao ano anterior. Para 2021, a perspectiva era alcançar R$ 9,4 bilhões. Mas Clovis sonhava, e desta vez ninguém mais duvidava dele, em deixar a presidência com a marca de R$ 10 bilhões de faturamento. Ultrapassou-a. O faturamento de 2021 foi de R$ 10,9 bilhões.

A empresa que ele entregava a mãos mais jovens havia se tornado uma enorme engrenagem. Fazia um novo lançamento a cada três dias, estava presente com seus produtos em nove de cada 10 lares brasileiros, era reconhecida por 97% da população do Brasil (segundo pesquisa de 2016 do Datafolha) e rondava os 70% de participação de mercado no setor de utilidades domésticas.

E continuava a crescer. Uma nova fábrica, que marcaria a entrada da Tramontina no setor de porcelanas, estava em construção em Pernambuco. Ela foi inaugurada em maio de 2022. A isso somava-se o plano de abrir de três a quatro lojas da marca a cada ano.

Durante os 30 anos de Clovis à frente da Tramontina, o interior das fábricas também havia mudado muito, a começar pelos métodos inovadores de produção e gerenciamento que ele e Eduardo Scomazzon trouxeram do Japão e da Coreia do Sul no começo da década de 1990. A partir dali, Clovis sempre apoiou os investimentos em tecnologia de ponta, que tinham em Eduardo o grande entusiasta. Como consequência, todas as fábricas do grupo foram robotizadas.

Em 2005, as unidades tinham 63 robôs. Em 2015, eram 400. O número passava de 700 em 2021. Clovis costuma dizer que esses robôs não se ligam sozinhos. Ou seja, para cada um deles que ingressa na fábrica, não há perda de qualquer emprego. Pelo contrário, é necessário contratar mais gente, especialmente profissionais altamente qualificados, como engenheiros. Assim, a empresa, que tinha cinco mil funcionários na época dos 63 robôs, passou para 7,5 mil em 2015 e para mais de 10 mil em 2021.

Vinte por cento desses colaboradores somavam mais de duas décadas de casa. Nada menos do que 2 mil foram admitidos durante o primeiro ano da pandemia de coronavírus, período em que ocorreram demissões em outras empresas.

Outro motivo de orgulho era a responsabilidade social, que o presidente da Tramontina divide em duas vertentes. Por um lado, há a governança pautada pela ética, por outro, o comprometimento com hospitais, escolas e entidades assistenciais nas comunidades onde a empresa atua. Em 2021, seu último ano à frente do grupo, Clovis estava preocupado também em consolidar a Tramontina como empresa comprometida com a proteção ao meio ambiente e em valorizar a contribuição feminina no quadro de gestores.

Com esse legado, ele se sentiu pronto para deixar a presidência, convencido de que os sucessores darão continuidade ao seu trabalho e realizarão o sonho que passou a acalentar: o de ver a Tramontina convertida em marca conhecida e onipresente, inspirada em exemplos como Starbucks, McDonald's ou Samsung. Para alcançar esse objetivo, anunciou que defenderia, na condição de integrante do Conselho de Administração, uma estratégia de ampliação da estrutura de distribuição e de investimento mais agressivo no marketing. Estava convencido de que a Tramontina será a grande marca global de utilidades domésticas.

Com tantas realizações atrás de si e perspectivas tão promissoras pela frente, Clovis preparou sua retirada com tranquilidade e satisfação, convicto de ter alcançado aquilo que Laura Giacomoni Tramontina, sua mãe, sempre cobrou dele: que fosse o número 1.

> *Sempre sonhei em ser o presidente da Tramontina. Se valeu a pena? Sim, valeu muito a pena. Sou uma pessoa realizada, que tem a certeza de que fez um bom trabalho, para a empresa e para as pessoas. Desde pequeno, a minha mãe queria que eu fosse um vencedor. Eu me sinto como o vencedor dela.*

1. Eduardo, Ivo, Ruy e Clovis.
2. O vencedor de Dona Laura.
3. No olhar do neto Lucas, o futuro.

— LIÇÕES
PARA A VIDA
E PARA OS
NEGÓCIOS

Os principais ensinamentos que os executivos da Tramontina receberam de Clovis ao longo das décadas:

- Sempre acredite nas pessoas.
- Se a pessoa olha no teu olho, confia nela.
- Se a pessoa olha no teu olho e demonstra vontade, dá a oportunidade que ela busca, mesmo que não esteja capacitada. Ela vai aprender.
- Os valores vêm da família, da formação, da disciplina, do trabalho, da dedicação e da disponibilidade.
- Quando ingressar em um ambiente, observe tudo, ao redor, à frente e atrás. É importante ter sempre a visão do todo.
- Procure conhecer e se aproximar das pessoas certas, não importa a posição que elas ocupem.
- A proximidade, o relacionamento e o contato pessoal abrem todas as portas e todas as possibilidades.
- Faça sempre de modo simples, prático e objetivo.
- Tome decisões. Não deixe para depois.
- Nunca deixe de dar retorno às pessoas. Resolva os assuntos pendentes.
- Não tenha vergonha de dizer que não sabe dar determinada resposta. Depois se informe e responda.
- Seja curioso e queira saber e aprender.
- Mesmo nas maiores dificuldades, procure olhar a situação pelo seu lado positivo, porque é a oportunidade para crescer.

— VISÕES SOBRE CLOVIS TRAMONTINA

"Clovis merece reconhecimento porque é um bravo, alguém que consegue motivar as pessoas. Essa é uma coisa que me impressiona nele e que causa inveja em outras empresas. Ele tem a capacidade de desenvolver gente de dentro, de manter uma cultura, de garantir a permanência de valores a longo prazo. Isso é a chave do sucesso da Tramontina e é uma coisa muito difícil de fazer, porque é necessário que as pessoas sejam apaixonadas pela empresa e que ao mesmo tempo tenham visão. E o Clovis conseguiu isso na Tramontina. O *turnover* é baixíssimo, um dos menores do Brasil. A Tramontina é como uma grande família. Outro aspecto impressionante é um portfólio de produtos muito diversos, mas sempre tendo como fio condutor a qualidade. A Tramontina fabrica de tudo e conseguiu construir uma marca que significa qualidade, e a qualidade é a água benta que abençoa cada um dos produtos que ela fabrica. Nesse sentido, a Tramontina é um *case* único. Ela oferece qualidade em uma imensa variedade de itens, para todas as classes sociais, para quem tem dinheiro e para quem não tem dinheiro. Essa habilidade de circular por todas as classes sociais é muito rara. Para uma empresa ter um portfólio tão grande, significa que ao longo do tempo ela testou muitos produtos, sem ter medo de errar, e ficou com os que deram certo. Tolerar erros é a coisa mais moderna hoje em dia, então o Clovis era moderno sem saber. Hoje se fala muito na cultura das *startups*, que se baseia em agilidade, em lançar produtos de forma rápida para ver se dá certo e em tolerar erros, porque assim são gerados os grandes acertos. É uma cultura que está presente na Tramontina há muitos anos. Na verdade, a Tramontina é uma eterna *startup*."

Julio Mottin Neto
Presidente do grupo Dimed/Panvel

"A Tramontina era uma empresa que olhava para dentro, para a produção, para a qualidade, para a produtividade, para o processo industrial preciso e maturado. Ela continua sendo isso. Mas, com o Clovis, passou a ser também uma empresa voltada para o mercado, que se relaciona, que abre centros de distribuição, que conquista novos pontos de venda, que chega às pequenas cidades e às periferias. Ele tem importância imensa porque o Rio Grande do Sul sempre foi um local de produção, que sabe fazer, mas não sabe vender. Clovis mostrou que o estado também pode ser uma região de marca, de mercado. Dentro da empresa, a presença dele foi no sentido de promover a integração do capital humano, de cada uma das operações diferentes, estimulando o encontro, conversando com as pessoas, entendendo os problemas e dando suporte. Sempre com aquele carinho muito próprio dele, aquela preocupação com as pessoas, o espírito agregador. Clovis tem um tipo de liderança, carismática e apaixonada, que nunca vai sair de moda."

Antônio D'Alessandro
Sócio da extinta agência DCS

"A Gerdau tem grande orgulho de ser fornecedora da Tramontina, porque essa empresa tem uma coisa linda, que é estar em praticamente todos os lares do Brasil. A empresa liderada por Clovis é um grande exemplo da capacidade do imigrante de empreender, unindo competência industrial, talento comercial e tecnologia avançada. Clovis representa essa tradição, com uma convicção e uma firmeza capazes de superar todas as crises. Nada o detém, nem mesmo as limitações físicas."

Jorge Gerdau Johannpeter
Presidente do Conselho de Administração da Gerdau

"Minha esposa costuma dizer que Clovis é muito humano. Pergunto: 'E eu, não sou humano?' Ela responde: 'É, sim, mas ele é muito humano'. E a verdade é que Clovis é uma pessoa especial. Tem uma força impressionante. Vejo nele três fortalezas: a capacidade de relacionamento com todos os públicos, a participação comunitária e a construção de marca. Isso tudo tem a ver com a paixão e o entusiasmo dele. Ele é um apaixonado pelo negócio, pelo Inter, pela ACBF, pelo contato humano. Nossa relação nasceu porque a WEG é fornecedora da Tramontina, mas depois nos tornamos concorrentes em algumas áreas, porque entrei em setores dele. Em vez de nos afastar, isso nos aproximou. Clovis diz que tem espaço para todo mundo e me ensina coisas nas quais eles estão mais avançados ou desenvolvidos, e vice-versa. Ele me ajudou a entender o varejo, por exemplo."

Décio da Silva
Presidente do Conselho de Administração da WEG

"O que me chama a atenção no Clovis é a habilidade como negociador. Minha percepção é que ele é exímio em unir as pessoas e em acomodar situações complexas. Para mim, empresário bom é aquele que enfrenta o risco, e o Clovis assumiu muitos riscos para a Tramontina se transformar no que é hoje. Outra coisa que acho sensacional é ele sair para a rua e conversar com as pessoas. Sempre que foi à RBS ou à minha casa, fiquei com a impressão de que ele é alguém que gosta de gente e que gosta da convivência. É muito preocupado com as pessoas, as que trabalham com ele e as outras. Eu o comparo com Jayme Sirotsky, meu tio, por causa da elegância, da gentileza e do carinho."

Nelson Sirotsky
Membro do Conselho de Acionistas
e de Administração do Grupo RBS

"Nos quase 40 anos da relação com Clovis Tramontina e a empresa Tramontina — fato que nos honra extremamente — aprendemos que 'impossível' é o que não foi tentado e constatamos que a postura e a coragem de um líder inspiram, fazem sonhar, criar e fazer mais e que a simplicidade é uma virtude de nobres."

Décio Dupont
Dupont Spiller Fadanelli Advogados

"Características raras se reúnem em Clovis Tramontina. Existe uma pesquisa publicada pela *Harvard Business Review* mostrando que só 5% dos empresários têm ao mesmo tempo competência como gestores, habilidades de liderança e espírito de estadista. Clovis é uma dessas pessoas. Isso significa que, além de lidar bem com as questões objetivas e subjetivas, ele também olha para além da empresa, buscando o bem comum. É por causa desse propósito inabalável que a Tramontina tem tanta solidez."

Betania Tanure
Consultora da Betania Tanure Associados (BTA)

"Conheço Clovis há muito tempo. Fui colega dele na Faculdade de Administração da Pontifícia Universidade Católica do Rio Grande do Sul (PUCRS). A marca principal dele sempre foi a paixão. Além disso, Clovis está sempre alerta, em busca de novidades. Importa, exporta, descobre produtos e mercados novos, estuda o comportamento das famílias, identifica oportunidades. E faz isso tudo de forma simples e direta."

Claudio Luiz Zaffari
Diretor da Companhia Zaffari

— CLOVIS SEGUNDO A ASTROLOGIA

Amanda Costa
*Astróloga, escritora, professora
e doutora em literatura*

Signo solar: Câncer
Ascendente: Peixes
Lua: Leão
Meio-Céu: Sagitário

Nascido sob o Sol em Câncer, signo dominante em sua carta natal, Clovis é fortemente vinculado ao arquétipo familiar, aos valores das origens, das raízes e do clã. Seu lar é seu castelo e seu trabalho é seu lar. E no trabalho ele é rei, onde viceja com sua brilhante Lua em Leão. Com o ascendente em Peixes, é o capitão do navio que faz o mar se abrir e comanda os cardumes para cumprir seus grandiosos planos. Culminante está o Meio-Céu em Sagitário: flechas de fogo iluminando o caminho, cujo alvo é nada menos do que o centro da galáxia. Um líder nato e um empreendedor, alguém que sonha e se dedica apaixonadamente a realizar esse sonho.

— PRÊMIOS E TÍTULOS

Cidadão Emérito, pela Câmara Municipal de Vereadores e pela Prefeitura de Carlos Barbosa (1991)

Empresário Destaque do Ano – Carrinho de Ouro AGAS, pela Associação Gaúcha de Supermercados (1997)

Menção Honrosa Carrinho de Ouro, pela Associação Brasileira de Supermercados – ABRAS (1997)

Homem de vendas do Rio Grande do Sul, pela Associação dos Dirigentes de Marketing e Vendas do Brasil – ADVB (1998)

Título Honorífico de Cidadão do Estado do Pará, pela Assembleia Legislativa do Estado do Pará (1999)

Prêmio Líderes e Vencedores – Sucesso Empresarial, pela Federasul e pela Assembleia Legislativa do Rio Grande do Sul (2002)

Prêmio de Excelência Empresarial, da Fundação Getúlio Vargas – FGV

Medalha Tiradentes, pela Polícia Civil do Rio Grande do Sul (2006)

Empresário do Ano – Destaques do Ano do *Jornal do Comércio* (2006)

Personalidade de Marketing e Vendas, pela Associação dos Dirigentes de Marketing e Vendas do Brasil – ADVB (2007)

Ordem do Mérito Marechal Cândido Mariano da Silva Rondon – Grau Comendador, pela Academia de Letras da Mantiqueira (2009)

Honra ao Mérito da República Italiana, no grau Grande Cavaliere

Honra ao Mérito da República Italiana, no grau Commendatore

Medalha do Mérito Farroupilha, da Assembleia Legislativa do Rio Grande do Sul (2010)

Troféu Guri, do Grupo RBS (2010)

Prêmio Mérito Industrial, da Federação das Indústrias do Estado do Rio Grande do Sul – FIERGS (2011)

Título Cidadão Garibaldense Benemérito, pela Câmara de Vereadores de Garibaldi (2011)

Homem do Aço, pela Associação do Aço do Rio Grande do Sul – AARS (2011)

Líder Consagrado, pelo Fórum de Líderes Empresariais (2011)

Troféu Personalidade Exportação, pela Associação dos Dirigentes de Marketing e Vendas do Brasil – ADVB (2012)

Empresário do Ano, no Prêmio Carrinho AGAS, da Associação Gaúcha de Supermercados (2013)

Título Benemérito do Futsal Nacional, pela Confederação Brasileira de Futsal – CBFS (2013)

Destaque Esportivo, pelo Grêmio Náutico União de Porto Alegre (2014)

Ordem do Mérito Industrial, da Confederação Nacional da Indústria – CNI (2015)

Prêmio Desenvolvimento Regional – Personalidades, do Grupo RBS (2015)

Título de Cidadão Honorário, pela Câmara Municipal de Vereadores de Carlos Barbosa (2015)

Troféu Advertising, da *Revista Press* (2016)

Medalha Prefeito Hermes Webber – Mérito Comunitário, pela Universidade de Caxias do Sul – UCS (2017)

Prêmio Personalidade Brasil-Alemanha, da Câmara de Comércio e Indústria Brasil-Alemanha (2018)

Medalha do Grande Mérito, do Comando Rodoviário da Brigada Militar (2018)

Medalha da Ordem Nacional Barão de Mauá, na classe Comendador (2018)

Troféu Brasil Expodireto – Destaque Empresa Internacional (2019)

Destaque Empresarial – Feiras & Negócios 29 Anos Renovação (2019)

Medalha Exército Brasileiro, do Comando Militar do Sul (2019)

Troféu Dom Empreendedor, do Centro de Indústria, Comércio e Serviços de Bento Gonçalves – CIC (2019)

Mérito Metalúrgico Gigia Bandera, do Sindicato das Indústrias Metalúrgicas, Mecânicas e Material Elétrico de Caxias do Sul – SIMECS (2019)

Prêmio Destaque Comunitário da Federasul e da Assembleia Legislativa do Rio Grande do Sul (2020)

1. Empresário do Ano, com a então governadora do RS, Yeda Crusius (2006).
2. Título Honorífico de Cidadão do Pará, com Roberto Massoud (in memoriam).
3. Ordem do Mérito Industrial da CNI, com Luiz Fernando Moraes, Heitor José Müller (in memoriam), o ex-governador do RS José Ivo Sartori, Any Ortiz e Paulo Tigre.
4. Homem do Aço 2011, com Sérgio Neumann, o ex-governador Tarso Genro e Ildo Paludo.
5. Prêmio Personalidade Brasil-Alemanha 2018, com Wolfram Anders, presidente da Câmara de Comércio e Indústria Brasil-Alemanha.

— CONQUISTAS DA ACBF

Campeonato Gaúcho de Futsal

1996 – Campeã

1997 – Campeã

1999 – Campeã

2001 – Vice-campeã

2002 – Campeã

2004 – Campeã

2005 – Vice-campeã

2006 – Vice-campeã

2008 – Campeã

2009 – Campeã

2010 – Campeã

2011 – Vice-campeã

2012 – Campeã

2013 – Campeã

2015 – Campeã

2016 – Vice-campeã

Liga Gaúcha de Futsal

2018 – Campeã

2020 – Campeã

2021 – Vice-campeã

Liga Nacional de Futsal

1998 – Vice-campeã

2001 – Campeã

2003 – Vice-campeã

2004 – Campeã

2006 – Campeã

2009 – Campeã

2011 – Vice-campeã

2015 – Campeã

Taça Brasil de Futsal

2001 – Campeã

2004 – Vice-campeã

2009 – Campeã

2010 – Vice-campeã

2016 – Campeã

2019 – Vice-campeã

Superliga de Futsal

2011 – Campeã

2012 – Vice-campeã

Libertadores de Futsal

2001 – Vice-campeã

2002 – Campeã

2003 – Campeã

2004 – Vice-campeã

2005 – Vice-campeã

2011 – Campeã

2017 – Campeã

2018 – Campeã

2019 – Campeã

2021 – Vice-campeã

Copa Intercontinental de Futsal

2001 – Campeã

2004 – Campeã

2011 – Vice-campeã

2012 – Campeã

2013 – Vice-campeã

2016 – Vice-campeã

2018 – Vice-campeã

- Canadá
- Estados Unidos
- México
- Panamá
- Colômbia
- Equador
- Peru
- Brasil
- Chile

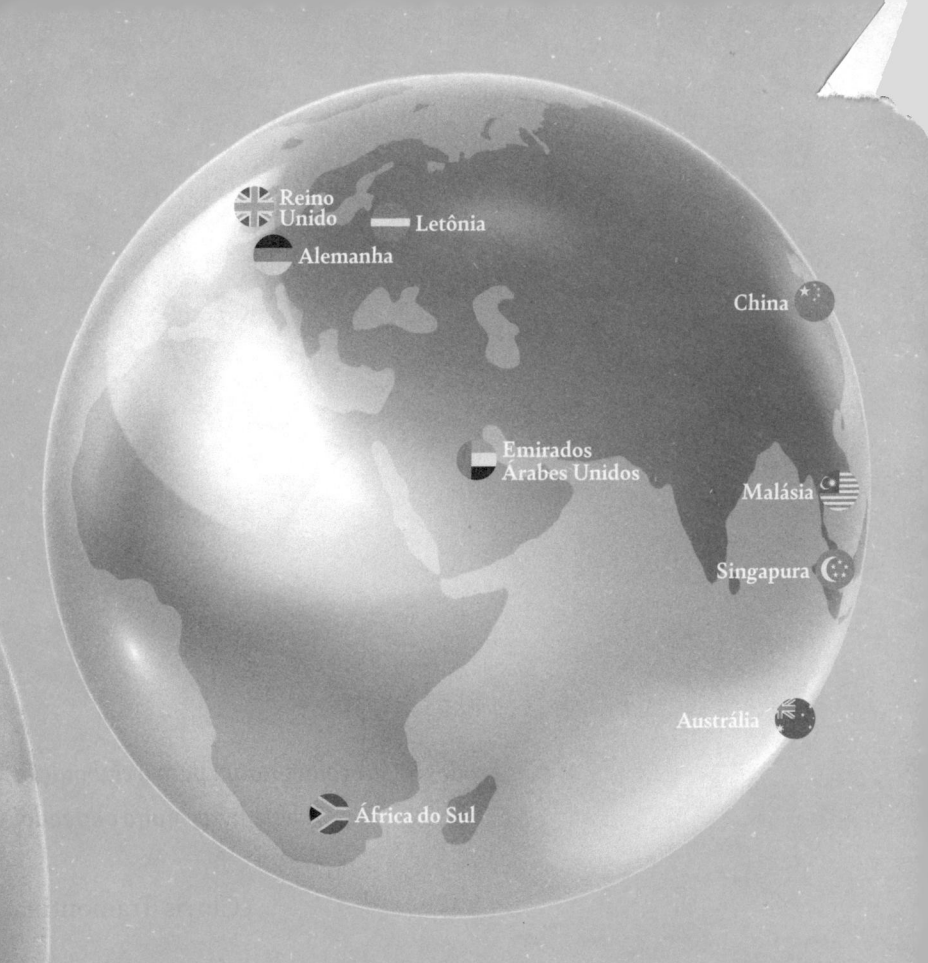

Reino Unido
Letônia
Alemanha
China
Emirados Árabes Unidos
Malásia
Singapura
Austrália
África do Sul

BRASIL
16 Lojas-conceito
10 Unidades fabris
5 Centros de Distribuição
5 Escritórios Regionais de Vendas

EXTERIOR
11 Lojas-conceito
15 Centros de Distribuição
2 Escritórios Regionais de Vendas
1 Escritório de Controle de Qualidade

— A TRAMONTINA NO MUNDO

*A todos os que colaboraram para a elaboração
deste livro, muito obrigado!*

Clovis Tramontina

Amanda Costa
Antônio D'Alessandro
Antônio Galafassi
Arab Chafic Zakka
Ari Baldasso
Armando Gusso (*in memoriam*)
Betania Tanure
Carlos Bavaresco
Carlos Tramontina
Celso Luiz Guerra
Celso Sá
Cesar Vieceli
Claudio Luiz Zaffari
Claudio Zaffari
Darci Friebel
Darci Morelatto (*in memoriam*)
Darcy Galafassi
Décio da Silva
Décio Dupont
Diogo Guerra
Eduardo Francisco S. M. Vasques
Eduardo Scomazzon
Elisabete Odibert
Evandro Zibetti
Ezelindo Migotto
Fátima Talaia
Felisberto Moraes
Firmin António
Francis Berté
Frederico Ayres Lima
Gilberto Spiller
Grasiela Pontin
Guilherme Ferreira Costa
Hélio Sendoda
Ildo Paludo
Inácio Chies
Ivan Trivellato
Jane Schmitt
João Fabrin
João Zani
Jorge Gerdau Johannpeter
Jorge Hoelzel Neto
José Carlos Felicetti
José Galló
Joselito Gusso
José Osmar Nosini
José Paal
Júlio Baldasso
Julio Mottin Neto
Karina Borsoi
Lauro Pedro Cignachi
Lavoisier Freire Martins
Lina Regla Giacomoni
Lourival Dalmás
Luciano Huck
Luiza Helena Trajano
Luiz Ongaratto
Luiz Renato Sganderlla
Manoel Bragagnolo
Marcos Grespan
Maria Inês Dupont
Mariê Camicado
Marisa Sganderla Mantovani
Mércio Tumelero

Naides Kreische
Nelson Cury
Nelson Sirotsky
Nestor Giordani
Oscar Motomura
Osvaldo José Steffani
Paula Bellizia
Paulo Ricardo Mattana
Raquel Tramontina
Rejane Tramontina Paludo
Renato Tramontina
Ricardo Saad
Riccardo Bianchi
Roberto Aimi
Romeu Habib Ghattas
Rui Baldasso
Rui Mantovani
Ruy J. Scomazzon
Samuel Cimerman
Sérgio Maia
Solange Vianna
Valdir Baú
Vera Lucia Martinez
Waldecy Alves de Paula
Wanderly dos Santos Correa
Willy Haas Filho

Associação Carlos Barbosa de Futsal (ACBF)
Dupont Spiller Fadanelli Advogados
FTcom
Marketing Corporativo Tramontina

Créditos das fotos

Capítulo 1
Página 23, arquivo pessoal
de Clovis Tramontina.
Página 24, arquivo pessoal.
Página 39, arquivo pessoal (1),
arquivo pessoal (2), Dal Monte (3),
arquivo da Tramontina (4), arquivo
pessoal (5), arquivo da Tramontina (6).

Capítulo 2
Página 41, arquivo da Tramontina.
Página 42, arquivo da Tramontina.
Página 59, arquivo da Tramontina.

Capítulo 3
Página 62, arquivo pessoal.
Página 81, arquivo pessoal (1, 2, 3, 4 e 5),
arquivo da Tramontina (6).

Capítulo 4
Página 103, William Bemi Ortiz.

Capítulo 5
Página 106, arquivo da Tramontina.
Página 131, Studio74 (1), arquivo
pessoal (2), arquivo pessoal (3),
Cy Rezzadori (4), Alex Battistel (5).

Capítulo 6
Página 134, arquivo da Tramontina.
Página 147, arquivo pessoal (1),
arquivo da Tramontina (2), Moresco
Studio (3), arquivo da Tramontina (4).

Capítulo 7
Página 150, Moresco Studio.
Página 171, arquivo pessoal (1),
arquivo pessoal (2), arquivo
da ACBF (3), Ulisses Castro (4),
Manolo Quiróz (5).

Capítulo 8
Página 174, Débora Zandonai.
Página 207, Kin Kin (1), Kin Kin (2),
Gustavo Porto (3), Glauco Arnt (4).

Capítulo 10
Página 252, arquivo da Tramontina.
Página 253, arquivo da Tramontina (1),
arquivo pessoal (2), arquivo pessoal (3).

Capítulo 11
Página 255, Débora Zandonai.
Página 256, arquivo pessoal.
Página 280, arquivo pessoal.
Página 281, arquivo pessoal (1),
Fábio Martins (2), arquivo pessoal (3).

Capítulo 12
Página 310, Harutiun Poladian
Neto (1), Liane Neves (2), BBMIX (3),
Moresco Studio (4).
Página 311, Emmanuel Denaui (1),
William Bemi Ortiz (2), Jonathan
Heckler (3), Liane Neves (4).

Epílogo
Página 323, Jorge Scherer Fotógrafos (1),
Joba Migliorin (2), arquivo pessoal (3).

Prêmios e Títulos
Página 339, Ana Paula Aprato/JC (1)
arquivo pessoal (2), Dudu Leal (3),
Neitor Corrêa (4), arquivo pessoal (5).

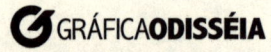

GRÁFICA ODISSÉIA
Av. França, 954 - Navegantes - Cep 90230-220 - Porto Alegre - RS - Brasil
Fone: (51) 3303.5555 - vendas@graficaodisseia.com.br
www.graficaodisseia.com.br